Sofi Oksanen

PUTINS KRIEG GEGEN DIE FRAUEN

Aus dem Finnischen
von *Angela Plöger*
und *Maximilian Murmann*

Kiepenheuer & Witsch

Du kannst nicht zweimal in denselben Fluss steigen,
da fließt schon neues Wasser.

HERAKLIT

INHALTSVERZEICHNIS

VORWORT

Im Frühjahr 2023 hielt ich in der Schwedischen Akademie einen Vortrag über Putins Krieg gegen die Frauen, und, angeregt von den Reaktionen darauf, beschloss ich, meinen Beitrag zu einem Essay darüber zu erweitern, wie Russland Misogynie als ein zentrales Werkzeug seiner Macht einsetzt. In der Ukraine ist die von Russland ausgeübte sexuelle Gewalt ein wesentlicher Teilfaktor des gegen die Ukrainer gerichteten Völkermords. In der Innenpolitik ist Misogynie ein Mittel, mit dem der Kreml die Frauen am Aufstieg zur Macht hindert, um die Position der Zentralgewalt zu sichern. In der internationalen Politik ist sie für Russland ein Instrument des Imperialismus. Alle drei Teilbereiche unterstützen die wichtigste von Putins Aufgaben: die Festigung der Zentralgewalt.

Da Russland nicht mehr über eine Ideologie wie den Kommunismus als Exportware verfügt, nutzt der Staat unter dem Schirm der traditionellen Werte den Hass gegen Frauen, um Partnerländer zu finden, aber auch, um in den westlichen Ländern, in denen die Gleichberechtigung ein zentraler Wert ist, gleichgesinnte Korporationen zu schaffen. Die Art und Weise, wie Russland den Hass gegen Frauen instrumentalisiert, stellt eine weltweite Bedrohung für die Rechte von Frauen und Minderheiten dar.

Misogynie als Strategie ist ein Mittel, die Demokratien zu schwächen und die autoritären Regierungen zu stärken. Ohne die Teilhabe von Frauen gibt es jedoch keine Demokratie, und deshalb geht es um die Zukunft der Menschheit und darum, was für ein Erbe wir den künftigen Generationen hinterlassen.

Über diese Themen habe ich im Laufe der Jahre bereits für die finnische Zeitung Ilta-Sanomat und das Magazin Suomen Kuvalehti geschrieben, und ebenso lange fragen sich die Leserinnen und Leser, wie wir diese Situation ändern können. Die Tradition der Straflosigkeit in Russland ist das, was die Kriegsverbrechen erst möglich macht, und deshalb muss diese Tradition durchbrochen werden. Die Erfahrung Osteuropas aus zwei totalitären Systemen, Hitlerdeutschland und Sowjetunion, ist nie Teil der kulturellen Erinnerung ganz Europas geworden. Hintergrund der Probleme sind die Gleichgültigkeit, das Wegsehen und die Unterschätzung des Niveaus des osteuropäischen Russland-Verständnisses sowie die Integrierung des Oligarchengeldes in die westliche Welt.

Sei also nicht gleichgültig, wende den Blick nicht ab.

I

DER EINSATZ SEXUELLER GEWALT ALS WAFFE

Meine Großtante wurde nicht als Stumme geboren. Zu Beginn der zweiten Besetzung Estlands durch die Sowjetunion wurde sie von zu Hause abgeholt zu Verhören, die die ganze Nacht andauerten, und danach hat sie aufgehört zu sprechen. Als sie am Morgen nach Hause zurückkehrte, wirkte sie äußerlich unversehrt, aber sie sagte nie mehr etwas anderes als: »Ja, ära.«[1] Was auch immer man sie fragte, die Antwort war immer dieselbe: »Ja, hör auf.« Sie heiratete nicht, bekam keine Kinder, traf sich mit niemandem. Sie verbrachte den Rest ihres Lebens zusammen mit ihrer alternden Mutter.

Die Geschichte meiner Großtante hörte ich als Kind, und obwohl die Erwachsenen nicht präzisierten, was bei den Verhören geschehen war, haben es alle verstanden. Auch ich verstand es.

Jahre später schrieb ich meinen Roman *Fegefeuer* und zuvor das gleichnamige Schauspiel, weil ich den Verlauf der Kriegsverbrecherprozesse auf dem Balkan beobachtet hatte. Ich war frustriert, weil mitten im modernen Europa Vergewaltigungskonzentrationslager gegründet worden waren. Den Anstoß für *Fegefeuer* gab jedoch die Geschichte meiner Großtante. Das, was mit ihr geschehen war, war wieder geschehen. Und jetzt geschieht es wieder, mitten in Europa.

Meiner Großtante ist niemals Gerechtigkeit widerfahren. Auch sonst niemandem aus meiner Familie. Der eigene Grund und Boden war verloren, viele Verwandte gestorben, einige verschleppt worden. Nur zwei meiner Angehörigen gelang es, mit Schiffen in den Westen zu fliehen. Natürlich nahm niemand an, während der Besatzungszeit zu seinem Recht zu kommen.

Nach dem Zusammenbruch der Sowjetunion änderte sich jedoch alles: Die baltischen Länder wurden wieder selbstständig und starteten einen Dekolonisationsprozess, der allen ehemaligen Kolonien der alten Kolonialstaaten vertraut sein dürfte. Da die Geschichtsforschung in der Sowjetunion ein streng politisches Fachgebiet mit dem Ziel war, die sowjetische Propaganda zu wiederholen, wurden nach dem Ende der Besatzung Forschung, Wissenschaft, Kultur und Presse von dem Joch des totalitaristischen Staates befreit, und der öffentliche Sprachgebrauch wandelte sich zur Sprache eines selbstständigen Staates.[2] Endlich konnten die Menschen laut und unumwunden über die Vergangenheit sprechen. Sie konnten sie erforschen, sie konnten sich darüber unterhalten, die Vergangenheit kam ans Tageslicht in einer Weise, die früher nicht möglich gewesen war. Den Wörtern wurden die Bedeutungen zurückgegeben, die den Erfahrungen der Menschen entsprach: Die Verschleppungen konnten als Verschleppungen bezeichnet werden, die Besatzung als Besatzung. Die Untersuchung der Menschenrechtsverletzungen der sowjetischen Zeit kam in Gang, doch die Rechtsnachfolgerin der Sowjetunion, die Russische Föderation, war dabei nicht behilflich, ganz zu schweigen davon, dass sie um Verzeihung gebeten hätte. Die westlichen Länder ermunterten Russland nicht in nennenswertem Maße zu einem Prozess, wie Deutschland ihn nach dem Zweiten Weltkrieg durchlaufen hat. Vielleicht hielt man die Sache in den westlichen Ländern nicht für nötig, da die Verbrechen aus der sowjetischen Zeit nicht für hinreichend wichtig erachtet wurden – zumindest nicht für ebenso wichtig wie ein Händedruck von Putin und das Waschen des Blutgelds der Oligarchen, das diese dem Volk geraubt hatten. Da über die alten Verbrechen hinweggesehen worden war, überraschte der illegale Angriff Russlands gegen die Ukraine im Februar 2022 vor allem den Westen.

Aus estnischer Sicht erscheint der Krieg gegen die Ukraine, als würden wir die Ereignisse der 1940er-Jahre noch einmal erleben, als würde quasi der Replay-Knopf ständig gedrückt gehalten, denn Russland folgt dem gleichen Handbuch wie in seinen früheren Eroberungskriegen. Wir haben die gleichen Praktiken auch früher gesehen und erlebt: den Terror gegen die Zivilbevölkerung, die Verschleppungen, die Folter, die Russifizierung, die Propaganda, die Schauprozesse, die Scheinwahlen, die Beschuldigung der Opfer, die Flüchtlingsströme, die gegen die Kultur gerichtete Vernichtung. Die allgemeine Verwunderung des Westens hat jedoch offenbart, dass das Handbuch des russischen Imperialismus nicht genügend bekannt ist. Gerade diese Verwunderung zeigt, warum über die früheren Kriegsverbrechen gesprochen werden muss, warum sie untersucht werden müssen und warum sie Teil unserer dauerhaften kulturellen Erinnerung sein müssen. Ohne die Kenntnis der früheren Kriegsverbrechen können wir nicht die Zeichen deuten, die dorthin führen. Obwohl die Geschichte anderer ehemaliger Kolonialländer Bestandteil unseres Schulunterrichts ist, wurde Russland als Kolonialmacht nicht einmal in der Schule behandelt. Die ehemaligen Ostblockländer machen die Hälfte Europas aus, und auf dessen Territorium haben die Menschen die Gewalt zweier unterschiedlicher totalitärer Systeme erlebt. Dessen ungeachtet ist diese Erfahrung nicht zu einem Teil des westlichen Gedächtnisses geworden, sie wurde nicht zu einer historischen Erinnerung ganz Europas.

Auch sie ist eine Form der Verwirklichung des Rechts.

Während im Westen nach dem Zweiten Weltkrieg die Formel »Nie wieder« ständig wiederholt wurde, klang sie doch falsch in den Ohren all jener, zu deren Erfahrungsgeschichte die Unterdrückungspolitik Russlands gehört. Die Menschenrechtsverbrechen und die Besatzungsmacht der Sowjetunion dauerten nach dem Ende Nazideutschlands an. »Nie wieder« hörte sich so an, als hätte unsere Erfahrung keine Bedeutung. Sie war auf der Karte des kulturellen Bewusstseins des Westens nicht vorhanden.

Auch das ist eine Form der Verwirklichung des Rechts.

Während im Westen nach dem Zweiten Weltkrieg der Satz »Nie wieder« ständig wiederholt wurde, klang er falsch in den Ohren all jener, zu deren Erfahrungsgeschichte die Unterdrückungspolitik Russlands gehört, denn die Menschenrechtsverbrechen der Sowjetunion und die Besatzungsmacht dauerten nach dem Zusammenbruch Nazideutschlands an. »Nie wieder« hörte sich so an, als hätte unsere Erfahrung keine Bedeutung. Auf der Landkarte des kulturellen Bewusstseins des Westens existierte sie nicht.

DAS FOTO

Ein Volk wird vernichtet durch die Vernichtung
seines Gedächtnisses

An der Wand meines Arbeitszimmers hängt ein Schwarz-Weiß-Foto meiner Großtante aus der Zeit, in der sie noch sprach. Ihre Mutter sitzt inmitten der Kinderschar. Ihr Jüngstes hält sie auf dem Schoß. Meine Großtante blickt schüchtern in die Kamera, meine Großmutter ist zwei Jahre alt, sie alle tragen an den Füßen Lederschuhe, die ihr Vater ihnen gemacht hat. Im Hintergrund sieht man den sommerlichen Garten ihres Hauses, die Pfingstrosen blühen. Menschen, die mich in meinem Arbeitszimmer besuchen, wundern sich nicht über das Foto, und dafür gibt es auch keinen Grund – es wirkt wie ein völlig normales Familienporträt aus dem letzten Jahrhundert. Darauf sind keine estnische Flagge oder andere zu sowjetischer Zeit verbotene Symbole des selbstständigen Estlands zu sehen, aber das Foto entstand in der Zeit »eines liquidierten Staates«. Das genügte, um es fragwürdig zu machen.

Nach Finnland gelangte das Foto erst Anfang der 1990er-Jahre, als Estland erneut selbstständig geworden war und wir es endlich wieder wagten, auch Fotos in den

Koffer zu packen. Das hätten wir uns zu sowjetischer Zeit nicht getraut, denn das Foto hätte bei den Kontrollen an der Grenze gefunden werden können. Die alten Fotos gehörten bei der Grenzkontrolle zu der langen Liste von Gegenständen auf der Zollerklärung, die weder in die Sowjetunion importiert noch von dort ausgeführt werden durften, sodass ein Schmuggelversuch an der Grenze zu einer Menge Fragen geführt hätte, warum wir das Foto bei uns haben und welche Bedeutung es hat. Was auch immer wir geantwortet hätten, das Ergebnis wäre dasselbe gewesen: Man hätte uns das Foto weggenommen. Für eine estnische Familie bedeutete die sowjetische Besatzung, dass sie Fotos, die als gefährlich angesehen wurden, aus den Fotoalben entfernten. Sie wurden vernichtet, in der Erde vergraben oder hinter den Tapeten versteckt, so wie bei uns, und sie wurden nur in vertrauenswürdiger Gesellschaft hervorgeholt. Sich an die Familiengeschichte, an nahe Angehörige und Verstorbene zu erinnern, war in der Sowjetunion ein privates Ereignis. Ich lernte meine Verwandten durch diese Fotos kennen. Sie existieren auf den versteckten Fotos und in den Geschichten über sie. Durch die Fotos bekommen sie ein Gesicht.

Der Kontrast zu Finnland, wo ich geboren wurde und zur Schule ging, war stark. In Finnland ist es üblich, an den Gedenktagen auf dem Friedhof für die Verstorbenen zu Weihnachten und am Unabhängigkeitstag Kerzen anzuzünden. Mein Finnland-Großvater war ein finnischer Kriegsveteran und sein Zwillingsbruder ein gefallener Held. Auch die Kriege waren Teil meiner Familiengeschichte, aber die Grabkerzen, die in Finnland an Gedenktagen entzündet werden, erinnerten mich auch an diejenigen, an die wir uns nur in Gedanken, nur in vertrauenswürdiger Gesellschaft erinnern durften. Die finnischen Flaggen, die am Unabhängigkeitstag gehisst wurden, erinnerten mich an die Flagge Estlands, die ebenso wie die anderen nationalen Symbole des »liquidierten Staats« verboten waren, einschließlich der Verwendung der blau-schwarz-weißen Farbkombination zum Beispiel in der abstrakten Kunst. Als ich wie die anderen Schülerinnen und Schüler in der Unterstufe das Lied auswendig lernte, das beim Hissen der Fahne gesungen wird, peinigte mich das, weil so etwas unter der sowjetischen Besatzung in Estland nicht möglich war. Für meine Klassenkameraden war die Möglichkeit, die Worte des Liedes in der Schule auswendig zu lernen, so selbstverständlich, dass es sie anödete. Wir dagegen konnten die Symbole des selbstständigen Estlands nicht einmal in Finnland zeigen, das damals die Zeit der Finnlandisierung erlebte; für Finnland existierte kein selbstständiges Estland, denn Finnland musste in der Öffentlichkeit bezüglich der von der Sowjetunion besetzten Gebiete der sowjetischen Linie folgen. Die Sowjetunion behielt die Auslandsesten genau im Auge. Ein für die Sowjetunion unerwünschtes Verhalten im Ausland hätte die in der Sowjetunion lebenden Verwandten gefährdet. Auch ich verstand, dass die falschen Worte oder Handlungen bedeutet hätten, dass wir nicht mehr in die Sowjetunion würden reisen können. Ich hätte dann meine Großmutter nie wiedergesehen.

Die Sowjetunion bemühte sich, die Erinnerung an die von ihr besetzten Gebiete zu zerstören, auch deren visuelle Form, und jetzt handelt Russland ebenso in den von ihm besetzten Gebieten der Ukraine. Zusätzlich zum Auswechseln der Lehrerschaft und der Russifizierung des Unterrichts wird das Wissen um das eigene Kulturerbe der Ukraine vernichtet, indem die öffentlichen Bewahrorte der Erinnerung, die Museen, ebenso ausgeraubt werden wie deren private Formen, die Wohnungen der Menschen. Anhand der Nachrichtenbilder konnte die Welt verfolgen, wie die russischen Truppen in der Ukraine ganze Städte zerstörten. Die Städte sind voll von Wohnungen der Menschen, die Wohnungen voll von Erinnerungen und Erinnerungsstücken. Kein Erinnerungsstück ist für die Besatzer zu klein, um nicht vernichtet zu werden, denn manchmal kann nur ein einziges Foto, eine einzige Erzählung die Geschichte einer ganzen Familie am Leben erhalten. Deshalb strebt Russland nicht nur an, ganze Kunstsammlungen zu rauben. Auch einzelne Fotos sind für Russland gefährlich. Sie halten die Erinnerung wach an Erfahrungen, die Russland auslöschen will. Sie halten die Erinnerung an die Opfer von Russlands Verbrechen und an die Ukraine als Nation wach.

Als Russlands groß angelegter Angriff begann, war der 22-jährige Illja bei sich zu Hause in Kramatorsk. Er beschloss, mit Mutter und Schwester zusammen die Stadt mit der Bahn zu verlassen. Sie befanden sich auf dem Bahnhof von Kramatorsk, als Russland begann, den Bahnhof, der voller Zivilisten war, zu bombardieren. Dabei starben 60 Personen, und 110 wurden verletzt. Illjas Familie überlebte. Sie versuchten, mit dem Auto zu fliehen, doch ein Kontrollposten der Russen unterbrach die Fahrt. Die Soldaten fanden in Illjas Handy ein Foto, auf dem er den Unabhängigkeitstag der Ukraine feiert und die Flagge der Ukraine hält. Außerdem fand sich in dem Telefon eine App für Treffpunkte sexueller Minderheiten.

Illja wurde Opfer sexueller Gewalt von acht Soldaten der russischen Armee. Die Soldaten fotografierten ihre Tat.[3] Illja wurde von dieser wochenlangen Folter erst durch die ukrainische Armee befreit. Sein einziges »Verbrechen« war, dass er in seinem Telefon eine Erinnerung an sich selbst aufbewahrte.

Heute gelingt die Vernichtung von Fotos nicht so wie zu sowjetischer Zeit. Dennoch kann der Besitz von Fotos der falschen Art ein Risiko sein, eine Bedrohung, etwas, das Angehörige in Gefahr bringt, und dann wird der Besitz von Erinnerungen gefährlich, der von Fotos stigmatisierend. Schon das beschädigt das visuelle Gedächtnis, das ein wesentlicher Faktor beim Aufbau einer Identität ist. Eine solche Bedrohung veranlasst die Menschen, Fotos aus ihren Handys zu löschen, und hindert sie daran, sie mit anderen Menschen zu teilen, noch bevor jemand sie zwingt, das zu tun. Eine solche Bedrohung veranlasst die Menschen, die Kontaktdaten aus ihren Handys zu entfernen und deren Speicher zu leeren. Ein Freund von mir verließ Kyjiw zehn Tage nach dem Beginn des Großangriffs, weil er vermutete, dass er sonst eine russische Straßensperre würde passieren müssen, und das machte ihm mehr Angst als die Bombardements. Der Gedanke, die Daten und Fotos schon vorher aus seinem Telefon zu tilgen, war ihm jedoch zuwider. Selbst wenn er die Daten gelöscht hätte: im Netz finden sich immer Beweise dafür, auf welcher Seite man steht. Viele sind genau aus diesen Gründen im russisch besetzten Gebiet geblieben. Sie wagten es nicht, die russischen Kontrollpunkte zu passieren, so wie Illja aus Kramatorsk mit seiner Familie.

Russland ist es auch früher schon gelungen, das Verhalten der Menschen und ihr visuelles Gedächtnis umzuformen. Deshalb tut es das Gleiche auch jetzt. Zu einer Besetzung gehört immer die Veränderung des moralischen Paradigmas: Das, was früher richtig und ehrenhaft war, wandelt sich mit der Besetzung in falsch und gefährlich.

Meine Großtante, die Anfang des vorigen Jahrhunderts in West-Estland als Tochter eines Landwirts aufwuchs, und Illja aus Kramatorsk wurden in völlig verschiedene Welten geboren, und sie haben nicht einmal das Geschlecht gemeinsam. Dennoch haben sie eine Erfahrung gemein, die ihr Leben veränderte. Beide sind Zivilisten. Beide wurden zum Objekt von Gewalt, die von Personen mit russischem Mandat ausgeübt wurde.

In den öffentlichen Gesprächen über sexuelle Gewalt hallen immer noch die alten Auffassungen nach, die Tat hänge irgendwie mit den Trieben der Männer zusammen und sei deshalb unbeherrschbar. So ist es jedoch nicht. Die Taten geschehen, weil der Täter die Chance hat, dafür nicht strafrechtlich zur Verantwortung gezogen zu werden.

Die Erfahrungen von Illja und meiner Großtante sind auch durch die Motive verbunden, die die misshandelnden Personen dazu brachten, auf eine bestimmte Art zu agieren. Gemeinsam sind ihnen die Ziele und Gründe von Verbrechern, die zur Anwendung sexueller Gewalt führten, denn die haben sich im Verlauf von Jahrzehnten nicht geändert. Russland hat von Generation zu Generation die gleichen Waffen eingesetzt, und zwar aus den gleichen Gründen: um die Objekte der Taten zu schänden, um ihren Widerstand zu brechen und um die eigene Machtposition durchzusetzen, denn eine jede Person, die zum Opfer solcher Taten wird, ist für die anderen ein warnendes Beispiel.

Illja setzt sein Leben in der selbstständigen Ukraine fort und macht jetzt eine Therapie. Unsicher ist, ob die Täter jemals zur Verantwortung gezogen werden können, aber die Tatsache, dass Illja öffentlich von seinen Erfahrungen berichtet hat, ermutigt andere Opfer sexueller Gewalt, von ihrer Erfahrung zu sprechen. In der Welt meiner Großtante war das nicht möglich. Sie konnte sich nicht im Fernsehen oder im Internet ein Interview ansehen, das ihren Erfahrungen entsprochen hätte. In diesem Sinne ist die Welt aus der Sicht der Opfer besser geworden. Das Wissen von der Existenz von Schicksalsgenossen hilft, die Selbstbezichtigungen zu verringern; die Opfer haben die Situation, die Schicksal so vieler Menschen jetzt und Generationen zuvor war und ist, nicht selbst verschuldet.

EINE ZERSTÖRTE PFLANZE

Über die Dokumentation von Sexualverbrechen

Michail Romanow ist ein 32-jähriger Vater, Ehemann und Soldat der russischen Armee. Im Frühjahr 2022 drang er in ein Haus im Kyjiwer Stadtteil Browary ein, tötete den Besitzer des Hauses und vergewaltigte dann die Frau, die er soeben zur Witwe gemacht hatte. Das Verbrechen dauerte Stunden. Romanows eigenes Kind ist, wie man weiß, ebenso alt wie der Sohn der Opfer, der zum Zeitpunkt der Tat im Zimmer nebenan weinte.

Im Mai 2022 wurde in der Ukraine gegen Romanow in Abwesenheit Anklage wegen Vergewaltigung erhoben.[4] Die Anklage war die erste ihrer Art, und die Aufklärung der russischen Grausamkeiten steht erst am Anfang. Die Truppen, die die Ukraine angriffen, haben sich im Land systematischer sexueller Gewalt gegen Zivilisten aller Altersgruppen schuldig gemacht, unabhängig von deren Geschlecht.

Außenpolitische Beobachter und Forscherinnen berichten, dass sie Beweise für Taten haben, die in ihrer Grausamkeit mit den Kriegen in Bosnien und Ruanda vergleichbar sind. Viele Vergewaltigungen fanden öffentlich statt. Die russischen Soldaten vollbrachten ihre Verbrechen auf der Straße oder zwangen Angehörige, die Tat mitanzusehen. Eltern wurden gezwungen, sich die Vergewaltigung ihrer Kinder, und Kinder, die Vergewaltigung ihrer Eltern anzusehen. Manche Opfer wurden zu Tode vergewaltigt.

Sexuelle Gewalt traumatisiert und zerstört ganze Gemeinschaften und Familien für Generationen, sie verändert die Bevölkerungsstruktur des Gebiets. Deshalb ist sie ein so beliebtes Mittel der Eroberung, und deshalb setzt Russland diese uralte Waffe immer noch ein. Im Fall der Ukraine muss man fragen, ob Russland die Vergewaltigung auch als Instrument des Völkermords einsetzt.

Der polnisch-jüdische Rechtsanwalt Raphael Lemkin, Absolvent der Universität Lwiw, entwickelte seine Theorie des Völkermords, als er in den 1930er-Jahren vor den antisemitischen Pogromen flüchten musste. Erstmals verwendete er das Wort Genozid im Jahr 1943. Der Begriff wurde ein wichtiger Teil der Nürnberger Kriegsverbrecherprozesse sowie der von den Vereinten Nationen formulierten Völkermordkonvention, die 1948 in Kraft trat. Nach Lemkin ist der Völkermord keine einzelne Handlung, sondern ein Prozess, der planvoll auf die Vernichtung von Lebensformen und deren Grundlagen abzielt, die für einen bestimmten Teil der Bevölkerung unverzichtbar sind, wobei das letztendliche Ziel die Vernichtung dieser Menschengruppen ist. Ein Völkermord bedeutet nicht unbedingt, dass getötet wird: Es gibt vielerlei Arten der Vernichtung. Wenn die anderen

Maßnahmen zur Vernichtung der Gruppe nicht wirksam sind, »kann man das Maschinengewehr als letztes Mittel einsetzen«. Zuvor bemüht man sich, die Kultur, die Sprache, das Nationalgefühl, die Religion und die Institutionen, die Sicherheit, die Freiheit, das Selbstwertgefühl und die Gesundheit zu zerstören, damit die Zielgruppen »verdorren und absterben wie eine befallene Pflanze«.[5]

Vergewaltigung wird wegen der Absicht des Täters als eine auf Völkermord abzielende Tat definiert, und die Definition des Verbrechens als Völkermord beruht auf der Erkennung verschiedener Muster. Die in der Ukraine von den russischen Soldaten ausgeübte sexuelle Gewalt ist Teil eines größeren Komplexes, und man kann sie nicht ohne den Kontext analysieren, in dem die Verbrechen begangen werden. Die Geschichte der Ukraine und Russlands, die Entwicklung der Gleichberechtigung beider Länder, Russlands Imperialismus und dessen Realisierung sind Teile dieses Komplexes.

Im Falle Russlands ist die Intention des Völkermords schon in den Reden der Staatsführung und durch die Medien deutlich geworden: Die Behauptungen, die Ukraine sei kein Staat und die Ukrainer gebe es gar nicht, werden ständig wiederholt. Auch in den Äußerungen der Soldaten, die sich sexueller Gewalt schuldig gemacht haben, wiederholen sich die rhetorischen Floskeln, die zu den Merkmalen des Völkermords gehören. So haben die Soldaten beispielsweise gesagt, sie würden vergewaltigen, bis das Opfer keinen Sex mit einem Ukrainer mehr haben will. Wenn die Täter ukrainische Kriegsgefangene kastrierten, begründeten sie das damit, dass die Männer nun keine Kinder mehr bekommen könnten.

Im Verlauf des vergangenen Jahres habe ich zahlreiche Äußerungen von Fachleuten zu der Frage gehört, wie kompliziert es sei, »genocidal rapes«, genozidale Vergewaltigungen, nachzuweisen, wie schwierig es sei, Urteile dafür zu finden, wie kompliziert es sei, zu definieren, dass das Verbrechen Teil eines Genozids ist. Das verstehe ich. Ich verstehe auch die Tatsache, dass Gerichtsprozesse teuer sind und viele Arbeitsstunden erfordern, aber ich muss mich doch sehr darüber wundern, dass die Schwierigkeit des Nachweises anscheinend das nahezu einzige Narrativ dazu im öffentlichen Diskurs des Westens ist. Es gibt vielerlei Recht. Auch im öffentlichen Diskurs gehört zu werden, ist ein Recht. Auch die Gewährung von Unterstützung ist ein Recht. Auch die Bedrohung und Beschuldigung der Opfer zu verurteilen, ist ein Recht. Wenn sich das öffentliche Narrativ auf die juridische Schwierigkeit einer Definition der genozidalen Vergewaltigung konzentriert oder darauf, wie schwierig es ist, die Schuldigen zur Verantwortung zu ziehen, was sagt das den Opfern? Was sagt das Russland? Was sagt das den Augenzeugen und den Menschen, die das miterlebt haben? Dass sie … schwierig sind? Schwierige Fälle? So schwierige Fälle, dass es gar keinen Sinn hat, von dem Verbrechen auch nur zu berichten? Wenn eine solche Betrachtungsweise die vorherrschende ist, beschuldigt dies indirekt die Opfer, als würde man ihnen die Beweislast zuschieben. Sie sind nicht schwierig. Sie sind keine schwierigen Fälle.

Russland ist ein schwieriger Fall.

Meine Großtante blieb ihr Leben lang kinderlos. Auch wenn man das, was sie erlebt hat, heute vielleicht nicht als genozidale Vergewaltigung definieren könnte, so ändert das doch nichts an der Tatsache, dass sie niemals eine Paarbeziehung hatte und nicht heiratete. Ihre Mutter hatte acht Kinder zur Welt gebracht. Der Bruder meiner Großmutter verlor den Verstand, nachdem er gesehen hatte, wie seine Freunde im Sumpf ertranken, als sie vom Nationalen Komitee für Inneres der Sowjetunion, dem NKWD, gehetzt wurden, und starb bald darauf. Nur einer der Brüder überlebte die Anfangsjahre der sowjetischen Besatzung, und seiner einzigen Tochter gelang es, aus dem Land zu fliehen. Von den acht Geschwistern bekamen nur wenige Nachwuchs. Das hat die Sowjetmacht bewirkt. Die Geburtenrate Sowjet-Estlands war eine der niedrigsten in der Sowjetunion.

Viele ukrainische Frauen haben erlebt, dass die von der russischen Armee ausgeübte sexuelle Gewalt einen Einfluss darauf hatte, wie sie ihre Weiblichkeit erlebten, auch diejenigen, die heute außerhalb der Ukraine leben. So hat eine von ihnen mir erzählt:

»Alle Berührungen, sogar Umarmungen, sind für mich qualvoll. Mein Sexualleben pausiert. Meine Libido ist verschwunden. Ich habe es ein paarmal versucht, aber das endete nur in Tränen. Ich kann nicht vergessen, dass Sex zu einem Mittel der Gewalt geworden ist. Das ist fürchterlich. Es ist fürchterlich, im Bett zu liegen und zu versuchen, den Liebsten zu umarmen, den man vielleicht niemals wiedersehen wird, und zu denken, an was würde ich mich erinnern, wenn mein Liebster niemals wiederkehrt?

Denke ich, dass in mein Bett heimtückisch ein Feind gekrochen ist? So will ich nicht denken. Und auch keine Hilflosigkeit empfinden. In Wirklichkeit ist unser Feind jener elende Kerl, der die allerintimste Sache in unserem Leben vernichten will. Er denkt: Wir können euch nicht besiegen? Dann vernichten wir eure Fähigkeit, Kinder zu bekommen, wir vernichten eure Fähigkeit, euch in einer nächsten Generation fortzusetzen, wir vernichten die Kontinuität eurer Vorfahren.«

Sexuelle Gewalt in Konfliktgebieten ist viel mehr als nur Vergewaltigung. Dazu gehören auch die Androhung sexueller Gewalt, die Misshandlung schwangerer Frauen, der Zwang, sich hinzuhocken und sich auszuziehen, das Abschneiden der Haare, die Gewalt gegen die Geschlechtsorgane. All dies betrifft auch Männer. Diese Erfahrungen sexueller Gewalt werden niemals vergessen werden, nicht einmal von den Augenzeugen und von jenen, die die Situation aus der Ferne beobachtet haben. Eine über 70-jährige Freundin von mir war ein Kind, als ein russischer Soldat ihre Mutter in ihrer Wohnung im Zimmer nebenan vergewaltigte. Meine Freundin kann noch immer nicht die russische Sprache hören, ohne Angst zu empfinden.

Russland hat sexuelle Gewalt zu einer Waffe und zu einem Abschreckungsmittel über Geschlechter und Nationalitäten hinweg gemacht. Während des Kalten Krieges wurde das »Gleichgewicht des Schreckens« zu einem bekannten Terminus. Mit sexuellem Schrecken kann man jedoch kein Gleichgewicht erzielen, und deshalb hat Russland daran Gefallen gefunden. Dies ist eine Abschreckung, die der Westen nicht mit gleichem Maß heimzahlen kann. Das bedeutet jedoch nicht, dass wir auf das Abschreckungsmittel der sexuellen Gewalt mit Schweigen oder Gleichgültigkeit reagieren dürfen, denn das würde nur den Interessen Russlands dienen – und zugleich den Diktatoren und Kriegsherren anderer Länder, die mit scharfem Blick verfolgen, was für Reaktionen Russlands Aktionen hervorrufen. In Shakespeares Schauspiel *Titus Andronicus,* einer seiner ersten Tragödien, wird die Königstochter Lavinia vergewaltigt. Damit Lavinia die Schuldigen nicht verraten kann, schneiden die Vergewaltiger ihr die Zunge ab und brechen ihr zur Sicherheit auch noch die Hände, damit sie damit nicht auf die Vergewaltiger zeigen kann.[6] Ähnlich bemüht sich die Russische Föderation, die Opfer ihres Terrors zum Schweigen zu bringen. Sie setzt eine umfangreiche Auswahl von Mitteln ein, so beispielsweise, die Opfer zu beschuldigen. Das Mittel ist effektiv, denn es bewirkt die mit der sexuellen Gewalt weltweit einhergehende Stigmatisierung durch Schande und Schuldhaftigkeit.

Manche Leute vermuten, dass das Sprechen über die Vergewaltigungen zu deren Eskalation führen würde und dass deren Verschweigen deshalb die Taten verhindern würde. Meine Großtante hat nicht erzählt, was ihr widerfahren war. Viele schwiegen über die Verbrechen der

Roten Armee im Zweiten Weltkrieg. Viele schwiegen darüber während der Kriege in Tschetschenien und in Syrien. Viele schwiegen darüber auf der Halbinsel Krim und auf den Gebieten der Marionettenstaaten der Ostukraine, die seit 2014 von Russland beherrscht werden.

Das hat die russische Armee nicht daran gehindert, dieselben Verbrechen wieder zu begehen.

Zur Zeit meiner Großtante gab es kein öffentliches Gespräch über sexuelle Gewalt, und das wäre unter der sowjetischen Besatzung auch gar nicht möglich gewesen, ebenso wie es auch jetzt unter der russischen Besatzung in der Ukraine nicht möglich ist. Anderswo wäre es durchaus möglich, und trotzdem ist es im Gespräch über den Krieg und über Russland immer noch ein marginales – oder numerisches – Phänomen, dass die Erfahrungen derjenigen, die Opfer sexueller Gewalt geworden sind, in Worte gefasst werden.

Als Beth Rigby von Sky News im November 2022 Olena Selenska interviewte, fragte sie gleich zu Beginn des Gesprächs nach der Anzahl der von der russischen Armee verübten Vergewaltigungen.[7] In Interviews zum Thema sexuelle Gewalt im Krieg ist diese Frage üblich. Die Anzahl der einzelnen Vergewaltigungen sagt jedoch nichts aus über die Verbreitung oder die Auswirkungen des Phänomens. Sie sagt nichts darüber aus, auf wie viele Menschen sich diese Taten mittelbar auswirken. Sie sagt nichts aus darüber, in welchem Ausmaß sie sich auf die Berufswahl oder die Arbeitsfähigkeit wie vieler Menschen auswirken. Sie sagt nichts darüber aus, wie groß die Anzahl derjenigen Personen ist, deren gesellschaftliche Teilhabe sie erschweren. Sie sagt nichts aus über die Frauen, die ihre Stimme verlieren wie meine Großtante, oder über diejenigen, die danach ihre Kleidung nach dem Gesichtspunkt aussuchen, in welchem Maße sie den Körper bedeckt. Sie sagt nichts aus über die Ukrainerinnen, die ihre Töchter als Jungen verkleiden, und sie sagt nichts über die Frau aus, die in ihrer Wohnung Eimer mit Exkrementen bereithält, um damit ihre Töchter und sich selbst zu übergießen, wenn die russischen Soldaten näher rücken. Die Anzahl sagt nichts aus über die verlorene Generation, über die Kinder, die die zum Opfer von Vergewaltigung gewordenen Frauen niemals bekommen werden. Sie sagt nichts aus über die ukrainischen Frauen, die die Nähe ihrer Männer wegen all dem meiden, was anderen Frauen in der Ukraine passiert ist. Sie sagt nichts aus über die Frauen, die von ihrem Mann verlassen werden, nachdem er von dem Geschehenen erfahren hat. Sie sagt nichts aus darüber, wie viele Frauen schuldlos mit HIV infiziert wurden oder bis an ihr Lebensende unter Schilddrüsenproblemen leiden. Ärzte, die Vergewaltigungsopfer aus den vorherigen Kriegen behandelt haben, stellten fest, dass die Opfer oft darunter leiden, und das sind nicht die einzigen physischen Probleme. Sexuelle Gewalt kann sich das ganze Leben lang auf die Gesundheit der Opfer auswirken.

Schwierig ist es darüber hinaus, die Anzahl der Vergewaltigungen festzustellen, weil die Frauen nicht immer in der Lage sind anzugeben, wie oft die Tat an ihnen vollzogen wurde und wie viele Vergewaltiger es waren. Die

Anzahl der Vergewaltiger kann so hoch sein, dass die Frauen ihre Fähigkeit zu zählen verlieren. Die Taten können Tage, Wochen, Monate, Jahre dauern. Die Frauen sind während der Taten nicht immer bei Bewusstsein, sie können unter Drogen gesetzt worden oder in einem Keller eingesperrt gewesen sein. Ihr Kopf kann mit einem Sack oder einer Kapuze bedeckt gewesen sein. Dennoch wollen Forscher, Behördenvertreter und Journalisten die Anzahl der Taten wissen. Immer. Die mit dem Nobelpreis ausgezeichnete Menschenrechtsjuristin Oleksandra Matwijtschuk dokumentiert Kriegsverbrechen von Berufs wegen. Dennoch ist es für sie nicht relevant, welches Kriegsverbrechen welchem Paragrafen zuzuordnen sei: »Wir dokumentieren die Qualen der Menschen.«[8]

Ich will die Bedeutung von Zahlen nicht bagatellisieren, aber es gibt auch andersartige Zahlen: Wie viele Jahre oder Jahrzehnte mussten vergehen, bis das Opfer an einem Tag kein einziges Mal an das Geschehene dachte? Wie viele Tage, Wochen, Jahre, Jahrzehnte mussten vergehen, bis das Opfer zu intimem Kontakt fähig war, ohne darüber nachzudenken, was ihm geschehen war? Wie viele Jahre oder Jahrzehnte mussten vergehen, bis die Körper der Opfer geheilt waren? Und die Seelen? Dieselben Fragen könnte man den Angehörigen, Eltern, Ehepartnern und Kindern der Opfer und auch all jenen stellen, die diese Verbrechen mitansehen mussten oder die gezwungen wurden, sich daran zu beteiligen. Vielleicht hat das Messen der Kriegsschäden anhand der Anzahl der Gefallenen und Verwundeten dazu geführt, dass die

Anzahl der Leichen und der amputierten Gliedmaßen ein Schätzwert ist und es nicht für nötig gehalten wird, eine andere Art der Messung von Kriegsschäden zu entwickeln. Vielleicht schaffen die Zahlen von Waffen und Geschossen, auf denen bei der Kriegsberichterstattung der Schwerpunkt liegt, eine Sprache, die daraus die einzige Messgröße macht. Von Vergewaltigungen bleibt selten etwas Zählbares zurück, das man der Gesamtzahl der Leichen hinzufügen könnte. Nur selten kann man über sie in Echtzeit berichten. Vielleicht steckt deshalb die Erforschung der Langzeitfolgen von Sexualkriegsverbrechen immer noch in den Kinderschuhen. Vielleicht hat man es deshalb noch nicht für notwendig erachtet, die entsprechende Forschung zu finanzieren, weil man eigentlich dachte, dass das Thema »uns« nicht betreffen könne, nicht mehr, nicht »uns«, also die weiße westliche Welt.

Es ist verständlich, dass die Opfer selbst über ihre Erfahrung schweigen. Befreite ukrainische Kriegsgefangene müssen fürchten, dass das Sprechen über »diese Sache« an den noch in Gefangenschaft befindlichen Kameraden oder den Angehörigen der Befreiten gerächt wird. Die ukrainische Offizierin Julija Horošanska berichtete in einem Interview mit dem Toronto Star, was die Vertreter Russlands ihr nach dem Ende der Gefangenschaft gesagt haben: »Wenn ich die Wahrheit über das, was geschehen ist, erzähle, dann werden sie alle diejenigen aufsuchen, die ich liebe.«[9] Trotzdem ermutigt Horošanska andere, über ihre Erfahrungen zu berichten. Aufgabe von uns ist es, eine Gesprächsatmosphäre zu unterstützen, die keine

Schuldgefühle weckt und frei ist von Drohungen, sowie dafür zu sorgen, dass die Erfahrungen der Frauen im Gespräch und bei der Beschlussfassung zum Thema Russland präsent bleiben. Nur indem wir sexuelle Gewalt öffentlich behandeln, Ressourcen für die Untersuchung der Verbrechen nutzen und das Thema auf der Tagesordnung halten, beweisen wir den Opfern, dass ihre Erfahrungen nicht ohne Bedeutung sind. Dass ihre Erfahrungen wichtig sind. Dass Russland nicht das erreicht, was es anstrebt, indem es die ganze Bandbreite der sexuellen Gewalt als Waffe einsetzt. Dass der Angreifer nicht das Schweigen erreicht, das er anstrebt.

Für die Ukraine ist die Verurteilung Russlands wegen seiner Kriegsverbrechen und deren Aufklärung eine selbstverständliche Voraussetzung für Friedensgespräche. Die sexuelle Gewalt ist von allen Kriegsverbrechen dasjenige, dem am wenigsten Aufmerksamkeit zuteilwird und das historisch unterschätzt ist. Deshalb ist die Sorge, es könnte im Hintergrund bleiben, realistisch. Vor dem Sommer 2023 wurde viel über Friedensverhandlungen gesprochen, ohne die Frauen und ihre Erfahrungen einzubeziehen.

DAS RECHT

Schweigen und Schande sind kein Recht

Manchmal überlege ich, was meiner Großtante die Fähigkeit zu sprechen zurückgegeben hätte. Hätte ein Ende der sowjetischen Besatzung dafür ausgereicht? Hätte sie ihre Stimme wiedergefunden, wenn Estland zu ihren Lebzeiten seine Selbstständigkeit wiedererlangt hätte? Hätte es geholfen, wenn sie im Radio Lieder hätte hören können, die unter der Sowjetmacht verboten waren? Oder wenn sie nicht hätte zu fürchten brauchen, außerhalb ihres Hauses den Männern zu begegnen, die sie verhört hatten? Den Misshandlern, Folterern und Vergewaltigern in alltäglichen Situationen zu begegnen ist immer noch Realität für viele, die Opfer solcher Taten geworden sind, und das gilt auch für diejenigen, die in den besetzten Gebieten der Ukraine leben.

Die Kriegskorrespondentin Christina Lamb berichtet in ihrem Buch *Our Bodies, Their Battlefield* über die Opfer der ISIS-Kämpfer, die Jesidinnen, die in Deutschland behandelt werden und bei denen sich die westliche Sprachheilkunde als überraschend herausfordernd erwies. Wenn man sie fragte, wie es ihnen gehe, antworteten sie, ihren Kindern gehe es gut. Die Frauen waren es nicht gewöhnt, über die Gewalt zu sprechen, die sie erlitten hatten, und vielleicht überhaupt nicht über ihre eigenen Erfahrungen. Etliche von ihnen hatten aufgehört zu sprechen, so wie meine Großtante. Manche begannen nach einem Jahr wieder zu sprechen.[10]

Die Jesidinnen und meine Großtante sind nicht die Einzigen, die auf das Erlebte mit dem Verlust ihrer Sprechfähigkeit reagierten. So erging es auch Victoire Mukambanda, die den Völkermord an den Tutsis überlebte. Sie erfuhr erst, nachdem sie selbst Opfer geworden war, dass die Frauen im ganzen Land vergewaltigt worden waren, nicht nur sie und ihre Verwandten und Freundinnen. Sie hatte nicht gewusst, dass dasselbe auch anderen Frauen in anderen Kriegen widerfuhr.[11] Letztlich bekam sie ihre Stimme wieder, und sie wurde Zeugin (mit der Signatur JJ) in dem Prozess, in dem das erste Urteil wegen Vergewaltigung als Kriegsverbrechen gefällt wurde. Der 1998 verurteilte Mann war der Bürgermeister von Taba, Jean-Paul Akayesu, der Tötungsbefehle erteilt hatte. Die Aussage von Victoire Mukambanda war keine Selbstverständlichkeit; viele, die sich vor ihr als Zeugen gemeldet hatten, waren getötet worden.

Das erste dokumentierte internationale Urteil wegen Vergewaltigung wurde im Jahr 1474 gefällt; Peter von Hagenbach, der im Dienst des Herzogs von Burgund gestanden hatte, wurde hingerichtet. Der Ritter hatte jahrelang mit seinen Truppen die Zivilbevölkerung unter anderem mit Vergewaltigungen terrorisiert. Ein Gremium von

28 Richtern, zusammengestellt vom Erzherzog von Österreich, verurteilte Hagenbach zum Tode, obwohl der sich damit verteidigt hatte, dass er nur die Befehle befolgt habe. Der Fall ist von großer Bedeutung, weil es das erste dokumentierte Gerichtsverfahren ist, bei dem es um die Verantwortung des Offizierskorps für die Taten der von ihnen befehligten Truppen geht, und weil es der erste dokumentierte Prozess ist, bei dem ein internationales Gericht ein Urteil gegen einen verantwortlichen Anführer verhängte wegen der sexualisierten Gewalt, die seine Truppen ausgeübt hatten.

Danach folgt ein langes Schweigen.

Zur Zeit des amerikanischen Bürgerkriegs modernisierte der Jurist Franz Lieber die staatliche Gesetzgebung in Bezug auf die Rechte und Pflichten der Armee der Unionisten. Das als »Lieber Code« bekannte, im Jahr 1863 in Kraft getretene Gesetz verlangt von der Armee, die Zivilbevölkerung menschlich zu behandeln, es verbietet die Folter als Mittel der Kriegsführung und die Vergewaltigung von Zivilisten bei Androhung der Todesstrafe.

Die ersten Urteile wegen Vergewaltigung als Kriegsverbrechen wurden in der Moderne im Jahr 1998 beim Ruanda-Tribunal im Zusammenhang mit der Verhandlung der Massenvernichtung gefällt. Die Prozesse zu den Völkermorden auf dem Gebiet des ehemaligen Jugoslawiens und in Darfur trugen ihrerseits dazu bei, juristische Instrumente zu entwickeln, und sie vermehrten das Wissen über die Folgen sexueller Gewalt. Dennoch wurden unverhältnismäßig wenige Urteile gefällt, wenn man bedenkt, wie häufig dieses Kriegsverbrechen vorkommt und obwohl das Verständnis dafür, wie die Vergewaltigung beim Völkermord eingesetzt wird, zugenommen hat.

Die geringe Anzahl der Urteile muss man dem Mangel an politischem Willen anlasten. Sexuelle Gewalt wird nicht als ein ebenso schweres Kriegsverbrechen angesehen wie andere Kriegsverbrechen. Immer gibt es ein Verbrechen, dessen Verurteilung sicherer ist. Da Prozesse teuer sind, führt nur ein Teil der Verbrechen zu einer Anklage. Es handelt sich also um eine Auswahl, und der Mangel an politischem Willen führt zu Entscheidungen, bei denen sich diejenigen, die sich sexueller Gewalt schuldig gemacht haben, leichter aus der Schlinge ziehen können. Deshalb ermöglicht die Straflosigkeit für diese Taten auch künftig deren Einsatz als Kriegswaffe.

Der politische Wille wird durch die Einstellungen und Äußerungen von Menschen beeinflusst, deren Ausformung von den Nachrichten beeinflusst wird. Die sexuelle Gewalt war als Thema niemals ebenso wichtig wie die anderen Ereignisse, und in der Kriegsliteratur ist sie ein unterrepräsentiertes Thema. Christina Lamb hat berichtet, dass ihre Reportagen über sexuelle Gewalt wegen ihres Inhalts eine Triggerwarnung bekommen oder in den Redaktionen als zu bedrückend für das Publikum kommentiert werden.[12]

Aufgabe der Presse ist es jedoch nicht, uns vor störenden Dingen zu schützen, sondern davon zu berichten. Den Blick abzuwenden ist nicht Recht, sondern etwas,

was künftige Kriegsverbrechen ermöglicht, denn »der Krieg tötet in den Händen der Gleichgültigen«.[13]

Der politische Wille wird auch davon beeinflusst, als was für eine Art von Verbrechen die Vergewaltigung angesehen wird. Nur allzu oft wird die Sicht noch von den alten Mythen der »Triebe der Männer« geprägt. Das Buch der Journalistin Susan Brownmiller mit dem Titel *Against Our Will – Men, Women and Rape* erschien 1975 in den USA und war eines der ersten, in denen Vergewaltigung als Kriegstaktik und politisches Problem behandelt wird, nicht als Verbrechen aus Leidenschaft – es kommt jedoch immer noch vor, dass es im Kino als solches dargestellt wird. Die alten Mythen leben fort, weil unsere Kultur von ihnen durchdrungen ist. Den Künstlern gab Vergewaltigung im Krieg jahrhundertelang den Vorwand, Nacktheit darzustellen, und das in einer Zeit, in der Pornografie verurteilt wurde. Spärliche Bekleidung und sexuelle Gewalt waren als Thema erlaubt, wenn der Kontext historisch war oder mit der antiken Mythologie zusammenhing. Zugleich war sie ein Verkaufsargument für Bücher. Opfer waren immer Frauen, die die Kunden ihrer Zeit sexuell ansprechen mussten. Die Kunstgeschichte hat das kulturelle Verständnis von den Opfern und den Motiven der Verbrechen umgeformt. Als Thema stellt Vergewaltigung im Krieg für Nachrichtenbilder eine Herausforderung dar, und neues Bildmaterial davon ist knapp. Je schwieriger es ist, das Thema visuell darzustellen, desto länger leben die aus den vergangenen Jahrhunderten ererbten Stereotypien.

Trotz der alten Vorurteile ist die Lage besser als jemals zuvor seit Beginn unserer Zeitrechnung. Die Straftatuntersuchung hat sich entwickelt, und die bei den Kriegsverbrechen verwendeten Gegenstände sprechen zu den Ermittlern anders als vor Jahrzehnten. In der Ukraine werden die Menschen geschult, und ihnen wird das Wissen vermittelt, welche Art von Material sich als Beweis vor Gericht eignet und wie das Videomaterial, das als Beweismittel geeignet sein soll, aufzunehmen ist. Die anonyme Lieferung von Material über das Internet ist auch auf dem Gebiet der Russischen Föderation möglich. Die Juristinnenvereinigung JurFem ist mit dem Großangriff Russlands zu einem Unterstützungs- und Beratungszentrum für Menschen geworden, die sexuelle Gewalt und Geschlechterdiskriminierung erfahren haben. Zahlreiche Organisationen von Freiwilligen verteilen kriminaltechnische Reisepackungen an die Bürgerinnen und Bürger.

Bei den Sexualverbrechen ist gerade das Fehlen von Beweisen ein wesentliches Hindernis, wenn es gilt, die Täter zur juristischen Verantwortung zu ziehen, doch in der Ukraine ist die Sicherung von Beweisen und die Berichterstattung über die Verbrechen sofort angelaufen, dank moderner Technologie und Smartphones. Dergleichen ist in der Geschichte der Vergewaltigung im Krieg noch nie da gewesen. Deshalb ist es möglich, die Verbrechen aufzuklären, während die Kämpfe noch im Gang sind. Laut der Menschenrechtsjuristin Oleksandra Matviitschuk haben das Erbe des Zweiten Weltkriegs und die von den

Nürnberger Kriegsverbrecherprozessen erzeugte Vorstellung zu der Auffassung geführt, dass die Kriegsverbrecherprozesse erst nach dem Krieg stattfinden können. Diese Auffassung sollte geändert werden: Die Zeit für die Aufklärung der Kriegsverbrechen ist jetzt.

Die Lehre, die die Ukrainer bei der Aufklärung von Kriegsverbrechen ziehen, ist das Know-how, das auf künftige Konfliktgebiete übertragen werden kann, und umgekehrt können die Lehren, die andere aus früheren Kriegsverbrechen gezogen haben, ihrerseits der Ukraine helfen. Im Jahr 2018 wurde der Friedensnobelpreis an Dr. Denis Mukwege und an die Aktivistin Nadia Murad vergeben, die Sexsklavin von ISIS-Kämpfern wurde, weil sie Jesidin war. Und Mukwege hat lange in der Demokratischen Republik Kongo mit den Opfern sexueller Gewalt gearbeitet. Um den Vergewaltigungsopfern zu helfen, entwickelte er in jenen Jahren in seiner Klinik eine holistische Behandlungsmethode, die jetzt auch in der Ukraine angewendet wird, und die Mukwege-Stiftung bietet Ukrainerinnen und Ukrainern, die mit den Opfern arbeiten, eine Ausbildung an.[14] Aber selbst wenn die Opfer in einem Gebiet wohnen, wo Hilfe erhältlich wäre, gehen nur wenige von ihnen zum Arzt, denn sie wollen das Geschehene geheim halten wegen der Schande, die sie erlitten haben. Viele fürchten die üble Nachrede.

Die Geschichten der Opfer, die an die Öffentlichkeit gelangen, sind nur die Spitze des Eisbergs.[15]

Für eine erfolgreiche Aufklärung und Behandlung von Sexualverbrechen ist es von wesentlicher Bedeutung, dass die Anzahl von Ärztinnen, Psychiaterinnen, Forscherinnen, Journalistinnen und Richterinnen steigt. Frauen können die Anzeichen einer Vergewaltigung besser lesen, den Opfern fällt es leichter, ihnen das Erlittene zu erzählen, und Frauen nehmen diese Dinge ernster. An den Gerichtsverfahren wegen Sexualverbrechen, die zu einem Urteil geführt haben, waren Staatsanwältinnen und Richterinnen beteiligt, die die richtigen Fragen stellen konnten. Bei den Gerichtsprozessen in Ruanda fragten die Verteidiger der Angeklagten die vergewaltigte Zeugin TA sechzehn Mal, wie man sie denn vergewaltigen konnte, wenn sie sich zwischendurch nicht gewaschen habe. Die Frage ließ die Richter in Gelächter ausbrechen.[16] Die richtigen Fragen sind wichtiger, als wir uns das vorstellen können, ebenso die Fähigkeit, Bilder und Videos richtig zu interpretieren.

Bellingcat, das Netzwerk investigativer Journalistinnen und Journalisten, klärt Verbrechen anhand von öffentlichen Quellen auf, und es ist ihnen zum Beispiel gelungen, einen Soldaten der russischen Armee, der einen ukrainischen Soldaten kastriert hatte, anhand seiner Mütze zu erkennen und zu identifizieren.[17] Außer den Opfern hinterlassen Verbrecher und Passanten unbewusst überraschend viele Informationen zu Menschenrechtsverletzungen im Internet, und deshalb ist es wichtig, das damit verbundene Wissen zu vergrößern. Eine Form des Rechts ist die Anerkennung der Tat als Verbrechen. Wenn eine Verhaftete nackt ist oder die Soldaten über sexuelle Gewalt witzeln, sind das leicht zu verstehende Anspielungen darauf, dass vor oder nach dem Video oder dem Foto Gewalt ausgeübt wurde. Man darf aber auch die Gegenstände am Ort des möglichen Verbrechens nicht vergessen: Wenn auf den Bildern in der Nähe von Opfern oder Leichen Flaschen, Besenstiele oder Teile davon zu sehen sind, können das Hinweise auf ein Sexualverbrechen sein.[18]

Ich will die Bedeutung der Rechtswissenschaft nicht herabsetzen, im Gegenteil. Nachdem ich die Gerichtsprozesse zu Sexualverbrechen in Kriegs- und Konfliktgebieten verfolgt habe, bin ich jedoch zu dem Schluss gekommen, dass man umfassender über das Recht sprechen muss. Die sexuelle Gewalt zu Kriegszeiten muss als ein Verbrechen erkannt werden, das auch außerhalb der Gerichte wichtig ist. Das setzt einen Wandel des politischen Klimas voraus. Dies wiederum ist nicht möglich, ohne dass die Bürgerinnen und Bürger eines demokratischen Landes die Taten scharf verurteilen. Und das wird nicht geschehen, solange über diese Verbrechen nicht direkt und präzise gesprochen wird. Sexualverbrechen in einem Krieg sind kein Mysterium, das von selbst geschieht oder auf eine Weise, die wir nicht begreifen können.

Eine Form des Rechts ist es, den Opfern zuzuhören und ihnen Respekt zu erweisen, dass man sie sichtbar macht, dass man sich ihrer erinnert. Für die Opfer von Sexualverbrechen gibt es keine Denkmäler, keine Briefmarken, nach ihnen werden keine Straßen benannt, und es gibt für sie keinen Gedenktag. Ihnen zu Ehren wird nicht geflaggt. Sie werden nicht in einer Weise geehrt, wie man heldenhafte Soldaten oder Personen von nationaler Bedeutung ehrt, und Ehrung ist, wenn überhaupt etwas, Recht.

Als man die Erfahrungen der Opfer sammelte, stellte sich heraus, dass viele von ihnen verstehen, dass der Schuldige nicht in jedem Fall gefasst wird und dass es nicht in allen Fällen zu einem Gerichtsverfahren kommt. Wesentlich für die Opfer ist es jedoch, dass ihre Stimme gehört wird, dass sie nicht unsichtbar werden. Dass die Verbrechen dokumentiert werden. Dass ihre Erfahrung nicht ignoriert wird. Das ist Ehrung der Opfer.

Ehrung hebt die Schande auf, die Sexualverbrechen immer noch anhaftet. Die öffentliche und respektvolle Behandlung dieser Verbrechen hilft den Männern und Frauen, die Objekt solcher Verbrechen geworden sind – das wissen wir nicht zuletzt seit den Erfolgen der MeToo-Bewegung. Der öffentliche Diskurs über die von Japan erzwungene Sexarbeit von Frauen im Zweiten Weltkrieg wurde Anfang der 1990er-Jahre erneut geführt. Die japanische Armee zwang vor und während des Zweiten Weltkriegs Frauen aus Korea, China, Vietnam, den Philippinen und anderen eroberten Gebieten zu sexueller Sklavenarbeit in den »Trostzentren« der Armee. Viele dieser »Trostfrauen«, so der japanische Ausdruck, begingen Selbstmord.

Nach dem Krieg bagatellisierte Japan das Phänomen. Ursprünglich betrug die Anzahl der zur Prostitution gezwungenen Frauen 20 000–200 000, und davon sind nicht mehr viele am Leben. Auf den Philippinen war die erste Frau, die 1992 öffentlich über ihr Schicksal sprach, die 65-jährige Rosa Henson. Bis dahin hatten nur ihr verstorbener Mann und ihre Mutter davon gewusst. Obwohl ihre schrecklichen Erfahrungen so viele Jahre zurücklagen, löste Hensons Zeugenaussage weitere aus, und die Aufarbeitung blieb nicht in den 1990er-Jahren stehen. Entschädigungen können auch den Nachkommen der Opfer gewährt werden, und noch im Jahr 2021 wurden von einem südkoreanischen Richter zwölf Frauen und ihren Angehörigen Entschädigungen für ihre Leiden zugesprochen. Die Gerichtsprozesse wegen Zwangsprostitution in Japan halfen den Kriegsgerichten in Ruanda und Jugoslawien bei der Entwicklung eines Leitfadens für die Verhandlung von Vergewaltigungen als Kriegsverbrechen, und auf dem Balkan geschah es ebenso wie in Asien: auf die öffentlichen Interviews der Personen, die Opfer von Kriegsvergewaltigungen geworden waren, folgte eine Flut neuer Zeugenaussagen. Die Filmregisseurin Alisa Kowalenko war in der Ukraine die Erste, die von der sexuellen Gewalt berichtete, die sie im Jahr 2014 im Donbass erlitten hatte. Die Täter waren russische Soldaten gewesen. Zunächst empfand Kowalenko es als unangenehm, dass sie von Menschenrechtsorganisationen kontaktiert wurde. Die anderen Opfer waren mit ihren Erfahrungen noch nicht an die Öffentlichkeit gegangen, aber letztlich dachte sie, vielleicht wagt auch sonst noch jemand, zu reden, wenn sie es tut.[19] Kowalenko hatte recht.

Für den Kreml sind solche Beispiele sicherlich besorgniserregend, denn auf einen Vergewaltigungsprozess in der Ukraine kann eine juristische Me-Too-Bewegung folgen, die die Schicksale von Menschen, die vor Jahrzehnten Opfer ähnlicher Verbrechen geworden sind, ans Tageslicht bringt, und zugleich die Frage nach den ihnen zustehenden Entschädigungen aufwerfen, auch in der zweiten Generation.

Auch Japan ist die moralische Korrektur der Zwangsprostitution nicht freiwillig angegangen: Erst durch den Druck von Bürgerinnen und Bürgern, dem anderer Länder und nachdem sich die Opfer – die Frauen – öffentlich zu der Sache geäußert hatten, lenkte die Regierung ein. Sexuelle Gewalt an die Öffentlichkeit zu bringen – das sollte jedoch nicht nur in der Verantwortung der Frauen liegen.

Die Miliz des Marionettenstaats Donezk entführte im Jahr 2017 den Journalisten Stanislaw Assejew. Die neuen Machthaber hatten die Isoljazija, die früher als Fabrik und als Kunstzentrum gedient hatte, in ein Gefängnis umgewandelt, in dem Assejew 962 Tage lang einsaß. Im Jahr 2019 kam er im Zuge eines Gefangenenaustauschs frei und schrieb über seine Gefangenschaft das Buch *The Torture Camp on Paradise Street*. Assejew konnte das tun, da er am Leben geblieben war, und nur deshalb. Viele andere können nicht über die Qual berichten, die sie erlebt haben, weil sie umgebracht wurden. Die unter der Aufsicht des Sicherheitsdienstes der Russischen Föderation FSB stehende Isoljazija ist als »Dachau des Donbass« bekannt, wo die Gefangenen ständig gequält wurden, unter anderem an ihren Geschlechtsorganen. Die Folter war nicht Teil der Verhöre, sie war das Vergnügen der Wachmannschaften. Die Folterer verwendeten Elektroden und schlugen außerdem die Geschlechtsorgane der Männer mit einem zu diesem Zweck entwickelten Rohr, bis sie anschwollen wie bei einem Stier. Gerissene Hodensäcke und Vergewaltigungen waren für die Inhaftierten Alltag. Alles wurde mit der Kamera aufgezeichnet. In jeder Zelle, in jedem Raum des Gefängnisses gab es eine Kamera. Die Aufzeichnungen haben einen Umfang von vielen Terabyte, Hunderte Stunden von Material für die Gerichte. Assejew erschien das wie eine Art Test: »Können diese Menschen tatsächlich weiterhin ihre Verbrechen filmen, sechs Jahre lang, ohne jegliche Folgen, lachend über jeden Bericht der Vereinten Nationen? Es sieht so aus, als könnten sie das, und uns sagt dieses Isoljazija-Gefängnis, wie unsere Welt eigentlich beschaffen ist.«[20] Das »Dachau des Donbass« ist immer noch in Betrieb. Die Zahl der illegalen Gefängnisse im Donbass beläuft sich auf 160.[21]

In den Verhaftungszentren, den Gefängnissen und Lagern ist sexuelle Gewalt gegen Männer allgemein üblich, und die Kriegsgefangenen sind ständig davon bedroht. Misshandlungen der Geschlechtsorgane mit Strom sind sowohl bei Zivilisten als auch bei Soldaten, die in Gefangenschaft geraten sind, üblich. Die Keller in der von Russland besetzten Ukraine sind für Männer und Frauen gefährlich, aber das von Russland praktizierte Kastrieren richtet sich speziell gegen Männer. Trotzdem sind es fast immer Frauen, die an Gesprächsrunden über sexuelle Gewalt teilnehmen. Wenn Männer interviewt werden, ist ihre Rolle meistens die eines juristischen Fachmanns.

In den Nachrichten oder den Gesprächen über russische Kriegsverbrechen ist es Redakteurinnen wichtig, Vergewaltigung als eine der gegen die Zivilbevölkerung gerichteten Form des Terrors zu erwähnen, ihre männliche Kollegen jedoch tun das kaum jemals – es sei denn, das Thema ist explizit die sexuelle Gewalt. Vielleicht ist es schwieriger, die Erfahrungen der Männer mit denen der Frauen zu verbinden, weil die männlichen Opfer mit größerer Wahrscheinlichkeit den Begriff »Folter« als »sexuelle Gewalt« oder »Vergewaltigung« verwenden.

Ich verstehe, dass die Opfer lieber mit Journalistinnen sprechen. Die Marginalisierung des Themas ist jedoch ein wirkliches Risiko, denn wenn sich nur Frauen dazu äußern, wird kein politischer Wille für eine Änderung der Einstellung zu Sexualverbrechen entstehen. Vielleicht empfinden die Männer das Thema als peinlich und wissen nicht, wie sie darüber sprechen sollen, aber peinlich ist es auch den Frauen. Gerade die Überwindung der Peinlichkeit ist eine Methode, um die von den Opfern empfundene Scham abzubauen. Sexuelle Gewalt ist nicht nur eine Angelegenheit der Frauen. Sie betrifft die ganze Welt.

Ich glaube nicht, dass die Anwendung von sexueller Gewalt im Krieg oder bei Völkermord in naher Zukunft enden wird. Dennoch sind die Mittel, ihr vorzubeugen, besser als jemals zuvor: Wir wissen mehr über diese Verbrechen als früher, wir wissen, welche Dinge und Umstände die Atmosphäre dafür begünstigen. Wir wissen auch, warum manche Völkermorde und Kriegsverbrechen dem Vergessen anheimfallen und andere nicht. Der Historiker Timothy Snyder hat darauf hingewiesen, dass die meisten Völkermorde deshalb vergessen sind, weil die anderen Völker sie nicht zur Kenntnis nahmen, als sie geschahen.[22] Sie wurden nicht weltweit in den Massenmedien erörtert, und zur Zeit der Ereignisse wurden keine Beweismittel gesammelt. So war es leichter, sie zu leugnen, doch wir wissen auch, dass es immer Menschen gibt, die Völkermord, Kriegsverbrechen und Verbrechen gegen die Menschlichkeit leugnen werden.[23] Russland leugnet sie jetzt und wird sie auch in Zukunft leugnen. Russlands Kooperationspartner werden es genauso tun, und genutzt werden dabei alte Mythen.

Als im Frühjahr 2022 die Gräueltaten gegen Zivilisten bekannt wurden, gab es zahlreiche Kommentare, die Taten rührten daher, dass die russischen Soldaten schlecht versorgt seien und an Stress litten. Die Frauen der ukrainischen Soldaten und Polizisten werden jedoch nicht deshalb in die Keller gebracht, weil die russische Armee keine trockenen Strümpfe hat oder weil das Haltbarkeitsdatum der Verpflegungsportionen abgelaufen ist. Nach Angaben der Staatsanwältin Iryna Didenko suchen die Mitarbeiter des russischen Sicherheitsdienstes FSB speziell nach den Müttern, Ehefrauen und Töchtern von Soldaten und Beamten. Sie sind die vorrangigen Folteropfer. Wenn sie freigelassen werden, befehlen die Folterer ihnen, zu Hause Grüße zu bestellen.[24] Dieses Vorgehen hat mit »Trieben« nichts zu tun. Die Grausamkeiten folgen einem System, und wenn sich bei den

Entscheidungsträgern nicht der politische Wille für ausreichend harte Strafmaßnahmen findet, wird der Einsatz dieser so kostengünstigen Waffe künftig in Gebieten weitergehen, in denen ein Tyrann, eine Junta oder eine Gruppierung den Widerstand ersticken will. Ein gutes Beispiel ist die Demokratische Republik Kongo, wo Vergewaltigung als ein Mittel eingesetzt wurde, die Dörfer zu entvölkern. Massenvergewaltigungen verändern immer die Bevölkerungsstruktur eines Gebietes, und im Kongo wurden die Menschen auf diese Weise aus der Umgebung der Bodenschätze vertrieben, was die Ausbeutung der Mineralien und Metalle erleichterte. Die Frauen und Kinder im Kongo waren Objekte von Massenvergewaltigungen, weil unsere Telefone und Computer die Metalle brauchen, die dort zu finden sind, wo diese Menschen wohnen.[25]

Frieden ist in der Geschichte der Menschheit eine Anomalie. Viele Ukrainer konnten sich nicht vorstellen, dass ein Großangriff möglich wäre. Auch im Westen haben viele nicht daran geglaubt. Dennoch fand er statt. Viele Uiguren haben nicht daran geglaubt, dass man sie als Volk vernichten will.[26] Dennoch geschieht das gerade jetzt. Viele in Estland konnten sich nicht vorstellen, dass jemand sie sowie Zehntausende von Menschen aus ihrem Zuhause vertreiben und in unbewohnbare Gegenden verschleppen würde. Dennoch geschah genau das. Ein ums andere Mal glauben Menschen, die im Frieden geboren wurden, nicht, dass sie die Zeichen erkennen sollten, die zu namenlosen Massengräbern führen. Deshalb ist ein Wandel der Einstellungen auch in den Ländern notwendig, die sich nie haben vorstellen können, dass sie in einen Krieg geraten könnten. Zu sexueller Gewalt als Kriegswaffe muss man sich stellen wie zum Klimawandel: Es ist eine Verwüstung, die zu verhindern man versuchen muss, bevor sie mit voller Wucht im Gang ist. Plastiktüte für Plastiktüte, Öltropfen für Öltropfen sind die Menschen der Umwelt immer stärker verpflichtet. Der Wandel des Klimas bei sexueller Gewalt erfordert einen entsprechenden politischen Willen und eine andere Haltung auf allen Gebieten der Gesellschaft. Der Wandel ist nicht möglich, wenn man das Thema meidet oder wenn die Medien der Ansicht sind, dass es für das Publikum zu bedrückend ist. Der Leichnam des im Mittelmeer ertrunkenen kleinen Jungen, das Napalm-Mädchen, der verhungernde Eisbär auf der Scholle – solche Fotos ändern die Einstellungen der Menschen, aber von den Opfern der Kriegsvergewaltigungen gibt es keine solchen Fotos, oder wenn doch, dann sind sie nicht veröffentlicht worden. Ich warte immer noch auf ein Pressefoto, auf dem zum Beispiel eine angebrochene Viagra-Packung am Ort des Verbrechens zu sehen ist. Ein solches Foto wird es vielleicht nie geben. Weil das Thema zu bedrückend ist. Weil es leichter ist, woanders hinzuschauen. Deshalb sind die sexuelle Gewalt und ihre Straflosigkeit immer noch möglich. Deshalb setzt Russland Vergewaltigung immer noch als Waffe ein. Deshalb wird es sie auch in seinen künftigen Kriegen als Waffe einsetzen. Und ebenso die anderen Tyrannen.

Der Westen hat die Macht zu definieren, welche Themen als wichtig und des öffentlichen Diskurses würdig gelten, als so wichtig, dass sie zu einem Teil unseres moralischen Kompasses werden.

Niemand kann sich darauf berufen, nichts gewusst zu haben.

II

VON SOLDATEN ZU KRIEGSVERBRECHERN

DER HELD

Der Mythos vom Großen Vaterländischen Krieg

Die ersten Schlagzeilen über die Kriegsverbrechen Russlands im Frühjahr 2022 schockierten die Welt. Viele fragten, was für Menschen die Russen eigentlich seien. Auf Twitter fragte einer meiner Follower: »Ich verstehe nicht, warum Russland in der Ukraine Entbindungskliniken bombardiert und Zivilisten vergewaltigt. Warum tun sie das? Versteht das jemand?«

Die einfache Antwort auf diese Frage ist, dass Russlands Armee keine ausreichende professionelle Kampffähigkeit besitzt. Unbewegliche Ziele lassen sich leicht treffen, und eine Vergewaltigung fordert von einem Berufssoldaten weder Kampffähigkeit noch Kampfausrüstung. Der sexuellen Gewalt haben die Soldaten sich in den Privatwohnungen der Opfer, auf öffentlichen Plätzen und in Kellern, in illegalen Verhaftungszentren und Filtrationslagern schuldig gemacht. Die Opfer waren sowohl Zivilisten als auch Kriegsgefangene. Die schwache Kampfkraft der russischen Armee erklärt jedoch nicht, dass ein Soldat solche Verbrechen begeht. Die Hintergrundfaktoren dafür sind erheblich komplizierter. Völkermorde entstehen nicht aus dem

Nichts, im Krieg werden Zivilistinnen und Zivilisten nicht aus Versehen systematisch vergewaltigt. Russland hat eine lange, Kriegsverbrechen ermöglichende Geschichte. Das, was aus westlicher Sicht unlogisch, irrational und dumm wirkt, wie etwas, das man weder mit dem Verstand noch mit dem Herzen nachvollziehen kann, ist aus Moskauer Sicht rationales Vorgehen und hat eine Kontinuität in der Art und Weise, wie Russland Herrschaft ausübt.

Sexuelle Gewalt gehört zu den ältesten Waffen der Welt, denn sie ist billig, effizient, in ihrer Wirkung geschlechtsübergreifend, und sie erfordert weder Logistik, noch Technik, noch Modernisierung. Dennoch ist die Kultur der Straflosigkeit nicht Bestandteil einer jeden Armee, obwohl solche Kommentare zu hören waren, nachdem die Kriegsverbrechen, die Russland in der Ukraine begangen hat, allmählich ans Tageslicht kamen. Der Historiker Antony Beevor hat die Vergewaltigungen, die die Rote Armee in Deutschland begangen hat, als die größte Massenvergewaltigung unserer Geschichte bezeichnet.[27] Später hat die Russische Föderation dieselbe Waffe auch in Tschetschenien, in Syrien, seit 2014 in den russisch besetzten Gebieten der Ukraine sowie von der unter der Leitung des militärischen Nachrichtendienstes Russlands agierenden Wagner-Gruppe in zahlreichen afrikanischen Ländern eingesetzt. Im Jahr 2022 griffen die Wagner-Söldner in der Zentralafrikanischen Republik eine Entbindungsklinik an und vergewaltigten die Mütter, die gerade entbunden hatten. Als eine Krankenschwester versuchte, die Männer daran zu hindern, wurde auch sie vergewaltigt.[28]

Die Straflosigkeit der russischen Armee ist ein Erbe des sogenannten »Großen Vaterländischen Krieges«, und deshalb ist es wichtig, die damit verbundene Mythologie zu analysieren. Die Art und Weise, wie über den Krieg berichtet und wie er genannt wird, ist Teil des Mythos, und in Russland ist der Blickwinkel auf die Ereignisse der 1940er-Jahre ein anderer als der im Westen. Diesen Krieg als Zweiten Weltkrieg zu bezeichnen, betont, dass es sich um einen Krieg von uns allen handelt: dass wir alle gelitten haben. Die Art und Weise, wie Russland dieselben Ereignisse benennt, betont, dass Russland der Mittelpunkt des Großkriegs war. Dann stehen nämlich die eigenen Verluste Russlands im Mittelpunkt, sodass ein Abweichen von der offiziellen Kriegspropaganda ein unpatriotischer Akt ist. Das Nachdenken über die Leiden und Verluste der anderen ist ein unpatriotischer Akt. Die Empathie gegenüber anderen Kriegsopfern ist ein falsches Gefühl – Landesverrat.

Als Hitler die Sowjetunion angriff, wurde dieser Vorgang sehr bald als »Großer Vaterländischer Krieg« bezeichnet. Man war der Meinung, diese Phrase hebe die Moral und sporne die Soldaten zu noch energischerer Verteidigung des Vaterlands an. Der Terminus selbst wurzelt im »vaterländischen Krieg« von 1812, als Napoleon mit seinen Truppen auf das Territorium Russlands vordrang. Sowohl der ältere als auch der jüngere vaterländische Krieg wird in Russland als Verteidigungskrieg angesehen. Jetzt bemüht sich Putins Russland, den Krieg, den es in der Ukraine begonnen hat, als Teil desselben

Kontinuums der Kriegsgeschichte darzustellen: Russland wird angegriffen, Russland verteidigt sich.

Die Etablierung der Mythologie des Großen Vaterländischen Krieges durch den Schulunterricht spielte eine wichtige Rolle, und das Schulfach »Geschichte« war in der Sowjetunion von zentraler Bedeutung. Der ganze Lehrplan zielte auf die Schaffung eines Sowjetmenschen ab, und deshalb war es unabdingbar, dass jeder einzelne Schüler die Sache auf dieselbe Weise verstand. In den Geschichtsstunden wurden die großen Ereignisse des Heldentums gelehrt: die Oktoberrevolution, die Industrialisierung des Landes und der Große Vaterländische Krieg. Die einzelnen Helden waren Akteure der Kommunistischen Partei, die heldenhafte Klasse war die Arbeiterklasse.[29] Die Antihelden waren ebenso wichtig wie die Helden, und der Archetyp des Feindes ist der Faschist. In Sowjet-Estland wurde 1945 Aleksander Pindi zum Leiter des Lehrstuhls für Pädagogik und Methodologie ernannt. Sein Leitgedanke war es, sowjetische Patrioten heranzuziehen, die »glühenden Hass gegenüber dem Feind empfinden und bereit sind, das eigene Leben für das Vaterland zu opfern«. Der Fachmann hatte sein Wissen im Moskauer Institut für Psychologie und Pädagogik erworben.[30]

Nach dem Zusammenbruch der Sowjetunion hätte die Russische Föderation die Ereignisse der 1940er-Jahre in »Zweiter Weltkrieg« umbenennen können, wenn der Staat sich von der Sprache des totalitaristischen Staates hätte lossagen wollen. Das ist nicht geschehen, und der

Geschichtsunterricht in den Schulen erlebte keine bedeutende Reform, auch wenn es in den 1990er-Jahren mehr Vielstimmigkeit gab. Von den Lehrerinnen und Lehrern der älteren Generation unterrichteten viele noch zu Beginn des 21. Jahrhunderts Sowjetgeschichte. Die Menschenrechtsverbrechen der Sowjetunion gehören nicht zu dieser Geschichte. Ebenso wenig gehört dazu, wie die Menschen die Besetzung durch die sowjetischen Truppen auf ihrem Territorium erlebten. Zu dieser Geschichte gehören nicht die von der Roten Armee verübten Massenvergewaltigungen in Deutschland. Es geht immer nur um Heldentum und Sieg. Die Denkmäler und Kriegsmuseen heißen immer noch »Siegesdenkmal« oder »Museum des Sieges«. Als in den 1990er-Jahren Aktivistinnen und Aktivisten die Menschenrechtsverletzungen der Sowjetunion als Staatsterror bezeichnen wollten, wurde dieser Wunsch übergangen. Behörden und Staat bezeichneten die Massenhinrichtungen lieber als »Unterdrückung«. Dieser Ausdruck blendet die Verantwortung der offiziellen Stelle aus, die die Befehle gegeben hatte.[31]

Während der Regierungszeit von Präsident Boris Jelzin wurde keine Siegesparade veranstaltet, und die Russische Föderation räumte ein, die baltischen Länder besetzt zu haben, doch mit einem Richtungswechsel gleich zu Beginn von Putins erster Präsidentschaft kehrte man zu der alten Lüge zurück, nach der die Länder angeblich freiwillig der Sowjetunion beigetreten waren.

Putin bekam nach seinem Machtantritt die Aufgabe, einen uneinheitlichen, auf elf Zeitzonen verteilten Staat zu regieren, in dem die Kluft zwischen den Generationen wuchs und in dem es über hundert Sprachen von Minderheiten, fünf offizielle Religionen und etwa hundertneunzig ethnische Gruppierungen gab. Das auf den Zusammenbruch der Sowjetunion folgende ideologische Vakuum musste mit irgendetwas gefüllt werden, gern mit einer Erzählung, die sich außerhalb von Russland darstellen ließ. Der Sieg über Hitler war immer noch etwas, worauf man stolz sein konnte, und der Große Vaterländische Krieg vereinte immer noch sehr unterschiedliche Menschen aus verschiedenen Generationen. Die Verstetigung dieses Mythos als wesentlichstes Identitätsnarrativ Russlands stärkte Putins Macht in der Innen- wie in der Außenpolitik, und deren Stabilisierung lässt sich auch als Reaktion darauf sehen, dass die baltischen Länder angefangen hatten, ihre eigene Geschichte selbst zu schreiben und energisch den Staub der Sowjetpropaganda von sich abzuschütteln. Auf das Ausgraben der sowjetischen Kriegsverbrechen musste irgendwie reagiert werden. Der Mythos bot dafür eine vortreffliche Grundlage. Es konnte ja passieren, dass die Balten anfingen, Kriegsreparationen zu fordern.[32]

Als Putin die Nationalhymne der Sowjetunion im Jahr 2000 wiedereinführte, veröffentlichten Vertreter der russischen Intelligenzija einen offenen Brief, in dem sie das verurteilten.[33] Solche Stimmen setzten sich jedoch in Russland nicht durch, und der Abbau der sowjetischen Symbole in den 1990er-Jahren erwies sich nur als eine Anomalie, die Putin revidieren wollte. Die Wiederherstellung von

Stalins Ruf wurde positiv aufgenommen, denn der Diktator war nach Ansicht der Bürger Russlands einer ihrer bedeutendsten Landsleute, also ein Gigant. Stalins Rehabilitierung bedeutet jedoch auch, dass die Taten des Tyrannen bewundert werden: die Akzeptanz der Säuberungen, der Lager, der Verschleppungen und Hinrichtungen, der Folter, der Zwangskollektivierung und der absichtlich herbeigeführten Hungersnot Holodomor. Die moralische Akzeptanz von solcherart Gewaltanwendung markiert den Weg des Putin-Regimes in die Gewalt, und eine Verkleidung zum Beispiel als Lawrenti Berija bei einem Maskenfest wurde durchaus möglich, ohne dass das als seltsam empfunden worden wäre. Berija war der Chef des Volkskommissariats für innere Angelegenheiten der Sowjetunion, und sein Freizeitvergnügen war es, Mädchen zu kidnappen und zu vergewaltigen. Die jüngsten Opfer waren sieben Jahre alt. Viele von ihnen wurden nach der Tat getötet. Über Berijas Sexualverbrechen gab es schon zu sowjetischer Zeit Gerüchte, sie waren kein Geheimnis.

Obwohl im Westen oft über Stalins Beliebtheit berichtet wurde, führte das doch nicht zu Gefühlen, die mit Abscheu verbunden waren. Er galt nur als eine Art russische Kuriosität.

In der Sowjetunion wurde die Mythologie des Großen Vaterländischen Kriegs aus überraschend ähnlichen Gründen aufgebaut wie bei Putin. Als die Soldaten der Roten Armee nach dem Sturz Hitlers nach Hause zurückkehrten, erwarteten sie, dass sie als gefeierte Veteranen auf die Angelegenheiten des Landes würden Einfluss nehmen können. Stalin war anderer Ansicht. Er ließ die kriegsversehrten Veteranen aus dem Gesichtsfeld der Menschen abtransportieren. Das Gewimmer der Veteranen, das sich der Zentralgewalt entgegenstellte, war nicht erwünscht. Der Tag des Sieges wurde nicht gefeiert. Vielleicht waren die versehrten Veteranen nicht repräsentativ genug, erinnern doch sichtbare Kriegsverletzungen auf die falsche Weise an die unangenehmen Seiten des Krieges.

Die Lage änderte sich im Jahr 1965, als Stalin schon tot war und man im Westen begann, allzu viel über den Holocaust zu sprechen, dessen Aufarbeitung den Glanz des Sieges der Sowjetunion bedrohte: Er lenkte den Fokus des großen Leidens von der Sowjetunion ab. Das Bedürfnis, den Sieg im Großen Vaterländischen Krieg und die Leiden der Sowjetunion hervorzuheben, war also teilweise eine Antwort auf die Diskussionen um den Holocaust im Westen. Und das Stochern in den Verbrechen des Zweiten Weltkriegs lag auch sonst nicht im Interesse der Sowjetunion. Überraschenderweise war auch der Vietnamkrieg von Bedeutung. Die erste am Tag des Sieges abgehaltene Parade am 9. 5. 1965 auf dem Roten Platz war eine Werbekampagne für mögliche Käufer von sowjetischen Waffen, unter anderem in Asien. Die Ehrengäste kamen aus dem Ausland. Der Tag des Sieges wurde ein arbeitsfreier Tag.

Generalsekretär der Kommunistischen Partei war damals Leonid Breschnew, dem die Siegesfeier die Möglichkeit bot, seine eigene Position als Veteran zu glorifizieren. Die von Stalin ins Abseits geschobenen Frontsoldaten sandten den Parteimitgliedern Briefe, in denen sie sich über ihre schlechte Behandlung und die schwache Gesundheitsfürsorge beklagten, sodass der neue Feiertag sowohl der Innen- und Außenpolitik als auch Breschnews persönlichen Interessen diente. Der »Tag des Sieges« in Putins Russland basiert auf sowjetischer Tradition, und sein Ziel ist dasselbe wie zu Breschnews Zeiten: Der Mythos schweißt die Russen in der Innenpolitik zusammen und bietet Russland in den internationalen Arenen einen Anlass, stolz zu sein. Es gibt jedoch Unterschiede. Während zu sowjetischer Zeit alle Sowjetbürger Teil der Siegesgeschichte waren, wird darin jetzt der Sieg der Russen über den Faschismus betont, so als hätten allein russische Soldaten ohne die Beteiligung der Soldaten aus den anderen Sowjetrepubliken Hitler gestürzt. Auf diese neue Ebene hat Putin den Mythos geführt, indem er den Sieg biologischen Merkmalen zuschrieb. Laut Putin ist er ein Teil des russischen genetischen Codes.[34]

Der Mythos mit seinen Paraden wiederholte die Botschaft des Sieges so effizient, dass niemand sich eine Niederlage Russlands vorstellen konnte. Russland und Sieg gehören im internationalen Unterbewusstsein so eng zusammen, dass der Widerstand der Ukraine im Frühjahr 2022 die Welt überraschte. Russland kann doch nicht verlieren.

Eine Untersuchung des unabhängigen Lewada-Zentrums von 2019 ergab, dass von den Institutionen Russlands die Armee das meiste Vertrauen der Bevölkerung genoss und sie sogar beliebter war als die Institution des Präsidenten. 61 Prozent der Russen vertraute den Streitkräften[35], obwohl in der Armee die Schikanierung der

Soldaten ebenso wie die sexuelle Gewalt, der die Soldaten ausgesetzt sind, an der Tagesordnung ist. Dass die Verantwortung einer Armee für ihre Taten beim Offizierskorps liegt, ist entscheidend dafür, dass Menschenrechtsverletzungen vorgebeugt wird. In Russland ist die Frage hinsichtlich der Verbrechen der Streitkräfte unwesentlich, weil sie vom Offizierskorps gebilligt werden. Wenn Menschenrechtsverletzungen in den eigenen Reihen begangen werden, gibt es keinen Grund zu der Annahme, dass die als Feinde betrachteten Menschen nicht genauso behandelt werden können. Die Taten, die im Westen als Menschenrechtsverletzungen gelten, sind Teil der Methodik der russischen Kriegskunst.

Russland hat seine Schuld an den in der Ukraine begangenen Verbrechen bestritten. Im April 2022 zeichnete Putin die Garde der 64. motorisierten Sonderinfanteriebrigade, die an den Gräueln von Butscha beteiligt waren, mit einem Ehrennamen aus.[36] Im Dezember 2022 begann die Duma ein Gesetz auszuarbeiten, das die Verantwortlichkeit für ein Verbrechen aufhebt, wenn das Verbrechen in den von Russland besetzten Gebieten im Interesse des Vaterlands begangen wurde.[37] Und im Sommer 2023 verabschiedete die Duma ein Gesetz, das den Teilnehmern an der Ukraine-»Spezialoperation« bei »kleinen und mittelgroßen« Verbrechen Schutz vor Anklage gewährt.[38] So werden die Verbrechen der Soldaten zu Heldentaten umgemünzt, die Kultur der Straflosigkeit in der russischen Armee dauert an und ermöglicht auch in Zukunft die Spirale der Menschenrechtsverletzungen.

DAS GESETZ

Wenn der Unterdrücker das Gesetz
formulieren darf

Auch in meiner Familie gibt es einen Veteranen des Großen Vaterländischen Kriegs. Der Mann einer Großtante wurde für die Rote Armee zwangsmobilisiert, und nach Kriegsende bekam er so wie die anderen Veteranen eine Veteranenkarte, die ihn unter anderem dazu berechtigte, an der Schlange vorbeizugehen, die nach Lebensmitteln anstand. Die estnischen Veteranen taten das jedoch nicht gern. Sie empfanden das als peinlich. Seine Medaille schob der Onkel ganz hinten in eine Schublade, und er nahm nicht an den Paraden teil. Die Geschichten, die er zu Hause über den Krieg erzählte, waren ganz anders als die der Veteranen des Großen Vaterländischen Kriegs, die sie immer von Neuem wiederholten, wenn sie sowjetische Schulen besuchten.

Genauso wie die russische Armee jetzt ernährte auch die sowjetische Armee ihre Soldaten nicht ausreichend. Die Ausbildungszeit des Onkels war dadurch geprägt, dass die Soldaten im Wald Insekten und Würmer suchten, um sie zu essen. An der Front wurde die Verpflegung allerdings besser als die Wurmkur. So wie auch jetzt fungierte Schnaps als psychologische Unterstützung und Brennstoff für die Kämpfe. So wie auch jetzt wurde Angst durch Suff gezügelt. Wenn die Soldaten am Morgen einen Becher Schnaps bekamen, wussten sie, dass es in den Kampf ging. Schnaps ist immer noch das wesentliche Lebensmittel der russischen Armee. Genau wie jetzt wurden Menschen als Kanonenfutter eingesetzt. Als menschliche Schutzschilde wurden kleine Mädchen von der Pionierorganisation und Komsomolzinnen benutzt, die, patriotische Lieder singend, vor den Soldaten hermarschierten. Der Onkel hat diese Mädchen niemals vergessen.

Die Geschichte meines Onkels ist Teil der Geschichte des Großen Vaterländischen Krieges. Auch er kämpfte gegen Hitler. Auch er nahm am Sieg teil. Doch seine Geschichte oder die der als menschliche Schutzschilde eingesetzten Mädchen gehörten nicht zum Lehrplan, auch nicht zum Mythos des Großen Vaterländischen Kriegs. Ihr Schicksal existierte nicht für die Sowjetunion, und es existiert auch nicht für die Russische Föderation. Und der Mann, der Kinder als menschliche Schutzschilde an die Front schickte, ist in Russland kein Verbrecher. Ich dagegen bin eine Kriminelle, weil ich jetzt von den aus kleinen Mädchen gebildeten Schutzschilden berichte.

Dieses Buch ist in Russland illegal. Man hat auf vielerlei Weise versucht, das Wesen Russlands zu definieren, aber die Entwicklung der letzten Jahre hat das Land zu einer militanten Memokratie werden lassen.[39] Heute stehen alle meine Bücher dem Strafgesetzbuch und der Verfassung der Russischen Föderation entgegen. Die Tatsache, dass ich über die Erfahrungen meiner Großtante berichte, ist auf dem Territorium Russlands ein Verbrechen. Die Tatsache, dass ich an die Kriegsverbrechen der Roten Armee erinnere, macht aus mir nach dem Gesetz Russlands eine Kriminelle. Die Tatsache, dass ich meine Erinnerung laut in Worte fasse, ist in Russland ein Verbrechen.

In demselben Jahr, als Russland die Halbinsel Krim besetzte, wurde die Glorifizierung der Sowjetunion in das Strafgesetzbuch der Russischen Föderation eingeschrieben: Es ist ein Verbrechen, über die Handlungen der Sowjetunion während des Zweiten Weltkriegs »falsche Angaben« zu verbreiten. Gleichzeitig wurden »die Rehabilitierung des Nationalsozialismus« und die Gleichsetzung der Sowjetunion und Hitlerdeutschlands kriminalisiert. Zu leugnen, dass der Sowjetmensch beim Sieg über den Faschismus eine wichtige Rolle spielte, ist ebenfalls kriminell. Zur Zeit der Gesetzesänderungen wurde der Propagandakrieg Russlands gegen die Ukraine heftiger.

Während das Coronavirus die Welt heimsuchte, startete man in Russland einen Angriff gegen die Verfassung. Anfang Juli 2020 veröffentlichte die zentrale Wahlkommission der Russischen Föderation die Ergebnisse der gesamtnationalen Wahlen, die gerade stattgefunden hatten: 78 Prozent hatten für die bevorstehenden Änderungen der Verfassung gestimmt.[40] Die Aufmerksamkeit der Welt konzentrierte sich darauf, dass die Präsidentenuhr auf null zurückgestellt wurde. Dass Putin nun noch zwei weitere Perioden an der Führungsspitze des Landes bis 2036 bleiben durfte, hat wohl niemanden überrascht.

Der Wahl ging eine unübersehbare Kampagne voraus, aber sie legte den Schwerpunkt nicht auf die verlängerte Amtszeit des Präsidenten, und in manchen der von den Behörden zum Thema Verfassung veröffentlichten Mitteilungen fehlte sie ganz. Den normalen Wähler interessierten wahrscheinlich mehr die Versprechen von Minimallöhnen, von Indexerhöhungen der Renten und Sozialhilfen. Die Regierungszeitung Rossijskaja Gazeta veröffentlichte eine Liste von Gesetzesnovellen. Sie füllten in der Zeitung drei Seiten.[41]

Das nationale Wahlritual verlieh den von Putins Administration betriebenen Veränderungen Legitimität, und so wurde der Elite des Landes erzählt, dass die neue Politik vom Volk unterstützt würde. Indem man die in der Verfassung verankerten Neuerungen unterstützte, die das Alltagsleben verbesserten, unterstützte man jedoch zugleich auch die Veränderungen, die den Brennstoff für den Angriff auf die Ukraine bildeten.

Professor Čarna Pištan von der New Yorker Columbia University bezeichnet die Verfassungsänderungen von 2020 als Kriegsruf, und seiner Meinung nach hätten sie früher oder später unausweichlich zu einer Beschleunigung der Kämpfe in der Ukraine geführt, denn sie bestreiten die Selbstständigkeit der Ukraine.[42] Im Artikel 67.1 wurde der Verfassung die »tausendjährige Geschichte« Russlands hinzugefügt, die auf die Zeit der Kyjiwer Rus (862–1242) hinweist. Die »Kyjiwer Rus« war das Vorläuferreich Russlands und der gegenwärtigen Ukraine. Nach der russischen Pseudogeschichte bilden Russen, Ukrainer und Weißrussen, basierend auf der Kyjiwer Rus, ein einziges und einheitliches Volk. In dieser Geschichtsimitation sind Russland, die Ukraine und Belarus keine selbstständigen Nationen, sondern eine Art Untergruppen der Kyjiwer Rus, aus denen sich die Russische Föderation zusammensetzt.

Artikel 67 der russischen Verfassung verbeißt sich in die Würdigung der Erinnerung an die Verteidiger des Vaterlands und in die Verteidigung der »historischen Wahrheit«: »Die Herabwürdigung der Heldentaten der Verteidiger des Vaterlands muss verhindert werden«. Obwohl mit den Verteidigern des Vaterlands im Allgemeinen die Helden des Großen Vaterländischen Kriegs gemeint sind, lässt sich das Gesetz jetzt auch so interpretieren, dass es auch die Soldaten der russischen Armee in der Ukraine betrifft, da Russland behauptet, in der Ukraine seine Landsleute zu verteidigen und die Rehabilitierung des Nationalsozialismus zu verhindern. Beide Punkte wurden in die russische Verfassung eingeschrieben.

Artikel 69 wiederum trivialisiert die Integrität der Länder und generell die Achtung der Grenzen dieser Länder, denn der Artikel verlangt, dass die Russische Föderation die Rechte ihrer im Ausland lebenden Landsleute und die Bewahrung der allrussischen Kultur-Identität unterstützt. Das russische Vorgehen in der Ukraine ist aus russischer Sicht völlig legal – schon allein aufgrund des Landsleute-Artikels.[43] Laut Putin ist jede beliebige Person, die Russisch spricht und sich mit der russischen Kultur identifiziert, ein Landsmann, der ethnische Hintergrund hat keine Bedeutung. Der Krieg, der 1914 in der Ukraine begann, wurde in der Propaganda des Kremls als Rettungsaufgabe definiert: Angeblich verübten die Ukrainer dort einen Völkermord an der russischsprachigen Bevölkerung.

Die verfassungsrechtliche Gedenkpolitik Russlands setzt die Verfassung als Waffe ein und integriert das offizielle Erinnerungsnarrativ in die Verfassung. Ziel ist es, das offizielle Gedächtnis zu etwas zu zementieren, das man nicht verändern oder interpretieren oder dem man keine Entwicklung erlauben kann, wie sie der individuellen Erinnerung eigen ist.

Da nach Auffassung Russlands in den von ihm besetzten Gebieten die Gesetzgebung der Russischen Föderation gilt, verstoßen die dort lebenden Menschen gegen das Gesetz Russlands, wenn sie von der Gewalt erzählen, die ihnen angetan wurde und die von einem Vertreter der russischen Armee ausgeübt wurde.

Das russische Grund- und das Strafgesetz kriminalisieren die Opfer der von der russischen Armee ausgeübten Gewalt, die über das Erlittene nicht schweigen. Und denjenigen, die die russischen Kriegshandlungen in der Ukraine als Krieg bezeichnen, droht eine Gefängnisstrafe von fünfzehn Jahren.

Im Verlauf eines Jahres habe ich zahllose Male gehört, dass die Menschen hofften, Putin möge auf der Stelle tot umfallen. Ein plötzliches Ableben ändert jedoch nicht die

Verfassung Russlands. Das Putin-Regime hat aus der Verfassung für sich selbst eine Lebensversicherung und einen Schutz für sein politisches Erbe gemacht.

Erinnerungsgesetze gibt es freilich auch anderswo. So ist zum Beispiel die Leugnung des Holocausts in vielen Ländern strafbar, und in Frankreich ist es verboten, die Gräueltaten des französischen Kolonialregimes zu bestreiten. Solche Gesetze sollen die historische Erinnerung unterdrückter Gruppen schützen und verhindern, dass die Verbrechen der Staaten geleugnet werden. Die russische Version ist insofern einzigartig, als sie die Taten der Machthaber schützt, die die vom Zweiten Weltkrieg unterworfenen Gruppen ausgeplündert haben, und die Erfahrung der Opfer bestreitet. Eine solche Verfassung entsteht, wenn Personen oder Institutionen, die zu den Menschenrechtsverletzern des Zweiten Weltkriegs gehören, das Gesetz formulieren. Putin ist ein KGB-Mann und hat sich mit KGB-Leuten umgeben. Die Sicherheitsdienste der Sowjetunion waren für den Gulag, also das System der Straflager, die Verschleppungen und die Verstetigung der Besatzungsmacht der Sowjetunion verantwortlich. Dieselben Organe waren für die Verhöre meiner Großtante und dafür verantwortlich, dass die Briefe, die meine Familie von Finnland nach Estland schickte, kontrolliert und unsere Telefongespräche abgehört wurden. Dieselben Organisationen sorgten zu sowjetischer Zeit dafür, dass über den gegen Zivilisten gerichteten Terror geschwiegen werden musste. Jetzt haben die Erben derselben Dienste mithilfe der Verfassung und des Strafgesetzes der Russischen Föderation dafür gesorgt, dass das Schweigen andauert. Die Opfer, die nicht schweigen oder sich nicht der russischen Geschichtsfiktion unterwerfen, werden zu Verbrechern abgestempelt.

Die Russische Föderation ist kein Rechtsstaat. Das Recht wird in Russland selektiv angewendet, und es ist ein Mittel, Opposition und Misstöne verstummen zu lassen. Das Gesetz bildet jedoch den moralischen Kompass Russlands, es ist das Handbuch der Werte. Für die Sowjetunion war es ein Werkzeug der Verfolgung, und das ist es auch heute.

Außer der Symbolik und der Mythologie der Siegesfeier erbte Russland von der Sowjetunion auch die Streitkräfte, die Machtstrukturen, die imperialistischen Ziele und die korrumpierte Moral, die die Entwicklung von Bürgergesellschaft und Rechtsstaat verhindern.[44] In mehreren osteuropäischen Ländern wurde nach dem Ende der Sowjetunion eine andere Richtung eingeschlagen. Für Mitarbeiter und Denunzianten der ehemaligen Sicherheitsdienste wurde der Zugang zu politischen Führungsaufgaben beschränkt. Lustrationsmaßnahmen erneuerten das Rechtssystem, und eine neue Generation kam an die Macht. In Deutschland sind viele Berufe für ehemalige Mitglieder des übel beleumdeten ostdeutschen Sicherheitsdienstes, der Stasi, verboten. Sie dürfen zum Beispiel nicht als Geschichtslehrer arbeiten. In Russland ist ein KGB-Hintergrund kein Problem, sondern eher ein Vorteil. Die KGB-Mitarbeiter rückten unter Nutzung ihrer privilegierten Stellung in der neuen Föderation auf bedeutende Positionen vor; sie wurden für ihre Vergangenheit belohnt. Je enger jemand seinerzeit mit den Machthabern zusammengearbeitet hatte, desto besser hatte er für seine Zukunft vorgesorgt.

Wenn diejenigen, die früher Terror ausgeübt haben, belohnt werden, warum sollte die neue Generation sich dann anders verhalten? Die Tradition der Straflosigkeit betrifft in Russland nicht nur die Armee. Sie betrifft das gesamte Gesellschaftssystem.

Seit Jahrzehnten gilt für Russland: Es ist ein Verbrechen ohne Bestrafung und eine Bestrafung ohne Verbrechen.[45]

DER BEFREIER

Wenn die Arbeitsaufgabe nicht der Realität entspricht

Als die russischen Soldaten im Frühjahr 2022 nach Butscha kamen, waren sie nach Angaben von Augenzeugen zunächst gut gelaunt. Die Operation, die nur zwei Tage hatte dauern sollen, zog sich jedoch hin. Mädchen, die die Ankömmlinge mit Blumen begrüßen sollten, waren nicht erschienen, und es fanden sich auch keine Nazis. Die Soldaten wurden wütend. Bei ihren Vorgesetzten konnten die Männer sich nicht beschweren, auch nicht bei der Führung des Landes, sie konnten das System nicht ändern, das sie geschickt hatte, eine Aufgabe zu erfüllen, die sich als absurd erwies. Die Ortsansässigen wetteten, dass die Soldaten genau aus diesem Grund ihren Ärger und ihre Wut auf die Einheimischen entladen würden.[46] Der Journalist Luke Harding vermutet, dass proletarischer Zorn im Spiel war.[47] Das wohlhabend wirkende Butscha war ein schmuckes Holzhausidyll mit üppiger Vegetation. Auf den Höfen der Häuser standen Teslas und Jeeps, die die Soldaten in ihrer Heimatgegend vielleicht noch nie gesehen hatten. Aber genügt ein Elektroauto, das sich im Hof eines Einfamilienhauses findet, als Erklärung dafür, dass die russischen Soldaten die 23-jährige Karina Jerschowa vergewaltigten und sie anschließend mit einem Kopfschuss hinrichteten?

Der zerfetzte Körper Jerschowas, die im örtlichen Sushirestaurant gearbeitet hatte, wurde in der Nähe ihres Zuhauses gefunden. Die Polizei war lediglich bereit, den Angehörigen Fotos von Jerschowas Oberkörper[48] zu zeigen. Für die Folterung Karina Jerschowas war Zeit und Mühe aufgewendet worden.

Nur zwei Wochen nach dem Beginn des Großangriffs wurde die litauische Frauenorganisation Lygia um Schwangerschaftstests für die Ukraine gebeten. Die Gründerin und Leiterin der Organisation Reda Jureliavičiutė wunderte sich darüber, wie rasch diese Bitte kam. Die Organisation kaufte sofort in den Apotheken Litauens sämtliche Notfallverhütungsmittel auf und schickte sie in die Ukraine. Darauf, dass der Krieg in der Ukraine einen akuten Bedarf an nachträglicher Verhütung auch in den benachbarten Gebieten mit sich bringen würde, war niemand vorbereitet.[49]

Zusätzlich zu dem Terror gegen zufällig anwesende Zivilistinnen haben die russischen Truppen bei der Besetzung der Gebiete Personen nach Namenslisten gesucht. Bei den Zielgruppen standen im Vordergrund Lokalpolitiker wie Dorfälteste oder Bürgermeister, Amtspersonen und Vertreter von Menschenrechts- und Hilfsorganisationen. Nach Aussagen derjenigen, die die Verhöre überlebt haben, schienen die Soldaten das Leben der Einheimischen nicht zu verstehen. Als ein Ortsansässiger, der spontan Hilfstätigkeiten ausgeübt hatte, in Cherson verhaftet wurde, verlangte man von ihm, er solle die Namen der Mitglieder des Geheimbundes und der Kontakte zur CIA preisgeben. Der Gedanke, dass ein Bürger ohne Hintergedanken Medikamente und Essen verteilt, wirkte wie ein Konzept, das das Fassungsvermögen der Verhörenden überstieg, und der in freien Wahlen gewählte Bürgermeister war ihnen als Begriff ebenso unklar. Zu einem Ukrainer, dessen Muttersprache Russisch war, hatte der Soldat gesagt, er sei gekommen, um ihn von Diskriminierungen zu befreien. Als der Ukrainer den Soldaten versicherte, dass seine Muttersprache ihm keine Probleme bereitet habe, wussten die Soldaten nicht darauf zu reagieren; der ganze Gedanke erschien ihnen unbegreiflich.[50] Ein demokratischer, russischsprachiger Staat ist tatsächlich eine Idee, die Putins Regime ausschließen will, und offenbar hat zumindest ein Teil der Menschen sich den Gedanken zu eigen gemacht. Die Erfahrungen der Verhafteten in den verschiedenen Gegenden der besetzten Gebiete ähneln sich.

Die Vernehmer wurden ausgesandt, um eine Aufgabe zu erfüllen, die ihnen nicht gelingen kann, weil sie Informationen über eine Sache suchen, die es nicht gibt. Der Gedanke, dass jemand, der Essen an Menschen in Not verteilt, nicht als Teil einer weltweiten Verschwörung handelt, ist unmöglich, wenn man noch nie politisch ungebundener Wohltätigkeit oder Bürgeraktivität begegnet ist oder selbst daran beteiligt war. Als Putin im Jahr 1999 Chef des FSB war, gab er der Komsomolskaja

Prawda ein Interview, in dem er sagte, dass er die ausländische Spionage für den größten Feind Russlands halte. »Leider nutzen die ausländischen Nachrichtendienste bei ihrer Arbeit sehr oft neben dem Diplomatenschutz auch Umwelt- und Bürgerorganisationen, Unternehmen und Wohltätigkeitsstiftungen. Deshalb beobachten wir diese unaufhörlich, egal, wie sehr uns die Medien und das große Publikum unter Druck setzen. Das Wohl des Staates erfordert das.«[51] Als das Interview erschien, gehörte Putin auch dem Sicherheitsrat des Kremls an.

Die Spionagemanie des Putin-Regimes erklärt sich aus der Ausbildung der Sicherheitsorgane und aus der persönlichen Erfahrung mit dem Land und dessen Geschichte. Der KGB unterwanderte die westlichen Menschenrechtsorganisationen und die Friedensbewegung. Da in Russland humanitäre Hilfe ein Euphemismus für Waffenhandel, Verschleppungen, Bestechung oder Erpressung ist, muss nach der Logik des Kremls jegliche humanitäre Hilfeleistung westlicher Länder eine Operation westlicher Spione sein. Die Kirche gehört zu derselben Kaste. Ein Priester, der in Cherson gefoltert worden war, konnte seine Folterer nicht davon überzeugen, dass er nicht mit dem Sicherheitsdienst der Ukraine zusammengearbeitet hatte.[52] In der Sowjetunion befand sich die orthodoxe Kirche unter der strengen Kontrolle des KGB, und die Zusammenarbeit war normal. Genauso ist es in der Russischen Föderation, und Patriarch Kyrill hat einen KGB-Hintergrund. Vielleicht ist der Gedanke an einen Priester, der nicht Agent der Sicherheitsorgane ist, für russische Geheimdienstleute ebenfalls völlig absurd.

Der von Putin bewunderte Juri Andropow war neunzehn Jahre lang Chef des KGB, bevor er zum Generalsekretär der Kommunistischen Partei der Sowjetunion aufstieg. Die Vernichtung von Dissidenten in all ihren Ausprägungen war Andropows persönliche Mission. Er war davon überzeugt, dass die Verteidigung der Menschenrechte Teil einer Intrige der Imperialisten war, mit dem Ziel, die Sowjetunion zu vernichten. Andropow stieg 1967 in die Leitung des KGB auf, und er gründete dessen fünftes Direktorat, um damit die Dissidenz zu ersticken, die seiner Meinung nach von westlichen Imperialisten herrührte – so wie auch der Prager Frühling von 1968. Das Politbüro, das in der Sowjetunion die höchste Macht ausübte, war sich uneins über die Mittel, die zur Dämpfung der Offenheitspolitik der Tschechoslowakei eingesetzt werden sollten – Andropow befürwortete natürlich harte Maßnahmen und die Besetzung der Tschechoslowakei. Andropows Mitarbeiter fanden, ihr Chef leide an etwas, das sie den »ungarischen« Komplex nannten. Sein ganzes Leben lang verfolgte ihn die Erinnerung daran, wie schnell der ungarische Volksaufstand 1956 vorangekommen war. Als junger Mann hatte er aus dem Fenster der sowjetischen Botschaft dabei zugesehen, wie Männer, die beim ungarischen Staatssicherheitsdienst AVH gearbeitet hatten, an Straßenlaternen aufgehängt wurden.[53] Die AVH war eine Filiale des KGB in Ungarn. Ebenso hat Putin als junger KGB-Offizier in Dresden aus dem

Fenster der KGB-Residentur in Dresden miterlebt, wie die DDR vor seinen Augen zerfiel. Die Sowjetunion war einzigartig und stark gewesen. Nur eine Verschwörung schien den Männern des Kremls plausibel als Erklärung für den Volksaufstand.

Wenn Angehörige sexueller Minderheiten bei Demonstrationen in Russland verhaftet werden, verlangen die Polizisten von ihnen ähnliche Informationen wie in der Ukraine. Die Antworten der Festgenommenen sind etwas, das die Polizisten nicht verstehen. Die an die Festgenommenen gerichteten Fragen, welche Personen der LGBTQ-Organisation angehören oder welche Personen sie leiten, sind unmöglich – die Buchstaben der Abkürzung weisen generell auf Angehörige sexueller Minderheiten hin. Der auf Russlands Sicherheitsorgane spezialisierte Journalist Andrej Soldatow schreibt, die Krisenbewältigungsschulung der KGB-Mitarbeiter basiere auf der Klärung von drei Faktoren: im Auftrag welcher Organisation der Verdächtige arbeite, von wem die Organisation ihr Geld oder sonstige Unterstützung bekomme, und wer die Führungspersonen seien.[54] Die Möglichkeit, dass der Protestierende kein Geld bekommt oder dass er keiner Organisation oder Bewegung angehört, gibt es für sie nicht.

Der militärischen Sachverständigen Sarah-Masha Fainberg zufolge sollte der russische Großangriff eine Wiederholung der Besetzung der Krim sein: eine schnelle, chirurgisch-präzise Operation, bei der Zivilkontakte vermieden würden. Die Pläne, Schäden an der Infrastruktur zu vermeiden und die Zahl der zivilen Opfer zu minimieren, galten in Hinblick auf die Stabilisierung der Besatzungsmacht als wesentliche Faktoren, und die Eroberung sollte die militärischen Fähigkeiten der russischen Armee spiegeln.[55] Der Angriff sollte also sein wie die Siegesparade auf dem Roten Platz. Die Besetzung der Krim war in Russland sehr populär gewesen, und dass sie ohne Blutvergießen abgelaufen war, hatte zu dem Irrglauben geführt, das könnte so wiederholt werden. Die Realität in der Ukraine erwies sich als vollkommen anders. Die Taktik musste geändert werden, und der Terror gegen die Zivilisten wurde zu einem systematischen Druckmittel.

Die von der Propaganda geschaffene Vorstellung von dem »zu befreienden Objekt« und der darin immanente Widerspruch sind etwas, das sich in der Geschichte Russlands wiederholt. Dass Stalins Propaganda verkündete, die Sowjetunion bringe Licht, Befreiung und Lesefertigkeit nach Estland, fanden die Esten lächerlich, weil – anders als in Russland – in Estland das Bildungsniveau hoch war und es keinen Analphabetismus gab. Die Unfreundlichkeit der Esten gegenüber dem Eroberer war sicherlich unverständlich für den Parteifunktionär oder den Lehrer, der vor Begeisterung für den Kommunismus glühte und in die frischgebackene Sowjetrepublik geschickt wurde, um die Freudenbotschaft von einer blühenden Zukunft zu verkünden. Doch die Besatzer hatten damals immerhin ein gewisses Verständnis von ihrer Aufgabe, oder sie konnten zumindest ihre Ideologie als Kommunismus bezeichnen. Die Aufgabenstellungen der Sicherheitsdienste dagegen standen im gleichen Widerspruch zur Wirklichkeit wie heute. Als der 16-jährige polnische Junge Jerzy Kmiecik 1939 erwischt wurde, wie er versuchte, die sowjetische Grenze nach Ungarn zu überqueren, wurde von ihm in den Pausen zwischen den Folterungen verlangt, preiszugeben, wie viel Herr Churchill ihm für die Übermittlung von Informationen bezahle. Kmiecik wusste nicht, wer Churchill war.[56]

Der Journalist Andrei Soldatow vermutet, dass die Sicherheitsdienste in Bezug auf Meinungsäußerungen deshalb so hysterisch sind, weil sie die wirkliche Geschichte ihres eigenen Landes nicht kennen, sondern nur das, was ihnen in den Schulen ihres Metiers beigebracht wird. Sie wissen nicht, warum im Jahr 1917 in Russland eine Revolution stattfand und wie die Sowjetunion an ihrer eigenen Unmöglichkeit scheiterte.[57] Die FSB-Offiziere sind davon überzeugt, dass die Orange Revolution der Ukraine im Jahr 2004 ein Komplott des Westens war, obwohl deren Zündstoff die manipulierten Wahlen waren.[58] Warum sollten sie das nicht glauben, wenn doch die Führung des Landes derselben Meinung ist? Warum sollte Putin das nicht glauben, wenn doch der von ihm verehrte Andropow davon überzeugt war, dass alle Volkserhebungen Verschwörungen der westlichen Imperialisten sind? Um den Widerspruch zwischen Aufgabenstellung und Realität zu lösen, müssten die alten Lehren zunächst für falsch erklärt und die Ausbildung der Sicherheitskräfte reformiert werden. Ebenso wie das Schulwesen in Russland nach dem Ende der Sowjetunion weiterhin deren Geschichte lehrte, erlebte das Ausbildungsprogramm der

Sicherheitsorgane in den 1990er-Jahren keinerlei Reform, und unter Putin stützte man sich sogar noch verstärkt auf die Lehrmeister des KGB.

Die Anweisungen für die »Spezialoperation« in der Ukraine berücksichtigen nicht die Realität, doch möchte niemand völlig bei seiner Aufgabe versagen, über die er seinen Vorgesetzten Rechenschaft ablegen muss. Unwissenheit befreit jedoch nicht von Haftung. Und sie berechtigt nicht zur Anwendung von Gewalt. Sie berechtigt nicht zu Plünderung. Und dass auf dem versprochenen Ausflug die Butterbrote fürs Picknick vorzeitig ausgehen, berechtigt nicht dazu, dass der Mensch sich in einen Henker verwandelt, der auf unschuldige Passanten schießt. Die Wut auf den Präsidenten oder den General macht aus einem Mann noch keinen Vergewaltiger, der einer 83-jährigen verrenteten Lehrerin, Vera, die Kleider vom Leibe reißt.[59]

Das Verhalten, dem Vera ausgesetzt war, gelingt besser, wenn der Soldat Vera für eine Faschistin hält oder zu glauben beschließt, dass Vera eine Faschistin sei. Sonst hätte die ganze Aufgabe keinerlei Sinn.

DER FASCHIST

Wie Feindbilder aufgebaut werden

Man könnte meinen, dass ich, Illja aus Kramatorsk, meine unverheiratet gebliebene Großtante, meine Oma Vera und die von Michail Romanow zur Witwe gemachte und vergewaltigte Frau in Browarsy anscheinend keine Gemeinsamkeiten haben: nicht das Alter, nicht das Geschlecht, nicht den Beruf, nicht die Sprachkenntnisse, nicht die Ausbildung und nicht den Wohnort; wir vertreten verschiedene Generationen in verschiedenen Ländern.

Wir alle haben jedoch etwas gemeinsam: Wir sind keine Russen, und deshalb sind wir aus der Sicht Russlands Faschisten.

Im Kreml wurde der russische Großangriff auf die Ukraine im Februar 2022 zu einer Entnazifizierungsaufgabe deklariert. Im Westen klang diese Begründung absurd. Der in freien Wahlen gewählte Präsident der Ukraine Volodymyr Zelensky ist selbst Jude und Nachkomme von Holocaustüberlebenden. Nach internationalem Recht gab es für den Angriff keine Rechtfertigung.

Als im Westen das Ende des Zweiten Weltkriegs gefeiert wurde, verdoppelte sich in Tallinn, der Hauptstadt Sowjet-Estlands, bald die Zahl der Einwohner, da die Sowjetunion mit der zur Kolonisierung gehörenden Assimilation, also der Russifizierung, begonnen hatte.[60] Die Esten mussten zu ihrer Verwunderung feststellen, dass die neuen Ansiedler sie ständig als Faschisten beschimpften. Mit denselben Titulierungen wurden sie bedacht, wenn die Esten nach Sowjetrussland reisten, und die staatliche Filmindustrie sorgte dafür, dass der Sowjetbürger nicht vergaß, wie der Erzfeind aussah und wie er sich anhörte: In den sowjetischen Filmen waren es immer estnische, litauische und lettische Schauspieler, die die Nazis darstellten. Dass die Russen die Balten für Faschisten hielten, lag aber nicht nur an der sowjetischen Presse, sondern daran, dass in den Filmen des Imperiums die Balten ein ums andere Mal Naziuniformen anzogen und sich so in den Kampf gegen die sowjetischen Truppen begaben. Die Schauspieler wurden auf der Straße erkannt, ihre schauspielerische Arbeit wurde gewürdigt, aber Preise bekamen sie aus ideologischen Gründen nicht. Manchmal hatten die baltischen Schauspieler bei ihrer Arbeit etwas Abwechslung, wenn sie amerikanische oder andere westliche Spione darstellten.[61]

Die gegen die Esten und das Estentum gerichtete rassistische, unmenschliche und abstrahierende Rhetorik fand in der Sowjetunion niemals ein Ende, sodass es unter Putin leicht war, sie zu reaktivieren. Es war eine seit der Kindheit bekannte Sprache auch für diejenigen, die in der Russischen Föderation geboren worden waren.

Dass die Nazis als Faschisten bezeichnet werden, geht auf die Stalin-Zeit zurück, in der man sich Sorgen darüber machte, dass das Volk die allzu ähnlich klingenden Ideologien, den Nationalsozialismus und den Sozialismus, durcheinanderbringen könnte. Wie fremd dieser Begriff im Westen klingt, ist offenbar auch dem Putin-Regime aufgegangen, denn erst unter Putin wurde das in Russland bekannte und sichere Reden über Faschisten durch die im Westen besser funktionierende Nazirhetorik ersetzt – zumindest dann, wenn die Botschaft an den Westen gerichtet ist.

Im Zweiten Weltkrieg wurde das Schicksal Estlands, Lettlands und Litauens mit dem geheimen Zusatzprotokoll des Molotow-Ribbentrop-Pakts besiegelt, in dem Osteuropa in die Interessensphären Deutschlands und der Sowjetunion aufgeteilt wurde. Die baltischen Länder und Finnland wurden in dem Protokoll als zur Sowjetunion gehörig betrachtet. Nach der Einwilligung dieser Staaten wurde nicht gefragt. Da der Vertrag geheim war, musste es für die Besetzung eine öffentliche Erklärung geben. Nach Ansicht Stalins konnte ein Krieg nicht gerechtfertigt sein, wenn er Eroberungen anstrebte, um fremde Länder zu versklaven. Anders hingegen ein Krieg, der auf Befreiung abzielte, sodass die Besetzung der baltischen Länder mit der Fiktion gerechtfertigt wurde, dass die Gebiete »vom Faschismus befreit wurden«. Tatsächlich aber waren die Deutschen schon aus Estland abgezogen, als die Rote Armee dorthin kam. In Tallinn wehte die Flagge der Republik Estland, nicht die von Hitlerdeutschland. Die Truppen der Sowjetunion und Deutschlands kämpften nicht um Tallinn, sodass in der Stadt gar keine siegreichen »Befreiungskämpfe« geführt wurden.

Im Frühjahr 2022 begeisterte sich die Propagandamaschinerie des Kremls für den »Ukronazismus«, der als ein gefährlicheres Phänomen als Hitlers Nazipartei angesehen wird: In der Ukraine habe sich der Nationalsozialismus als Streben nach Selbstständigkeit getarnt, und das, was die Ukrainer für Entwicklung halten, sei in Wirklichkeit Verkommenheit.[62] Im Westen wurde wieder laut gelacht. Die Einteilung des Faschismus in ethnische Unterklassen ist jedoch ein altes Erbe, und die Wurzeln der eigenen Faschistenkategorie der Esten reichen über hundert Jahre zurück. Der Kampf gegen die »Estlandfaschisten« wurde in der Sowjetunion schon in den Schulbüchern von 1922 behandelt.[63]

Estland erklärte sich im Jahr 1918 für unabhängig und führte in den Jahren 1918–1920 gegen die Sowjetunion einen Freiheitskrieg, den Estland gewann. In der Sowjetunion begann man diejenigen, die für die Freiheit Estlands gekämpft hatten, als Faschisten zu bezeichnen. Die Selbstständigkeit Estlands bedeutete also in der Sowjetsprache Faschismus. Der Ausdruck blieb das alles durchdringende Thema im Unterricht der Sowjetunion, und die Faschismusrhetorik wurde in großem Maßstab zur Dämonisierung des Widerstands benutzt. Sie war die Rechtfertigung für die Besetzung und das Mittel, das Streben nach Selbstständigkeit im Zaum zu halten.

Bei seiner Entnazifizierungsliturgie wendet das Putin-Regime die Lehren seiner Vorgänger an. Da die Sowjetunion und Russland ihre Angriffe, ihre Besetzungen und Eroberungen seither mit dem Narrativ der Befreiung begründet haben, ist das Volk in Russland nicht bereit, sich etwas anderes anzuhören, und warum sollte es auch, schließlich ist es über Generationen dazu erzogen worden, zu glauben, dass Russland keine Angriffskriege führt. Die Kremlherrscher müssen für ihren Angriff immer eine Berechtigung finden, wenn es sich für die westlichen Länder auch noch so verrückt anhört.

Mein Roman *Als die Tauben verschwanden* handelt davon, wie die Sowjetunion die Erinnerung an den Holocaust manipulierte und wie der KGB begann, im Westen mit dem Thema verbundene Geschichtsimitationen zu verbreiten. Als die Übersetzungen des Romans in anderen Ländern erschienen, fiel mir auf, dass die in der Sowjetunion und Russland so alltägliche Faschistenrhetorik im Westen unbekannt war. Der Roman spielt in den 1940er-Jahren in dem von den Deutschen besetzten Estland und in der Sowjetunion der 1960er-Jahre. Das Wort Nazi wurde damals nicht verwendet, und die Verfasserin eines historischen Romans kann den handelnden Personen keine Ausdrücke in den Mund legen, die bei deren Lebzeiten ungebräuchlich waren. Die wichtigste Berechtigung des östlichen Imperiums für die Besetzung, der Sieg über die Faschisten und die Art und Weise, wie er in der Sowjetunion eingesetzt wurde, um den Widerstand und die Opposition zu ersticken, war dem Westen so fremd, dass die Verleger in manchen Sprachgebieten ohne meine Erlaubnis das Wort Faschisten durch das Wort Nazis ersetzten. Russland überraschte den Westen, weil die historische Erfahrung Osteuropas im Westen für nicht wichtig genug gehalten wurde. Sie galt nicht als Teil der ganzen europäischen Geschichte.

Niemand aus meiner Familie hat in der deutschen Armee gedient, weder als Zwangsrekrutierter noch als Freiwilliger, nicht zur Zeit der Besetzung durch Hitlerdeutschland und auch sonst nicht. Keine der Frauen meiner Familie hatte eine Beziehung zu einem Deutschen. Ihr Verbrechen bestand aus Sicht der Sowjetmacht darin, dass sie als Esten in der selbstständigen Republik Estland geboren worden waren. Aus sowjetischer Sicht waren sie Faschisten, schon bevor Hitlerdeutschland Estland besetzte. Im Kreml denkt man, dass Nationalsozialismus und Faschismus sich von Generation zu Generation vererben, und das ganz besonders in Gebieten, die nach Ansicht Russlands seine Kolonien sind. Im Westen bedeuten Nazis und Faschisten extreme Rechte und Neonazis, und man ist nicht der Ansicht, dass eine solche Ideologie ethnisch oder genetisch erblich ist. So begannen westliche Journalisten, in der Ukraine und in den baltischen Ländern nach gefährlichen Rechtsextremen zu suchen, nachdem das russische Regime schon zu Beginn von Putins Präsidentschaftsjahren angefangen hatte, die westlichen Länder mit Nazigeschichten aus den Ländern zu füttern, die es als seine Kolonien betrachtet.[64]

Es stimmt, dass es in jedem Land eine extreme Rechte gibt. Ebenso ist es richtig, dass Russland die meisten der rechtsextremen Parteien in der EU wirtschaftlich unterstützt hat. Zum Beispiel im Jahr 2014, als Russland die Krim besetzte, als von den vierundzwanzig Rechtsparteien in Europa vierzehn Russland gegenüber offen Verpflichtungen eingingen, sieben ein neutrales Verhältnis zu dem Land hatten und nur drei – darunter auch die Partei der Wahren Finnen – der Politik Russlands gegenüber negativ eingestellt waren.[65] Italiens extreme Rechte sah Russland als Vorbildgesellschaft, die die christlichen Werte gegen Banken und Immigranten verteidigte. Geschätzt wurde auch die Fähigkeit Russlands, Familienwerte hochzuhalten und eine nationale Identität aufzubauen. Deshalb ist der Rechtsextremismus, der bei den westlichen Medien in Bezug auf die Ukraine zur Zeit der Revolution des Jahres 2014 Besorgnis auslöste, ein sehr europäisches Problem. Nur wurde er damals nicht als solches gesehen. Er wurde als Problem Osteuropas gesehen.

Wenn Russland während der beiden letzten Jahrzehnte die baltischen Länder und die Ukraine mit Nazivorwürfen überschüttet und zahlreiche Nazidesinformationskampagnen führt, ist das Motiv nicht dasselbe wie das eines westlichen Journalisten, der sich Sorgen macht wegen der Zunahme des Rechtsextremismus. Das Motiv ist nicht dasselbe wie das eines Menschen, der in Gedanken sofort Hakenkreuze und Neonazis sieht, die Migrantinnen und Migranten misshandeln. Das Motiv ist nicht dasselbe wie das des Bürgers, der Nazis mit Auschwitz und *Schindlers Liste* verbindet. Russland hat jahrelang öffentlich verkündet, wie besorgt man wegen der Nazis in der Ukraine und im Baltikum sei, weil das die negativen

Stereotype in Bezug auf Osteuropa verstärkte und den Westen von diesen Ländern entfernte.

Während der letzten Jahre sind im Westen zahlreiche Artikel und Bücher über die Bemühungen von Putins Russland erschienen, den Westen zu beeinflussen und gegen ihn Desinformationskampagnen zu führen. Ein bedeutender Teil dieser Werke und Reportagen datiert den Beginn dieser Kampagnen auf die Mitte der 2010er-Jahre.

Das stimmt so nicht. Die gegen die baltischen Länder gerichteten Desinformationskampagnen nahmen systematisch an Heftigkeit zu, nachdem Putin zu Beginn der 2000er Jahre an die Macht gekommen war, zur Zeit der Orangen Revolution von 2004 in der Ukraine. Die ganze Zeit ist es das Ziel Russlands gewesen, dass diese Gebiete Kolonien Russlands bleiben. Die Kreml-Propaganda hat wiederholt behauptet, die Ukraine sei kein richtiger Staat. Dann nämlich ist die Eroberung der Ukraine kein militärischer Angriff, sondern Wiederaufbau und Vereinigung der Völker wie die Wiedervereinigung von West- und Ostdeutschland. Im Westen hielt man diese Reden für irrational.

Wenn Russlands Propaganda seinen Bürgern Nazigeschichten über diese Länder erzählt, verbinden Russen diese Geschichten nicht mit denselben Dingen wie westliche Journalisten, die in Kyjiw nach Nazis suchten. Russen denken an etwas völlig anderes als an Auschwitz, denn das, was den Russen über mehrere Generationen hinweg über den Holocaust in der Schule erzählt wurde, unterscheidet sich wesentlich von dem, was die Kinder im Westen in der Schule von dem von den Nazis begangenen Völkermord lernen. Den Holocaust der Juden als Massenvernichtung hat es in der Sowjetunion nicht gegeben, das Thema kann als ein gewisses Tabu gelten. Die Juden in der Ukraine baten nach dem Angriff Russlands den Westen um Waffenhilfe, und sie wussten, was sie fürchteten. Nichts durfte in der Sowjetunion deren Siegesnarrativ bedrohen, nicht einmal der Massenmord an den Juden. Dessen Hervorhebung hätte den Sieg über die Faschisten herabgesetzt. Das Narrativ des Leidens war einzig und allein den Sowjetmenschen vorbehalten. Deshalb werden auf sowjetischen Denkmälern weder die Juden noch der Holocaust erwähnt. Der von Hitlerdeutschland verübte Massenmord in Babyn Jar bei Kyjiw bekam sein erstes inoffizielles Denkmal in der Sowjetunion erst, als in den 1960er-Jahren infolge von Überschwemmungen Knochen gefunden wurden. Ein offizielles sowjetisches Denkmal wurde im Jahr 1976 errichtet. Das geschah an der falschen Stelle, und in dessen Beschriftung wurde nur allgemein auf die Verluste der Sowjetbürger hingewiesen, nicht auf den Holocaust. Das neue Denkmal, auf dem der Holocaust erwähnt wird, wurde erst errichtet, nachdem die Ukraine sich zu einem selbstständigen Staat erklärt hatte, und dann am richtigen Ort.[66]

Im März 2022 bombardierte Russland Babyn Jar.

Wenn im Westen von den deutschen Verbrechen in der Vergangenheit gesprochen wird, ist praktisch immer der Holocaust gemeint. Wenn aber in Russland oder in der Sowjetunion von den Verbrechen der Deutschen in der Vergangenheit gesprochen wird, sind Hitlerdeutschlands Überfall auf die Sowjetunion und damit die gefallenen Russen, die Belagerung Leningrads und der Kampf um Stalingrad gemeint. Verglichen damit ist der Holocaust eine völlig irrelevante Angelegenheit. Während man sich im Westen über die Sinnlosigkeit von Putins Begriff Entnazifizierung wundert, wird in Russland darüber gar nicht nachgedacht: Entnazifizierung bedeutet die Eliminierung solcher Menschen, die versuchen, Russland anzugreifen oder Russland zu vernichten, und in diesem Zusammenhang bedeutet die Vernichtung Russlands, das russische Imperium zu stürzen.

Faschisten und Nazis symbolisieren äußerste Bösartigkeit in Russland wie im Westen, nur aus verschiedenen Gründen. Einen Menschen oder ein Volk in dieser Weise zu kennzeichnen, macht es möglich, es grausam zu behandeln, und man braucht ihm gegenüber keine Empathie zu empfinden.

Russlands Entnazifizierungsrhetorik finde ich nicht wie so manche anderen lustig, weil ich wegen meiner ethnischen Herkunft aus russischem Blickwinkel als Faschistin in vierter Generation gelte. Das ist aus russischer Sicht meine Erbsünde, für die ich und andere Menschen mit ähnlicher Erbmasse ewig bestraft werden müssen. Wir sollen von unserer ethnischen Krankheit geheilt werden, und dafür sollten wir dankbar sein. Die russischen Trollfabriken und Putins Aktivisten erinnern mich seit über sechzehn Jahren daran.

Ich kann nicht schmunzeln über die »Entnazifizierung«, weil sich das so anfühlen würde, als würde man Witze reißen über die Konzentrationslager und die Folter, als würde man Frauen als Huren bezeichnen oder das N-Wort benutzen. Das ist überhaupt nicht komisch. Ein Sprachgebrauch, der auf die Rechtfertigung von Erniedrigung und Verfolgung abzielt, ist es nie.

TIERE UND ELEMENTE

Worte sind Taten

Wenn meine Estland-Großmutter zum Einkaufen in die Stadt ging, traf sie auf Russisch sprechende Verkäuferinnen. Das war in der Sowjetunion ein respektabler Beruf, denn er garantierte gute Möglichkeiten für einen Handel unter dem Ladentisch, und besonders in den Kaufhäusern waren die Stellen mit Russischsprachigen besetzt. Da die Praxis der Selbstbedienung erst sehr spät in Russland eingeführt wurde und das auch nur in bestimmten Geschäften, musste man zunächst an der Ladentheke die Verkäuferin um die Ware bitten, die sie dann aus dem Regal hinter ihr nahm. Meine Großmutter war in der Zeit des selbstständigen Estlands aufgewachsen, und Russisch wurde damals in der Schule nicht unterrichtet. Deshalb bekam eine Estnisch sprechende Kundin von der Verkäuferin oft ein Knurren zur Antwort wie: »Sprich gefälligst eine Menschensprache!«, und so gehörte es zum Alltag der Esten, dass Estnisch Sprechende zu Tieren erklärt wurden.

Jetzt schnauzen die Folterer in der Ukraine ihre Ukrainisch sprechenden Opfer an: »Sprich nicht diese Schweinesprache!«

In der Sowjetunion und in Russland ist Russisch die Menschensprache, die anderen sind Sprachen von Tieren.

Der Philosoph und Historiker Jonathan Glover beschreibt in seinem Buch *Humanity* Taten, die zu extremer Gewalt führen. Die Mechanismen, die die brutalen Taten ermöglichen, sind überraschend gleich, egal, ob es sich nun um Mao, Hitler oder Putin handelt. Die vor der Massenvernichtung zu liquidierenden Menschengruppen wurden in der Sowjetunion ebenso wie in Hitlerdeutschland entmenschlicht. Zugleich wurden Eigenschaften wie Mitgefühl und die Vorstellung, dass es sich um Menschen handelt, die Glover als »Moralressourcen« bezeichnet, bei denen geschwächt, die in naher Zukunft die Gewalttaten begehen sollten. Der erste Schritt zur Vernichtung menschlicher Merkmale wird also schon zu einem Zeitpunkt genommen, wenn in dem Land, das sich schon auf dem Weg hin zu Kriegsverbrechen befindet, alles noch gut ist. Die moralische Hemmung, die man gegenüber Bluttaten empfinden sollte, wird beseitigt, indem Nachricht für Nachricht, Stellungnahme für Stellungnahme, Anekdote für Anekdote ein Feindbild aufgebaut wird. So wird die zum Objekt der Unterdrückung bestimmte Gruppe erst zu Tieren entmenschlicht, dann zu Insekten, und schließlich zu einer Abstraktion. Das Töten von Zivilisten ist kein Problem mehr, wenn die Verpflichtung, sie als Menschen zu behandeln, endet.[67] Völkermord ist die äußerste Stufe dieser Entwicklung, in Massengräbern wird den Menschen das Recht auf ihren Namen und ihre Identität genommen.

Völkermord, Kriegsverbrechen und Verbrechen gegen die Menschlichkeit haben gemeinsam, dass ein Staat, der sich dieser Taten schuldig macht, dafür einen günstigen Boden bereitet haben muss, bevor er sie begeht. Völkermorde und Kriegsverbrechen beginnen mit Worten, die Realität schaffen. Eine populistische, zur Polarisierung führende Sprache fungiert als ein wesentlicher Baustein des Projekts. Wenn auch Hassrede nicht immer zu Völkermord führt, so ist dem Völkermord doch immer eine stufenweise heftiger werdende Hassrede vorausgegangen, und die ist zumeist frauenfeindlich. Die von Russland praktizierte genozidale sexuelle Gewalt in der Ukraine ist ein extremes Beispiel dafür, wohin autoritärer Populismus führen kann und was dessen Ziele sein können: die Vernichtung einer ganzen Nation, eines ganzen Staates. Deshalb ist Russlands Propaganda ein bedeutender Teilfaktor bei der Ermöglichung von Kriegsverbrechen.[68] Über den Völkermord in Ruanda wissen wir, dass ein im Land äußerst beliebter Radiosender große Bedeutung für die Entstehung und Durchsetzung einer Meinungsatmosphäre hatte, die den Völkermord ermöglichte. Die Chefs des Radio Télévision Libre des Mille Collines (RTLM) wurden wegen Anstiftung zum Völkermord zu einer lebenslangen Gefängnisstrafe verurteilt. Auch der Sprecher des Hass-Senders bekam die gleiche Strafe, ebenso wie der Chefredakteur[69] der Zeitung Kangura, der den Hass gegen die Tutsi geschürt hatte.

Die innere Propaganda Russlands funktioniert schon seit Jahrzehnten genauso. Ihren Resonanzboden bekommt sie von den alten Feindbildern: Wenn alle es schon seit Generationen gewöhnt sind, Nicht-Russen für Faschisten, für Nazis und wegen ihres »Nationalismus« für kranke Individuen zu halten, sind die abwertenden Wörter und ihre Benutzung bekannt und moralisch akzeptiert. Wenn in Behörden, im Unterrichtswesen, in den Medien und im Rechtswesen von Generation zu Generation dieselben Lügen wiederholt werden, wird daraus eine allgemein anerkannte Wahrheit. Als der extreme Nationalist Alexander Dugin im Jahr 2014 befahl, alle Ukrainer zu töten, galten seine Ansichten sogar in Russland als zu extremistisch, und Dugin wurde aus der Moskauer Universität hinausgeworfen.[70] Im Jahr 2022 haben mit dem Großangriff zahlreiche russische Politiker seine Aufforderungen in verschiedener Form wiederholt. Innerhalb von knapp zehn Jahren ist Dugins Wortwahl in der politischen Sprache Russlands üblich geworden.

Eine Ausdrucksweise, die die Gegenseite entmenschlicht, hat in Russland auf den verschiedenen Ebenen der Gesellschaft eine lange Tradition. In der offiziellen Sprache der Sowjetunion wurde die Menschengruppe, die Objekt der Kolonisierung war, entmenschlicht, indem die zu der Gruppe gehörenden Personen als »Elemente« bezeichnet wurden. Ich habe stapelweise Dokumente der sowjetischen Sicherheitsdienste gelesen, und am meisten hat mich wohl die darin verwendete Sprache überrascht: Es wurde fast nur im Passiv formuliert. Obwohl Befehle, Empfehlungen und Mitteilungen mit Namen unterzeichnet sind, ist der Text der Dokumente im Passiv abgefasst, was die persönliche Verantwortung des Unterzeichners ausblendet. Anscheinend erteilt niemand die Befehle zu den Repressionsmaßnahmen. Alle befolgen nur die ihnen erteilten Befehle. Kein Wunder, dass die Mitarbeiter der Sicherheitsdienste nach dem Zusammenbruch der Sowjetunion keine Memoiren veröffentlichten, in denen sie ihre Taten oder den Umstand bereut hätten, dass sie ein Teil der Unterdrückungsmaschinerie gewesen waren. Sie bereuten es nicht, wie sie »die Elemente« behandelt hatten: wie Betonblöcke.

Die komplizierte Bürokratie, in der die Verantwortung des Individuums in Befehlsketten und Organisationsveränderungen versteckt wird, ist aus Hitlerdeutschland bekannt. Auch dass die schrittweise Entmenschlichung von Juden den Holocaust möglich machte. Nach dem Zweiten Weltkrieg wurde der Pfad, der zum Holocaust geführt hatte, Schritt für Schritt lange und gründlich untersucht, und die alljährlich erscheinenden neuen Bücher zum Thema zeugen davon, dass es dafür immer noch ein Interesse gibt. Wie viele Bücher sind in den westlichen Ländern darüber erschienen, wie die entmenschlichende Rhetorik der Sowjetunion die Menschenrechtsverbrechen im Ostblock gerechtfertigt hat? Gehört das zum Lehrplan auch nur eines einzigen westlichen Landes?

Der KGB gab den Personen, die die Geschichtsimitationen der Sowjetunion verfassten, Handbücher, die Wortlisten enthielten und in regelmäßigen Abständen erneuert werden mussten, also eine Art von Wörterbüchern, die zu benutzen waren. Sie bestanden unter anderem aus

Epitheta, also Attributen. Diejenigen Epitheta, die »liquidierten Staaten« beigegeben werden sollten, waren stark abwertend, stigmatisierend und verlogen. Entsprechend waren die mit der Sowjetunion zu verbindenden, positive Gefühle weckenden Epitheta auf Größe, Stärke, Sieghaftigkeit und andere positive Eigenschaften ausgerichtet. In der Sowjetunion erschien nichts Gedrucktes, was nicht einem Zensor vorgelegt worden wäre, und die Sowjetsprache entstand nicht auf natürlichem Wege: Die Anweisungen des KGB und die wiederholte Verwendung der Attribute waren Landessitte. Wichtig waren die Gefühlsregungen der Menschen, und die wurden mit Epitheta gesteuert. Wenn bestimmte Dinge nur mit solchen Wörtern verknüpft wurden, die negative Gefühle weckten, würden die Menschen, so meinte man, allmählich Abscheu ihnen gegenüber empfinden. Deshalb war die Sprache der Sowjets wiederkäuend, schwerfällig und schwer verständlich.

Der Dichter Lew Rubinstein hat die Propaganda als Tod der Sprache bezeichnet. Diese Definition ist ausgezeichnet. Erst, wenn der Sprache die der Wirklichkeit entsprechenden Bedeutungen zurückgegeben werden, erwacht sie zum Leben und klärt zugleich das Denken, denn wir denken in Worten. Genau deswegen wurde in den baltischen Ländern die Verwendung sowjetischer Phrasen beendet, nachdem die Staaten ihre Selbstständigkeit wiedererlangt hatten. Die Sowjetsprache war eine ideologisch saubere Sprache, deren Bedeutungen nicht der Realität entsprachen, und die Gesamtheit der Propagandabilder stellte eine Utopie dar, in der es bestimmte »Elemente« nicht mehr geben würde. Man strebte eine Utopie an, indem man eine Sprache verwendete, die die Utopie als Wahrheit erscheinen ließ.

Die Sowjetsprache wurde verwendet, um die Verschleppungen zu rechtfertigen, die Verhöre und Verfolgung, und sie gab jedem Russen das Mandat, die Esten so zu behandeln, wie sie meine Großmutter behandelten, die im Geschäft nicht bedient zu werden brauchte, weil sie keine »Menschensprache« sprach. Dieselbe Sprache erlaubte es den Sowjets, meine Großtante zu verhören, bis sie aufhörte zu sprechen. Dieselbe Sprache rückte ins neue Jahrtausend ein und unterdrückte mithilfe einer Trollarmee in Russland den Austausch, der seit über zehn Jahren in den sozialen Medien über Russlands Menschenrechtsverletzungen geführt wird. Dieselbe Sprache rechtfertigte die Bombardierung ukrainischer Dämme und Krankenhäuser sowie Butscha.

In Russland ist die Sprache der Sowjetzeit niemals verurteilt worden. Während in anderen ehemaligen Imperien die postkolonialistische Aufarbeitung den erniedrigenden Sprachgebrauch beendete, geschah in der Russischen Föderation nichts dergleichen, obwohl der kurze Augenblick der Demokratie in den 1990er-Jahren auch in Russland die Aufarbeitung der Vergangenheit und eine freiere Forschung erlaubte. Hassrede und die Sprache des totalitären Staates können in der Gesellschaft jedoch nicht gleichrangig neben demokratischen Werten stehen, so wie Stalin-Bilder und die Bewunderung der Symbole des

Systems, für das er stand, nicht zu demokratischen Idealen passen. Eines von beiden muss weichen.

Die Ideologen der Kommunistischen Partei verstanden, dass die Sprache ein Mittel des Denkens ist, und deshalb war es in der Sowjetunion eine wichtige Aufgabe, die Bedeutung der Nationalsprachen zu schwächen. Menschen, die gut Russisch sprechen, würden bald denken wie Russen, und der Russe ist die ethnische Ausgangshypothese des Homo sovieticus. Die schon unter dem Zaren betriebene Russifizierung bedeutete in vielen Gebieten, dass der Unterricht in russischer Sprache erfolgte. In der Ukraine wurde die ukrainische Sprache ein ums andere Mal verboten, und Stalin verbot sogar einen ukrainischen Buchstaben, der im russische Alphabet nicht vorkommt. Die schwache Kenntnis der russischen Sprache bei der Bevölkerung des Baltikums verursachte der Partei permanente Kopfschmerzen.[71] Sie war in den besetzten Gebieten auch eine Form des passiven Widerstands.

Während in den baltischen Ländern die Dekolonialisierung gleich in den 1990er-Jahren Fahrt aufnahm, war die Lage in der Ukraine komplexer. Die »Revolution der Würde« im Jahr 2014 führte zu Entkommunisierungsgesetzen und der russische Großangriff zu einer Entrussifizierung, die solche Ausmaße annahm, dass ukrainische Schriftsteller, die früher Russisch geschrieben hatten, zum Ukrainischen als Arbeitssprache wechselten: Das Russische ist eine Sprache, die Russland als Mittel der Unterdrückung und als Messlatte seiner Überlegenheit einsetzt.[72]

Anders als die Sowjetpropaganda hatte die Propaganda der Russischen Föderation bisher kein ideologisches Ziel. Gemeinsam ist beiden jedoch neben dem Aufbau von Feindbildern, dass sie die Bedeutung von Wörtern verändern. Die Sowjetunion bezeichnete die Besetzung als Freundschaft und Befreiung, den Widerstand als Irrsinn, Krankheit oder Verbrechen. Zu Beginn des Krieges in der Ostukraine bezeichnete Russland die Lage im Donbass als Völkermord, obwohl es dort in Wirklichkeit keinen Völkermord gab. In Russland wird Nationalismus als Patriotismus bezeichnet. Der Krieg in der Ukraine wird Spezialoperation genannt. Diese Bezeichnungen verraten, dass das Fehlen von Kriegsbegeisterung im Volk in Moskau wahrgenommen worden ist. Die Bezeichnung des Großangriffs als Spezialoperation sowie das Verbot von Wörtern, die von den offiziellen Ausdrücken abweichen, trugen dazu bei, die Vorstellung von einer fernen und präzisen kleinen Operation zu schaffen, die auf keinen Fall das ganze Volk betreffen würde. Das Bedürfnis, den Krieg vom Volk fernzuhalten, verkomplizierte den Gedanken an eine Mobilmachung, weil man dann den Menschen nicht mehr verheimlichen konnte, dass man sich in einem alle betreffenden Krieg befand. Es werden nicht viele Menschen in Russland gewesen sein, die im Frühjahr 2022 darüber nachdachten, dass der eigene Sohn womöglich seine Vettern erschießen müsste, denn die Kriegshandlungen aus der Zeit vor dem Ukrainekrieg fanden an fernen Orten statt, und die Föderation hat nach dem Zweiten Weltkrieg keinen entsprechenden Angriffskrieg geführt. Eine von Putins Aufgaben ist es, den Krieg von Russland fernzuhalten, auch geistig, und das ist ihm gelungen, indem er die Sprache manipulierte.

Nicht einmal im Kreml hat man sich vorgestellt, dass der Krieg lange dauern würde. Vielleicht deshalb, weil man im Kreml die ukrainische Geschichte nicht kennt: Man kennt dort nur Russlands eigenes Elaborat über die Ukraine, und das haben sich auch die westlichen Länder angeeignet. Die Art, wie Russland die Kultur der Ukraine assimiliert hat, stützte die Vorstellung von Ukrainern als Kleinrussen, die keine eigene Kultur haben.

Vor dem Großangriff war in Europa die größte Wanderausstellung aller Zeiten über Ilja Repin zu sehen. Zumindest in den Katalogtexten des Ateneums im finnischen Helsinki und in dem des Petit Palais in Paris wurde der Maler als Darsteller der russischen Seele charakterisiert, und als ich darüber im Jahr 2022 einen Artikel[73] schrieb, behauptete Google, Repin sei ein Russe, obwohl der in der Ukraine geborene Repin selbst der Meinung war, ein Nachkomme polnischstämmiger Ulan-Kosaken zu sein, und obwohl im Mittelpunkt seiner Arbeit die Darstellung des Ukrainischen steht.

In der Repin-Ausstellung war eine der bekanntesten Gemälde des Künstlers zu sehen, *Die Saporoger Kosaken schreiben dem türkischen Sultan einen Brief* (1880–1891), eine Leihgabe aus dem Petersburger Museum für russische Kunst. Die Besucher dachten vielleicht, sie betrachteten ein Gemälde aus Russland, so wie der Ausstellungskatalog es behauptete. In Wirklichkeit erzählt das Werk von der Ukraine. Für die Saporoger war es wesentlich, Selbstständigkeit von Russland anzustreben, und das Gemälde zeigt den autonomen Kosakenstaat, das Hetmanat. Dessen Geschichte ist im Hinblick auf die Entstehung des Demokratiegedankens der Ukraine bedeutsam, denn anders als in Russland gab es im Hetmanat keine Leibeigenschaft, und der Herrscher wurde in der Hauptversammlung gewählt. Die heutige Ukraine beruht auf den Ideen der Kosaken.[74] Auf das Gebiet der Ukraine sind im Laufe der Jahrhunderte Menschen gezogen oder geflüchtet, die aus anderen Gegenden eines Imperiums stammten: aus dem österreichischen Kaiserreich, aus Österreich-Ungarn, aus dem Osmanischen Reich und dem russischen Kaiserreich. Rory Finnin, Professor für Ukrainestudien an der Universität Cambridge, beschreibt die Idee der ukrainischen Nation als eine Geschichte von Menschen, die sich um eine antiimperialistische Idee scharen.[75] Genau das hat die Menschen jahrhundertelang angesprochen, und genau deswegen ist die Ukraine das Gegenteil von Russland.

Im Frühjahr 2022 kursierten im Internet Fotos, auf denen das Motiv von Repins Gemälde auf dem Schlachtfeld wiederholt wird – jetzt schreiben die ukrainischen Soldaten einen Spottbrief nach Moskau.

Ilja Repins Einordnung als russischer Künstler ist ein Beispiel dafür, wie Russland sich andere Kulturen aneignet. Demnach ist die Kulturgeschichte der Ukraine keine eigenständige Gesamtheit, und dies wird von westlichen Kunstmuseen bestätigt, indem sie sich an der russischen

Kolonialisierungspolitik beteiligen. Wenn man ein Volk mit den Augen des Besatzers sieht, werden seine Aktivitäten und sein Streben nach Selbstständigkeit unsichtbar. Russlands gegen die Ukrainer gerichteter Rassismus und die Behandlung der Ukrainer als minderwertige Menschen festigten Moskaus Vorstellung von den Ukrainern als Untertanen, die unfähig sind, Widerstand zu leisten. Sie hat sich auch auf Russlands Bild von Polen und den baltischen Ländern ausgewirkt, die als sentimental agierende und hysterische kleine Völker gelten. Deshalb überraschte der Widerstand der Ukraine auch den Westen.

NATIONALGEFÜHL

Ein Volk, das seine Grenzen nicht kennt

Als mein Finnland-Großvater im Jahr 1939 als Freiwilliger in den Winterkrieg zog, stand ihm gegenüber die Rote Armee, die, als sie Finnland angriff, sich einbildete, einen Befreiungskrieg zu führen. Finnland sollte laut Sowjetpropaganda von der Herrschaft der »weißfaschistischen Usurpatoren« befreit werden. Die Verteidigungsbegeisterung der Finnen erklärte die staatlich gelenkte Sowjetpresse mit Ausdrücken aus der Tierwelt: Die Finnen gingen wie Tiere im Schnee in Deckung, und die Scharfschützen lauerten in den Bäumen wie Kuckucke. Nach Ansicht des Hauptsprachrohrs der Kommunistischen Partei der Sowjetunion, der Prawda, waren die Finnen nicht bereit, »wie Menschen« zu kämpfen, sondern kämpften wie »Banditen«[76] und »lebten in Schützengräben wie wilde Tiere«. Noch in den 1980er-Jahren behauptete der russische General Iwanowski, der im Winterkrieg gekämpft hatte, die finnischen Truppen hätten aus »Bürgerlichen bestanden, die von abgefeimten Mördern, den Söhnen von Kapitalisten und Großgrundbesitzern angeführt wurden«. Tatsächlich waren über 80 Prozent der finnischen Frontkämpfer Arbeiter und Landwirte.[77] Mein Finnland-Großvater war in einer Familie aufgewachsen, in der die Schuhe buchstäblich nicht für alle Kinder reichten. Der Widerstand der Finnen im Winterkrieg überraschte die Rote Armee genauso, wie der Widerstand der Ukrainer Russland im Jahr 2022 überraschte.

Offenbar rechnet die Kriegsmaschinerie unseres östlichen Nachbarn nicht mit dem Widerstand der lokalen Bevölkerung. Zu Beginn des russischen Großangriffs wurde das meistens mit der Behauptung erklärt, dass die Ergebnisse der Aufklärung, die die oberste Ebene Russlands erhalten hatte, mangelhaft oder falsch seien. Die Vertikale des russischen Staats ist ein hierarchisches System, und die Überbringer von Nachrichten haben Angst, ihren Vorgesetzten Unangenehmes zu melden. Zweifellos enthält diese Deutung eine Menge Wahres. Doch wenn man die Menschen von Generation zu Generation dazu erzieht, dass es die Aufgabe der Russen sei, als Befreier aller Völker dieser Welt zu handeln, können die Gründe und Motive für Widerstand dem Aggressor vollkommen unbegreiflich bleiben, selbst wenn korrekte Informationen der Aufklärung erhältlich wären. In den Schulbüchern der Sowjetunion waren die mit dem Winterkrieg verbundenen Ereignisse unbekannt, und das änderte sich auch in der Russischen Föderation nicht wesentlich. Die Waldbrüder, die für die Selbstständigkeit der baltischen Länder gekämpft und sich der sowjetischen Besetzung widersetzt hatten, wurden von der Sowjetpropaganda als Volksfeinde, Faschisten und Banditen, also eine Art Bandenkriminelle, abgestempelt.

Neuerdings neige ich zu der Annahme, dass die Bedeutung eines Nationalgefühls in Nationalstaaten für viele Menschen in Russland ein Mysterium ist, und deshalb überrascht der Widerstand der lokalen Bevölkerung die Rote Armee ein ums andere Mal. Es ist schwer zu verstehen, dass jemand anderes etwas respektiert, was einem selbst schon als Konzept fremd ist. Es ist schwer zu verstehen, warum jemand anders mit seinem Blut etwas verteidigt, was man selbst nicht wertschätzt: die Zugehörigkeit zu einem Land, das geografisch kleiner ist als Russland.

Der Schriftsteller George Orwell definierte den Patriotismus als Treue zum Wohnort und zu der eigenen Lebensweise, die jedoch anderen nicht aufgezwungen wird.[78] Patriotismus war für ihn eine Tugend, mit der man den standardmäßig expansiven Nationalismus auf keinen Fall verwechseln darf, weil das eine das Gegenteil vom anderen ist, der Nationalist will stets nur weiteren Lebensraum für seine Ideenwelt. In Putins Russland werden die neuen Generationen ausdrücklich zum Nationalismus erzogen. Das Nationalgefühl anderer Völker dagegen wird in Russland zum Gegenteil von Patriotismus verzerrt, zu krankem Nationalismus, den es auszumerzen gilt, heute auch mit Bomben. Oder mit Vergewaltigungen.

In der Sowjetunion wurde der Nationalismus kriminalisiert, und die Psychiatrie war ein Teil des Strafsystems, mit dessen Hilfe man sich bemühte, das als antisowjetisch geltende Denken und die nationale Bewegung im Zaum zu halten. Jemand, der bei der Äußerung falscher Meinungen erwischt wurde, konnte zu einer psychiatrischen

Zwangsbehandlung eingeliefert werden, und es konnte bei ihm »schleichende Schizophrenie«[79] oder Psychopathie diagnostiziert werden. Grundlage einer Einweisung konnte die Unterstützung der Selbstständigkeit liquidierter Staaten, die Verwendung von deren Symbolen wie z. B. der Flagge, die Kritik an einer Besatzung durch sowjetische Truppen oder die Verbreitung des geheimen Zusatzprotokolls des Molotow-Ribbentrop-Pakts sein. Ein solches Denken und Handeln galt als konterrevolutionäres Denken und Handeln. Das Nationalgefühl von Nicht-Russen war also eine Geisteskrankheit. Ein gesunder Mensch empfand Patriotismus nur gegenüber der Sowjetunion.[80]

In den westlichen Ländern mag man über die absurden Behauptungen der russischen Führung über die Nazijunta in Kyjiw schmunzeln. Fest steht, dass meine Verwandten weder darüber schmunzeln noch die sie brandmarkenden verlogenen Behauptungen korrigieren durften, denn das Leugnen dieser Lügen war nach sowjetischem Gesetz ein Verbrechen, ganz so wie jetzt in Putins Russland.

Die Tatsache, dass das Nationalgefühl von Menschen, die anderen ethnischen Gruppen angehören, als Krankheit angesehen wird, hat in Russland Tradition. Putin ist ein Mann, der beim KGB ausgebildet wurde und der nur solchen Menschen vertraut, die denselben Hintergrund haben. Gerade der KGB hat dafür gesorgt, dass ein anderes als das russische Nationalgefühl eine Störung ist, die Zwangsbehandlung erfordert, und der von Putin bewunderte Juri Andropow war dafür verantwortlich, dass die

Verwendung der Psychiatrie als Bestrafungsmethode in der Sowjetunion ihre Spitzenzeit erlebte. Als Andropow noch Chef des KGB war, begeisterte er sich für die Entwicklung der Medizin und die Möglichkeiten, die sie bot, um das Dissidententum an die Kandare zu nehmen. Der Einsatz von Psychopharmaka bei der Behandlung von Dissidenten und »gefährlichen Elementen« nahm zu: Er war billiger als das teuer gewordene Lagersystem. Sogar die Schauprozesse kosteten Geld. Ein »krankes« Individuum konnte man mit weniger bürokratischem Aufwand in die Psychiatrie schicken. Das Wegsperren »antisowjetischer Elemente« in die Psychiatrie polierte auch den internationalen Ruf der Sowjetunion auf, denn indem man die politisch missliebigen Personen ins Krankenhaus verlegte, verringerte sich die Zahl der politischen Gefangenen. Und das Beste war, dass die Abstempelung als Geisteskranker aus einem Dissidenten einen unzuverlässigen Zeugen machte. Die Dämonisierung des Nationalgefühls von Nicht-Russen, die Klassifizierung als Krankheit und Verbrechen ist ein zentraler Bestandteil der imperialistischen Politik Russlands sowie der Assimilation, also der Russifizierung.

Da die Ukraine laut Kreml von der westlichen Degeneration kuriert werden muss, kann man die von Russland praktizierte sexuelle Gewalt als »heilende Vergewaltigung« definieren. Der Terminus wird verwendet, wenn der Täter sich einbildet, dass eine Vergewaltigung einen Menschen, der zu einer sexuellen Minderheit gehört, in einen Hetero verwandeln oder »heilen« könne, aber er passt auch zur Agenda Russlands in der Ukraine. Die Ukrainer sind nach Ansicht von Putins Regime Russen, die vom Westen infiziert wurden, und Russlands Aufgabe sei es, diesen Zustand zu beheben.

Putins Russland hat aus dem Begriff »Nationalgefühl« eine Waffe gemacht, und man manipuliert dort die Menschen, indem man geschickt Wörter einsetzt, die auf verschiedenen Gebieten unterschiedliche Gefühle wecken. Wegen des Erbes des Zweiten Weltkriegs schrillen im Westen beim Hinweis auf Nationalismus sofort die Alarmglocken. Deshalb ist es Russland wichtig, die Balten und die Ukrainer als Nationalisten zu definieren. Das Wort hat in Russland einen ebenso negativen Klang wie in den nordischen Ländern die Wörter Rechtsextremer oder Neonazi. Das Nationalgefühl jedoch ist wichtig für die Nation, und ohne Nationalgefühl würde es Finnland, die baltischen Länder oder die Ukraine nicht geben. Ohne die nationale Bewegung wären die baltischen Länder nicht wieder selbstständig geworden. Das Nationalgefühl ist für uns eine Lebensbedingung. Es ist kein Nationalismus, der den Lebensraum anderer Völker beansprucht, so wie Russland.

Das 19. Jahrhundert war in Europa die Zeit der nationalen Idee, und dass wir uns unserer Sprache und unserer Kultur bewusst wurden, führte zu Beginn des vorigen Jahrhunderts zur Stärkung der Idee und dazu, dass die baltischen Länder und Finnland unabhängig wurden. Russland jedoch ist kein Staat, der mit dem Erwachen eines Nationalgefühls entstanden wäre, die Russen sind ein

Volk, das einen Staat hat, der nicht aufgrund eines Nationalgefühls entstanden ist und nicht einmal aufgrund der Sprache, so wie die baltischen Länder und Finnland. Deshalb war die nationale Identität der Russen schon zu sowjetischer Zeit schwächer als die der Einwohner der anderen Volksrepubliken der Sowjetunion. Da man das Russentum nicht mit den einfachen Faktoren einer nationalen Identität wie der Sprache oder einer klar begrenzten Geografie begründen kann, fanden die von russischen Ultranationalisten erdachten pseudowissenschaftlichen Argumente für eine russische Identität schon zu sowjetischer Zeit einen Resonanzboden und konnten sich in Ruhe entwickeln, denn sie stellten keine Bedrohung für die regionale Einheit dar, anders als im Baltikum oder der Ukraine. Die Idee der Ultranationalisten von der Außergewöhnlichkeit und der Souveränität des Russentums fanden Eingang in das Regime der Russischen Föderation sowie in die Ausbildung der Armee und der Sicherheitsdienste, als deren Grundlage früher die kommunistische Ideologie diente. Ebenso wurde das nach dem Zusammenbruch der Sowjetunion entstandene ideologische Vakuum mit einem extremen Nationalismus gefüllt, der auf der Einzigartigkeit und Überlegenheit des Russentums basiert.

Als mein russischer Freund, der schon seit Jahrzehnten in Finnland lebt, unlängst seine in Russland lebenden Verwandten besuchte, verstanden diese nicht, warum er immer noch in Finnland, einem so kleinen und unbedeutenden Land, lebt. Als mein Freund erklärte, er wohne lieber in einem Land, wo man sich darauf verlassen könne, dass die in der Apotheke gekauften Medikamente auch wirklich das enthalten, was auf der Packung steht, war das seinen Verwandten egal. Als mein Freund sagte, er wohne lieber in einem Land, wo man sicher sein kann, dass der bei Alko gekaufte Wodka nur einen Kater, aber keine Erblindung bewirken kann, hatte das für seine Verwandten keine Bedeutung. Für sie war es das Wichtigste, in einem Land zu wohnen, das groß ist, und Russland sei das nicht ohne Kolonien. Die Illusion von Größe ist eine Prise Goldregen, die die geringe Lebenserwartung, den niedrigen Lebensstandard, das niedrige Einkommensniveau, die körperliche Misshandlung und die wegen der Korruption unsicheren Einkaufszentren und Gebäude kompensiert.

Russland hielt in den russisch besetzten Gebieten der Ukraine im Herbst 2022 Pseudovolksabstimmungen ab, obwohl die Gebiete nicht vollständig unter der Kontrolle der Besatzer standen. Die westlichen Medien wunderten sich darüber, und das konnte auch seltsam wirken, wenn man nicht daran gewöhnt ist, dass die Grenzen des Staates mal hier und mal da verlaufen und auch durch Gebiete, die von anderen nicht als zu Russland gehörig anerkannt werden.

Als die westlichen Imperien sich im 16. Jahrhundert mit ihren Schiffen auf den Weg machten, um neue Gebiete zu erobern, rückten die Moskowiter mit demselben Tempo nach Norden und Osten vor, doch statt mit Schiffen drangen sie mit Pferden in das Kasaner Khanat, in das sibirische Khanat und auf die Gebiete der »Goldenen

Horde« vor. Die Großstädte Sibiriens erschienen zu derselben Zeit wie die von den westlichen Kolonisatoren errichteten Städte in Nordamerika auf der Landkarte. New York wurde 1624 gegründet, Boston 1630, Jamestown 1607. In Sibirien wurde Tomsk im Jahr 1604 gegründet, Surgut 1594, Krasnojarsk 1628. Sibirien war eine ähnliche Kolonie wie Neu-England, Quebec, Australien oder Neuseeland. Zur selben Zeit, als Frankreich, Großbritannien, Portugal, Spanien, Belgien, Holland und Deutschland in Afrika, Indien und dem Nahen Osten vorrückten, schluckte Russland Georgien, Abchasien und Armenien, dann Estland im Jahr 1710 und Finnland im Jahr 1809. Die Kolonien anderer Imperien begannen sich im 19. Jahrhundert von den Mutterländern zu lösen, und der Siegeszug der westlichen Kolonialmächte flaute ab. In Russland jedoch war das nicht so. Das russische Imperium änderte nur seinen Namen in Sowjetunion.

Der »Zusammenbruch der Sowjetunion« ist eine Phrase, die ich selbst auch verwende. Dabei wird jedoch oft vergessen, dass das kein Synonym für den Zusammenbruch des russischen Imperiums ist. Alle wieder selbstständig gewordenen Staaten kehrten in gewisser Weise zu den Grundlagen zurück, die zu Beginn der sowjetischen Besetzung oder der Besetzungen gegolten hatten. So machte es auch Russland. Von all diesen Staaten war aber nur Russland vor der Sowjetunion eine Kolonialmacht gewesen.

Russland hat niemals ohne die Idee des Imperialismus existiert. Nach dem Zerfall der Sowjetunion blieb die größte Kolonie Russlands, Sibirien, Teil der Russischen Föderation. In Sibirien gab es keine Aufstände und keine Revolution. Es gab sie nicht, weil Lebensraum und Lebenskraft der Völker dieses Gebiets unter dem jahrhundertelangen Kolonialismus auf ein Minimum beschränkt worden waren. Die finnougrischen Völker bewohnten dieses Land, sodass die Zwangskollektivierung der Todesstoß für ihre Lebenskraft war. Der Gulag breitete sich zum Beispiel auf das Gebiet der Komi aus und verschmolz ihre Kultur mit der russischen. Vierzig Prozent der russischen Ölvorräte befindet sich auf den von Urvölkern bewohnten Gebieten, und Putins Russland setzt die Ausbeutung dieser Gebiete fort. Hätte Russland nicht Sibirien als Kolonie gehabt, wären seine Exporterlöse in den Jahren vor dem Ukrainekrieg kleiner gewesen als die Ungarns.[81]

Russlands Kolonialismus ist weder in der Populärkultur, in Comicstrips, in Filmen, auf Streamingportalen, in Kinderspielen noch in den Namen von Schokoladentafeln zu sehen, die in den westlichen Ländern im 21. Jahrhundert geändert werden, weil sie als problematisch gelten. Bei Netflix laufen keine Filme über Russen, die auf Ölfeldern sitzende Nenzen erschießen, und traditionelle Nenzenkleidung gibt es nicht in unseren Kostümgeschäften. Durch Westernfilme wurden die Kinder dazu animiert, Cowboys zu spielen und dabei den Kopfschmuck der Urbevölkerung zu tragen, bis den Menschen das Problematische der kulturellen Aneignung bewusst wurde. Postkolonialistische Diskurse zu diesem Thema klammern jedoch die Urvölker Sibiriens aus, weil die Unterwerfung dieser Völker nicht Teil unserer Populärkultur ist. Die in Russland lebenden ethnischen Minderheiten sind im Westen vollkommen unsichtbar.

Bei anderen Kolonialmächten hat es Jahrhunderte gedauert, bis die nächsten Generationen zu dem Punkt gelangten, an dem die Länder bereit sind, Verantwortung für das von ihnen begangene Unrecht zu übernehmen. Keine von ihnen hat das freiwillig getan. Auch Russland tut das nicht.

In den vergangenen Jahren habe ich unzählige Male gehört, dass Putin doch enormes Glück gehabt habe damit, dass er zu einer Zeit an die Macht kam, da der Ölpreis hoch war. Die indigenen Völker werden in diesem Zusammenhang nicht erwähnt. Stellen wir uns doch einmal vor, dass die Existenz der Urvölker in Russlands Öl-, Gas- und Diamantengebieten in den letzten Jahrzehnten sichtbar gewesen wäre. Stellen wir uns doch einmal vor, dass die über Russland berichtenden Journalistinnen und Journalisten wenigstens manchmal erwähnt hätten, aus wessen Gebieten das Gas, das Öl und die Metalle kommen. Wäre dann Russlands kolonialistische Haltung wenigstens in gewissem Umfang bekannt geworden?

Die auf dem Gebiet der Föderation lebenden Urvölker sind international so unsichtbar, dass sie zumeist auch heute nicht erwähnt werden, wenn vom imperialistischen Russland die Rede ist. Der Historiker Sergej Medwedjew datiert den Beginn des russischen Imperialismus auf das Jahr 1654, als die Ukraine mit dem russischen Kaiserreich verschmolzen wurde. Deshalb bildet man sich in Russland ein, dass das Land ohne die Ukraine seine imperialistische Identität verlieren würde.[82] Der Gedanke an Russland ohne Imperium ist unmöglich, da es Russland ohne Imperium nicht gibt, und der Vorstellung von einem andersgearteten Russland ist kein Raum gegeben worden, nicht einmal in den westlichen Ländern. Das Problem besteht nicht nur darin, dass ein großer Teil der Russen sich ihr Land nicht ohne Kolonien vorstellen kann. Nicht einmal der Westen kann das, und der Gedanke an einen Zerfall der Russischen Föderation ist für die westlichen Länder furchterregend. Eine unbekannte Alternative macht den Menschen immer nervös, daran ist nichts Seltsames. Nicht einmal alle Frauen haben seinerzeit das Wahlrecht für Frauen befürwortet. Die Unlust des Westens, den russischen Imperialismus und den damit verbundenen Ultranationalismus zu sehen, hat jedoch zu einer Situation geführt, in der Russland sich jahrelang auf Krieg und Völkermord vorbereiten konnte, ohne dass das im Westen verstanden wurde.

III

HOMO PUTINICUS

DAS RUSSISCHE UNTERSTÜTZUNGSPAKET FÜR MÜTTER

Wie die Mütter dazu bewegt werden, den Krieg zu unterstützen

Im Frühjahr 2022 rief der 27-jährige russische Soldat Roman Bykowski an der Front seine Frau Olga Bykowskaja an. Aus dem mitgeschnittenen Telefongespräch geht hervor, dass die Frau ihrem Mann erlaubte, ukrainische Frauen zu vergewaltigen, wenn er nur ein Kondom benutze.[83]

Olga und Roman haben ein Kind. Nachdem Russland die Krim besetzt hatte, zog die Familie auf die Halbinsel, und aus den sozialen Medien geht hervor, dass Olgas Schwiegermutter Irina sehr stolz ist auf ihren Sohn, einen Verteidiger des Vaterlands. Roman Bykowski wurde nicht wegen Vergewaltigung angeklagt, aber sein Gespräch mit der Ehefrau und die Einstellung der Familie zur Arbeit des Sohnes spiegeln die Atmosphäre wider, die für Kriegsverbrechen förderlich ist. Das Gespräch ist nicht das einzige seiner Art – aufgrund der von den Ukrainern mitgeschnittenen Gesprächen ist es sicher, dass die Ehefrauen, Freundinnen und Mütter der russischen Soldaten über die von ihren Angehörigen begangenen Kriegsverbrechen Bescheid wissen und dass sie sie sogar dazu ermuntern – so wie Tatjana Solowjowa aus Kaliningrad, die mit ihrem Sohn Konstantin über verschiedene Foltermethoden sprach. Mutter und Sohn hielten offenbar eine eiserne Röhre, die dem Opfer in den After geschoben wird, für ein vorzügliches Mittel. In die Röhre wird Stacheldraht eingeführt, der im Körper verbleibt, wenn die Röhre herausgezogen wird. Der Sohn gab seiner Mutter gegenüber zu, dass er gern foltere. Tatjana vermutete, auch sie würde es genießen, wenn sie vor dieselben Aufgaben gestellt würde wie ihr Sohn. Nach Ansicht von Tatjana sind die Ukrainer keine Menschen.[84]

Olga, Roman und Konstantin Solowjow haben keine eigenen Erfahrungen aus der Zeit vor Putin. Sie sind zu Erwachsenen geworden, als Putin stufenweise die Feindbilder verstärkte, und sie sind ein Lehrbuchbeispiel für den Homo putinicus, der von diesem System geschaffen wurde. Auch Tatjana Solowjowa wirkt auf den Fotos in den sozialen Medien nicht alt. Olga und Tatjana wirken wie normale Mütter. Indem sie ihre Angehörigen zu Taten ermuntern, die sie nicht für Verbrechen halten, und indem sie die Ukrainer zu Unmenschen herabwürdigen, erhöhen sie sich selbst zu ordentlichen Patrioten. Ohne die Unterstützung durch die Heimatfront wären die Kriegsverbrechen nicht möglich: Die Soldaten müssen sicher sein, dass sie zu Hause wieder willkommen sind, am liebsten als Helden.

Olga Bykowskaja wurde erwachsen zu einer Zeit, als die Schwächung der Frauenrechte ein wichtiges vom Kreml gesteuertes Ziel war und die als traditionell bezeichneten Werte das öffentliche Frauenideal bestimmten. Vielleicht hat sie gelernt, über die sexistischen Witze des russischen Fernsehens zu lachen. Sie weiß, wie sie es vermeiden kann, selbst zum Objekt eines solchen Spotts zu werden. Sie hat Glück gehabt in dem Sinne, dass ihr Kind einen Vater hat, der immer noch zu Hause anruft. Die Situation von Tatjana Solowjowa und ihrem Sohn Konstantin dagegen ist eine andere. Aus dem Telefonat zwischen Mutter und Sohn über die Folter kann man schließen, dass der Vater der Familie weder ein angenehmer Ehemann noch ein liebender Vater für sein Kind gewesen ist. Eine solche Familie ist in Russland keine Seltenheit.

Die Politikwissenschaftlerin Jekaterina Schulmann hat die russische Familie als Mutter mit Kindern beschrieben – die Männer kommen und gehen. In den Statistiken über die Scheidungsraten belegt Russland seit Jahren einen Spitzenplatz, und die Summe der nicht bezahlten Alimente ist gewaltig. Dagegen kümmert sich der Staat außergewöhnlich gut um die Familie eines in der Ukraine kämpfenden Soldaten. Nach Angaben der Behörden beträgt der Anfangslohn eines in die Ukraine einrückenden Soldaten 195 000 Rubel (etwas über 2000 Euro) im Monat, was das 14-fache eines mittleren Einkommens in ärmeren

Gebieten ist. Außerdem haben die Soldaten ein Anrecht auf Boni. Veteranen und ihren Kindern wird der Zugang zur Universität ohne Aufnahmeprüfungen garantiert.[85] Die Unterstützung der »Spezialoperation« sagt nicht unbedingt etwas über die Zustimmung zum Krieg aus, vielmehr darüber, dass der Krieg für die Familien eine Sache geworden ist, die sich wirtschaftlich lohnt.

In autoritären Ländern wie Russland gibt es keine öffentliche Meinung, den Meinungsumfragen kann man nicht blind vertrauen, und deshalb muss man sie im Verhältnis zu anderen Angaben interpretieren. Generell teilen die Wissenschaftler die Russen jedoch in drei Kategorien ein: Ein Fünftel der Bevölkerung ist gegen den Krieg, ein Fünftel sind Ultranationalisten, die für den Krieg agitieren, und der dazwischenstehende Teil des Volkes unterstützt die Maßnahmen der Regierung, was als Befürwortung des Krieges gedeutet wird. Das ist jedoch nicht ganz dasselbe. Ich bezeichne diejenigen, die aufseiten der Regierung stehen, egal was sie tut, als Opportunisten, und genau diesen Teil der Bevölkerung hat der Kreml mit Erfolg hinreichend zufriedengestellt, indem er für das wirtschaftliche Wohlergehen der Heimatfront sorgte. Für viele ist ein Mann jetzt als Soldat am nützlichsten, denn die Sicherheit, die der Staat der Familie gibt, ist sicherer als das, was der Mann selbst bieten könnte, wenn er zu Hause bliebe. Russland hat seine Menschen niemals zuvor so gut für ihren Tod und für ihr Leben bezahlt.

Schulman nennt den Gesamtkomplex »russisches Unterstützungspaket für neugeborene Kinder«.[86]

Die Russische Föderation braucht Frauen, die Kinder gebären und ihren Nachwuchs in die vom System vorgegebene Richtung erziehen. Die Befolgung der in der Verfassung der Föderation festgeschriebenen »traditionellen Werte« ist ein Euphemismus dafür, dass Russland seine Frauen zurück ins 19. Jahrhundert schickt. Als die Sowjetunion zusammenbrach, machten sich alle früheren Sowjetgebiete an den Aufbau der Zukunft von dem Punkt aus, an dem sie zu Beginn der Sowjetmacht gestanden hatten. Das war problematisch, da sich die Gleichberechtigung in den baltischen Ländern auf einem ähnlichen Niveau bewegte wie in Skandinavien zum selben Zeitpunkt. Von den ehemaligen sowjetischen Ländern war nur Russland vor der Sowjetunion ein Imperium. Auch die Frauen der ehemaligen Kolonien des Westens verhielten sich seinerzeit gegenüber den Frauen der Kolonien herablassend und akzeptierten die Gewalt gegen sie, sodass die Einstellung von Olga Bykowskaja und Tatjana Solowjowa zu den ukrainischen Frauen vielleicht nicht ganz so befremdlich ist, wie man es sich im ersten Moment vorstellen mag; der *homo putinicus* ist ein Imperialist.

Frauen, die in der Propaganda, im Rechtswesen und in der Bürokratie als Boten des Kremls fungieren, bekommen die Unterstützung des Systems. Auch wenn Frauen nur über symbolische Macht verfügen, ist es für totalitäre Regime typisch, dass sie als Vollstrecker der frauenfeindlichen Gesetzgebung gebraucht werden. So stammt ein wesentlicher Teil der die Frauen betreffenden Gesetzesinitiativen von den wenigen Politikerinnen Russlands, wie von der im Westen sanktionierten Jelena Misulina, die mit der Besetzung der Krim befasst ist. Als Mitglied der Duma war Misulina an der Abfassung der als Homopropagandagesetze bekannt gewordenen Bestimmungen beteiligt. Sie hat auch eine Verschärfung des Abtreibungsverbots gefördert und vorgeschlagen, den Frauen, die noch nicht geboren haben, eine höhere Bildung zu versagen. Nach Ansicht des Politikwissenschaftlers Mark Urnow haben die zahlreichen Gesetzesinitiativen Misulinas das Ziel, Intoleranz zu befördern.[87]

TEILE UND HERRSCHE

Wie die Frauenrechte in Russland zu einer Importware aus dem Westen wurden

Die Saat für Russlands antiwestliches Narrativ wurde bereits zur Zeit der Perestroika gelegt, als viele Sowjetbürger eine idealisierte Vorstellung vom Westen hatten. Wir brachten stets einige Frauenzeitschriften mit in die Sowjetunion, und obwohl Druckerzeugnisse an der Grenze genau kontrolliert wurden, schenkte man den harmlos wirkenden Frauenzeitschriften keine Beachtung. Jede von ihnen verblieb im Land, um von einer Leserin zur nächsten zu wandern, und als ich später auf eine Zeitschrift stieß, die wir einst über die Grenze gebracht hatten, war ich überrascht, wie gründlich sie gelesen worden war. Auch die auf dem Schwarzmarkt angebotene Westkleidung zeugte davon, dass der Westen etwas anderes war, als die Sowjetpropaganda unterstellte, und ich erinnere mich an eine Frau, die ohnmächtig wurde, als sie zum ersten Mal ein finnisches Bekleidungsgeschäft betrat.

Visaerleichterungen ließen die Zahl der Sowjetbürger steigen, die den Westen besuchten. Im Westen schimmerte und schillerte es, die Geschäfte waren voll. Mir fiel auf, dass die uns vertrauten Probleme für Bewohner der Sowjetunion nicht verständlich waren. In der Sowjetunion gab es keine Arbeitslosigkeit. Das war eine Tatsache, keine Propaganda. Wenn man jemandem, der hinter dem Eisernen Vorhang lebte, zu erklären versuchte, was Arbeitslosigkeit oder Rezession bedeutet, bekam man als Reaktion einen leeren Blick, auf den eine Pause folgte, und auf die Pause folgte ein Fauchen, dass zumindest die Regale in den Geschäften voll seien. Viele aus dem Westen wollten die idealisierte Vorstellung nur deshalb aufrechterhalten, weil es angenehm war, aus einem Land zu kommen, das bewundert wurde, es war schmeichelhaft. Jemand, der in Finnland wenig besaß, wirkte in der Sowjetunion reich, und wer möchte nicht zumindest einmal in seinem Leben für einen Millionär gehalten werden. Der Besitz eines Autos genügte, um einen Mann in den Augen eines Sowjetbürgers zu einem Krösus zu machen, denn in der Föderation besaßen nur wenige einen Pkw. Als der allmählich zunehmende Tourismus die Anfreundung von Sowjet- und West-Menschen erleichterte, wuchs auch die Zahl der Eheschließungen. Doch kaum eine frischgebackene Braut, die in den Westen gezogen war, wollte ihren Familienangehörigen zu Hause erzählen, dass der Mann, der in der Sowjetunion wie ein Prinz anmutete, ein ganz gewöhnlicher Mann war, der womöglich finanzielle Probleme hatte und im Kühlschrank nichts als Licht.

Ich habe gehört, wie manche sich darüber ausließen, dass der Westen die Sowjetbürger besser über die Herausforderungen der Demokratie hätte aufklären müssen. Ich bin mir nicht sicher, ob das etwas gebracht hätte. Schon die Einstellung gegenüber Geld war eine ganz andere. In der Sowjetunion waren Beziehungen die eigentliche Währung, nicht der Rubel, und deshalb war es schwierig, jemandem verständlich zu machen, dass der Bananenberg im Lebensmittelgeschäft für einen armen Menschen keinen Vorteil hat. Dass man in einer Demokratie eine Packung Fleisch gegen Geld bekommt, nicht durch Beziehungen.

Auch Aktien waren Dinge, deren Bedeutung den Sowjetbürgern unklar waren. Als die Privatisierung in der Sowjetunion anlief, wurden den Bürgern gewissermaßen Coupons ausgestellt, die sie zum Kauf von Aktien berechtigten. Das verstaatlichte Vermögen sollte so an die Bürger verteilt werden. Gehälter oder Renten konnten nicht mehr regulär ausgezahlt werden, weshalb einige ihre Coupons zu einem Spottpreis an die verkauften, die ihre Bedeutung verstanden und denen es irgendwie gelungen war, sich Geld zu beschaffen. Wenn jemand sich weigerte, seine Coupons zu verkaufen, machte man ihm deutlich, dass es sich lohnen würde, seine Meinung zu ändern. Da es in Russland keine Lustration gab, geht es der Elite noch immer prächtig, denn die Privilegierten hatten die Bedeutung der Aktien verstanden. Für sie war das Ausbleiben einer Rente oder eines Gehalts keine große Sache, einen Notgroschen hatten sie sich bereits zu Sowjetzeiten erklaut.

Die Ungerechtigkeit der als Demokratie beworbenen neuen Gesellschaft offenbarte sich allmählich einem Teil des Volks. Verbrecher hatten sich Zugriff auf das nationale Vermögen verschafft und die natürlichen Ressourcen und Industrieanlagen in Besitz genommen. Nicht alle Dörfer und Städte hatten sich innerhalb von ein paar Jahrzehnten in Wien oder Paris verwandelt, nicht jede Galosche wurde zu einem Kristallschuh. Die russische Wirtschaftskrise im Jahr 1998 weckte in vielen den Gedanken, dass die aus dem Westen importierten Ideen nichts als Chaos gebracht hätten. Der Politologe Ivan Krastev bezeichnete die Wirtschaftskrise von 2008 als Gnadenschuss, nach dem es keinen Weg zurück zur Verherrlichung des Liberalismus gab.[88]

Dass die idealisierten Vorstellungen verschrottet werden mussten, sorgte für eine Gegenreaktion. Damit waren auch der Glaube an Journalismus, Redefreiheit und Frauenrechte dahin. Ein Teil der Menschen begann diese für problematische Importprodukte zu halten.

Putins Regime war immer geschickt darin, Stimmungen aufzugreifen, die zu seiner Agenda passten, egal wie schwach sie anfangs gewesen sein mögen, und im Kescher der kremleigenen Meinungsumfragen blieb hängen, dass ein Teil des Volks enttäuscht war. Indem die Propagandamaschinerie des Kremls die bereits in der Gesellschaft schwelenden Gefühle verstärkte, reproduzierte sie sie, bis sie langsam wie die Wahrheit erschienen oder zumindest wie die Meinung der Mehrheitsbevölkerung. Da die Finanzierung der Frauenforschung in den 1990er-Jahren aus dem Westen nach Russland kam, fasste man Feminismus und Frauenrechte zu bedrohlichen westlichen Werten zusammen und präsentierte sie als Hindernis für Russlands mythologische Größe. Die demografische Entwicklung des Landes war schon damals katastrophal, und man musste die Frauen dazu bringen, zu Hause zu bleiben und zu gebären. Zum Gegenstück der Frauenrechte erhob man also die als traditionell bezeichneten Werte, und zu deren Sprachrohr wurde die orthodoxe Kirche.

Die ersten Unterstützungspakete für Familien wurden 2006 installiert, und im Jahr darauf realisierte Russland seine erste internationale Hybridoperation in Form des Konflikts um den Bronzesoldaten in Estland.[89] Die Statue eines sowjetischen Soldaten im Zentrum Tallinns, die für die Estland-Russen den Sieg über den Faschismus repräsentierte, für die Esten jedoch für Besatzung und Unterdrückung steht, diente als Vorwand. Nach der Entscheidung, die Statue aus dem Zentrum auf einen Soldatenfriedhof zu verlegen, randalierte die Putin-Jugend zwei Tage lang in der Stadt – die ersten und bislang letzten Krawalle in Tallinns langer Geschichte. Russland legte die digitale Funktionsfähigkeit Estlands mit Cyberangriffen lahm. Es waren die ersten Cyberangriffe eines Staats gegen einen anderen Staat. Die Putin-Jugend belagerte die estnische Botschaft in Moskau und fertigte Spottpuppen der estnischen Botschafterin Marina Kaljurand an. Das Zentrum Moskaus füllte sich mit Plakaten, auf denen unter ihrem Bild stand: »Gesucht: Botschafterin eines faschistischen Landes.« Laut Kaljurand war es ihr nicht möglich, sich in den russischen Medien Gehör zu verschaffen[90], und das ist auch kein Wunder, denn als ethnische Russin ist Kaljurands Muttersprache Russisch. Dies machte sie auch für den Kreml gefährlich, und genau deshalb musste sie gedemütigt werden. Allein Kaljurands Existenz und Stellung widerlegten die sich wiederholenden Anschuldigungen der russischen Propagandamaschinerie über den Völkermord an den Estland-Russen und den estnischen Faschismus. Das Ganze war ein Meilenstein, der Russlands Art, internationale Beziehungen zu pflegen, vorwegnahm. Im folgenden Jahr stand der Georgienkrieg an. Russland verglich den Staatspräsidenten Micheil Saakaschwili mit Hitler, und in der Propaganda wurden erneut die vertrauten Mantras von einem vermeintlichen Völkermord und einer humanitären Katastrophe wiederholt.

Der Abbau der Gleichberechtigung schritt im gleichen Tempo voran wie die Wiederherstellung von Russlands »Größe«.

Im Jahr 2011 geschah dann etwas, das den Kreml die Schrauben noch fester anziehen ließ. »… explodierte plötzlich alles. Moskau wachte innerhalb von ein paar Tagen auf«, beschreibt der Autor Michail Schischkin die als Weiße Revolution bekannten Demonstrationen.[91] Die Menschen trugen weiße Armbinden als Zeichen des gewaltfreien Protests, und Schischkin und seine Gleichgesinnten hatten den Eindruck, dass sie die Mehrheit waren, dass sie gewinnen würden. Die Rebellen kamen aus der Mittelschicht der Großstädte, die ohne Unterstützung des Staates zurechtkam und gesehen hatte, wie anderswo gelebt wird. »Diese Samen waren unterirdisch, kaum sichtbar gewachsen, und nun spross plötzlich überall Gras.« Die Demonstranten forderten freie Wahlen, die Annullierung der gefälschten Wahlergebnisse und die Befreiung politischer Gefangener. Sie sahen sich selbst als Individuen, die das Recht hatten, dies zu tun. Sie fühlten sich nicht wie kleine Spielfiguren des Staates, die keinen Einfluss darauf hatten, wie die Angelegenheiten des Staates geregelt wurden. Solch ein Selbstvertrauen war natürlich etwas, das man im Kreml nicht dulden konnte. Das Volk musste begreifen, dass es nicht den geringsten Einfluss hatte. Genau das hatte ein großer Teil des Volks lange Zeit gedacht, und an diesem Umstand durfte sich auch nichts ändern. Die Proteste überraschten den Kreml, weil die russischen Geheimdienste nicht darin geschult waren, Demonstrationen zu verhindern, die sich über soziale Medien verbreiteten. Sie wussten nicht, was zu tun war. Die in den sozialen Medien geteilten Protestaufforderungen entsprachen keinem der drei Faktoren aus der Krisenbewältigungsschulung der Sicherheitsorgane: Es gab keine organisierende Instanz, es gab keine Finanzierungskanäle, es gab keine Führungsfiguren.

Putins Regime reagierte auf die Proteste, indem es Agentengesetze verabschiedete, um die Aktivitäten von Nichtregierungsorganisationen, Opposition und Befürwortern von Menschenrechten zu überwachen. Als ausländische Agenten wurden zunächst aus dem Westen finanzierte Organisationen eingestuft, zu denen einige Frauenorganisationen gehörten. Man versuchte, die

Aktivitäten ohne offizielle Organisationen fortzuführen, und versammelte sich in Privatwohnungen, bis neben öffentlichen Orten auch Wohnungen ins Visier von Razzien gerieten. Gleichberechtigungsaktivisten mussten in den Untergrund zurückkehren oder in den Westen emigrieren. Heute gelten die Gesetze auch für natürliche Personen.

Als die Punk-Band Pussy Riot in einer Kirche ein Lied gegen Putin sang, wurden die Musikerinnen festgenommen. Die Frauen der Band wurden zu Heldinnen im Westen, nicht aber in ihrer Heimat.

Die Grenze zwischen Finnland und Russland stand 2022 bei finnischen und internationalen Journalisten hoch im Kurs, alle wollten die Russen dazu befragen, was sie über den Krieg dachten. Mir haben sich zwei Männer eingeprägt, die sich weigerten, ein Interview unter ihrem Namen zu geben. Sie hatten 2010 gegen die Regierung Putins demonstriert und waren dafür festgenommen worden. Niemand habe sich darum geschert, dass sie damals dagegen protestiert hatten. Würde man sie erneut festnehmen, hieße das Gefängnis. Die beiden waren enttäuscht. »Alle führenden Persönlichkeiten Europas haben Putin einfach die Hand geschüttelt. Wir sind enttäuscht darüber, dass die Proteste in Europa nicht unterstützt wurden«, sagte einer der beiden, und der andere fuhr fort: »Mag sein, dass die ganze Sache für euch vor einem halben Jahr angefangen hat. Aber für uns ist die Situation seit über zehn Jahren dieselbe. Nichts hat sich verändert, und wir haben Angst.«[92]

Autoritäre Regime überstehen missglückte Umstürze und Volksaufstände mithilfe von Unterdrückungsmaßnahmen gegen die Opposition und indem sie Loyalisten belohnen. Die Massenproteste in Russland führten dazu, dass man die Oligarchen, Geschäftsleute, Familien, Mütter und die Kirche beschwichtigte. Ein Drittel des Volks steht auf den Gehaltslisten des Staates. Sie wollen nicht die Stabilität gefährden, die der Staat ihnen garantiert. Unter Belohnung verstehe ich auch, dass man mit der Diskriminierung einer Gruppe von Menschen jene besänftigt, die von der Gruppe kritisiert werden. Als man die Erinnerungsaktivisten, die die Verbrechen der Sowjetzeit dokumentieren, in die Enge trieb, beschwichtigte man jene, die an diesen Verbrechen beteiligt waren. Als man sexuelle Minderheiten mit aller Kraft zu Feinden machte, reichte man den Homophoben die Hand. Als man den Handlungsspielraum der letzten unabhängigen Journalistinnen und Journalisten einschränkte, tat man denjenigen einen Gefallen, über die geschrieben wurde. Jede Unterdrückungsmaßnahme stützte die Einteilung der Gesellschaft in Gute und Böse, in Loyalisten und Opposition, in Patrioten und Landesverräter. Die aus Krieg und Politik bekannte Salamitaktik eignet sich auch hervorragend für die Regelung innerer Angelegenheiten. Als die Rechte der Frauen beschränkt wurden, empfahl man sich den Misogynikern und sicherte sich die Unterstützung der Frauenhasser.

Gleichwohl hoffte ich zu Beginn des Großangriffs, dass die Mütter der Soldaten protestieren und die Situation verändern würden. Die Zinksärge des Afghanistankriegs, noch frisch in Erinnerung, warfen einen Schatten auf das Leben einer ganzen Generation, und die 1989 gegründete »Union der Komitees der Soldatenmütter Russlands« wuchs mit den Jahren zu einer der bedeutendsten Menschenrechtsbewegungen Russlands heran, die selbst die Türme des Kremls ins Wanken brachte. Die Organisation deckte unzählige Verstöße in der russischen Armee auf, trug zum Ende des Ersten Tschetschenienkriegs bei und dazu, dass die Abkommandierung von Wehrpflichtigen zu Kriegseinsätzen im Ausland verboten wurde. Im Jahr 2014 brachte die Organisation an die Öffentlichkeit, dass Russland Soldaten in die Ostukraine schickte, aber so, dass sie nicht als Russen zu erkennen waren: Die Männer hatten keine Ausweispapiere, keine Erkennungsmarken, trugen keine russische Kampfuniform. Zur gleichen Zeit bestritt Russland, die Kriegshandlungen auf dem Gebiet der ostukrainischen Marionettenstaaten zu unterstützen. Die Organisation jedoch hatte zahlreiche Zuschriften von Angehörigen der Soldaten erhalten, und die Leiterin der Organisation, Walentina Melnikowa, sagte, dass sie noch nie eine vergleichbare Operation wie den Krieg im Donbass erlebt habe.[93]

Nachdem Putins Regime die Medien unter seine Kontrolle gebracht hatte, verringerte sich der Einfluss der Organisation, und nach der Entlarvung der russischen Soldaten in der Ostukraine geriet der St. Petersburger Teil der Organisation auf die Liste der »ausländischen Agenten«. Nach dem Großangriff waren die Stellungnahmen der Organisation eher lau. Melnikowa sagte, dass die Organisation sich nicht in militärische Angelegenheiten einmische, sondern auf Menschen konzentriere.[94] Die Organisation hat sich aufgespalten in Unterstützer der Menschenrechte und Patrioten, die sich den Militarismus auf die Fahne schreiben.[95] Die Taktik des Kremls, »teile und herrsche«, wirkt sich also auch auf die »Union der Komitees der Soldatenmütter Russlands« aus. Laut der Menschenrechtsaktivistin Aljona Popowa wäre es für das herrschende System das Schlimmste, wenn Frauen verschiedener Generationen ihre Kräfte bündeln würden: junge Frauen, die in den sozialen Medien agieren können, und ältere, die durch die Sowjetzeiten prinzipiell an den Gedanken einer Gleichberechtigung der Geschlechter gewöhnt sind.[96] So etwas kann man im Kreml nicht dulden.

2023 konzentrierte sich Putin in seiner Rede zum Tag des Sieges darauf, den Westen zu beschuldigen: »… die westliche globalistische Elite, die blutige Konflikte und Staatsstreiche provoziert, Hass, Russophobie und aggressiven Nationalismus sät und die traditionellen Familienwerte zerstört, die einen Menschen zum Menschen machen«.[97] Putin meinte also, dass das, was im Westen als Gleichberechtigung zwischen den Geschlechtern definiert wird, in Russland nicht willkommen ist, dass die Gleichberechtigung in Russland eine Frau nicht zu einem Menschen macht, wohingegen die Nichtumsetzung der Gleichberechtigung dies tut. Das ist das Maß der Menschlichkeit in der putinistischen Welt.

Im April dieses Jahres schlug Oleg Matwejtschew, Duma-Abgeordneter der Partei »Einiges Russland«, vor, den Feminismus als extremistische Ideologie einzustufen, weil die Feministinnen, die die traditionellen Werte zugrunde richten, in den sozialen Medien »Lügen« über die russische Armee verbreiten und sich gegen den vom Kreml als Spezialoperation bezeichneten Krieg stellen würden.

Nur die Ukrainer seien angeblich noch schlimmere Feinde des Staates.[98]

DIE FRAUEN WERDEN IMMER KINDER KRIEGEN

Sprichwörter, die man nicht veralten lässt

Schon als Kind habe ich zwei russische Redewendungen gelernt: »Wenn er dich nicht schlägt, dann liebt er dich nicht« und »Die Weiber werden noch mehr Soldaten gebären«. Obwohl letztere Äußerung oft dem Sowjetgeneral Georgi Schukow zugeschrieben wird, ist die Redewendung viel älter.[99] In allen Sprachen gibt es Formulierungen, die Frauen degradieren, aber sie verschwinden normalerweise aus der Umgangssprache, wenn sie als veraltetes Frauenbild erkannt werden.

Ich erinnere mich deutlich an den Moment, als ich zum ersten Mal auf einen Spruch aufmerksam wurde, bei dem es um Gewalt gegen Frauen ging. Ich war vier oder fünf, es war ein schöner Sommertag. Die Brutalität der Worte inmitten des alltäglichen Geplauders erschütterte mich. Ich verstand nicht, wie man mit einem Satz wie »Wenn er dich nicht schlägt, dann liebt er dich nicht« eine bekanntermaßen fleißige und tatkräftige Russin abstempeln konnte, deren alkoholisierter Mann nur nach Hause kam, um zu wüten und seiner Frau mehr Geld für Schnaps abzuknöpfen. Der Spruch setzte einen Punkt: Er beendete das Gespräch wie eine alles erschöpfende Antwort auf ein Thema, das eine deutlich längere Überlegung erfordert hätte. Ich habe den Spruch danach unzählige Male gehört, und er stand stets am Ende eines Gesprächs, nie am Anfang. Das Gleiche gilt für Redewendungen über gebärende Frauen. Wenn jemand darüber entsetzt war, wie hoch die Sterblichkeit in der russischen Armee selbst zu einer Zeit war, die wir bei uns üblicherweise als Frieden bezeichnen, war die Erörterung des Themas rasch vorbei, weil der Spruch »Die Weiber werden noch mehr Soldaten gebären« offenbar alles Wichtige zusammenfasste. Ich erinnere mich nicht, im Finnischen oder Estnischen exakt denselben Redewendungen begegnet zu sein. Als ich zum ersten Mal die Redewendung hörte, die Liebe und Prügel vereint, dachte ich, dass Liebe bei uns zum Glück anders ist: Das verdeutlichte den Unterschied zwischen der estnischen und der russischen Kultur. Was hätte ich gedacht, wenn ich ein kleines russisches Mädchen gewesen wäre? Die Distanz zur Kultur des Besatzers und der Widerstand gegen die Russifizierung führt im Hinblick auf die Rechte von Frauen und sexuellen Minderheiten manchmal zu guten Ergebnissen. Obwohl es in der Ukraine gewiss noch Intoleranz gegenüber sexuellen Minderheiten gibt, haben sich die Einstellungen im Laufe der letzten Jahre schlagartig verändert. Je mehr Putins Russland Homosexuelle hasst und Europa als »Gayropa« beschimpft, desto warmherziger verhält man sich in den angrenzenden Ländern gegenüber sexuellen Minderheiten. Im Juni 2023 wurden in Estland gleichgeschlechtliche Ehen erlaubt.[100] Noch im Jahr 2006 hatte der niederländische Botschafter in Estland sein Amt wegen Homophobie niedergelegt.

Sprichwörter schaffen eine Wirklichkeit und verstärken Stereotype. Russlands Haltung gegenüber Frauen und Menschenleben werden von Generation zu Generation mit denselben Sprüchen belegt, und sie scheinen nicht zu altern. Jetzt als Erwachsene verstehe ich vielleicht besser, warum Redewendungen seinerzeit zum Beenden von Gesprächen gedient haben. Auch in Finnland haben Männer, die im Krieg waren, unter posttraumatischen Belastungsstörungen gelitten, sind Alkoholiker und gewalttätig geworden. Erst zu meinen Lebzeiten hat man begonnen, öffentlich über transgenerationale Kriegstraumata zu sprechen. Dessen ungeachtet hatten wir keine entsprechenden Redewendungen, und unsere Bevölkerungszahl ist vergleichsweise klein, sodass jedes Leben von Bedeutung ist. Zusätzlich zu denen, die im Krieg gefallen waren, verschwand die Elite der Männer in der Sowjetunion durch Säuberungen und Gefangenenlager. Es gab einen Frauenüberschuss. Sie mussten mit dem vorliebnehmen, was sie bekamen, und duldeten bei Männern ein Verhalten, das man in vielen anderen Ländern nicht akzeptieren würde. Es reichte, dass der Mann lebte. Die Männer werden immer weniger, und sie können sich benehmen, wie sie wollen, und dieser sich selbst nährende Kreis wiederholt sich von einer Generation zur nächsten. Auf dieselbe Weise, wie Russlands »Größe« alle gesellschaftlichen Missstände und Ungerechtigkeiten kompensiert, übertüncht die Kombination von »Liebe« und Gewalt einen Zustand, der ansonsten unerträglich wäre. Gleichzeitig liefert die Redewendung eine erschöpfende Antwort auf die Frage, weshalb eine Frau in solch einer Beziehung lebt.

Im Jahr 2016 rief Jana Sawtschuk aus der etwa 360 Kilometer von Moskau entfernten Stadt Orjol die Polizei und bat um Hilfe wegen ihres gewalttätigen Ex-Freundes, Andrej Botschkow. Die Polizistin Natalia Baschkatowa, die den Notruf entgegennahm, untersagte Sawtschuk, erneut anzurufen. Sawtschuk wunderte sich und fragte, was die Polizistin meine. Natalia Baschkatowa antwortete: »Wenn er Sie tötet, kommen wir ganz sicher, um Ihre Leiche zu untersuchen.«

45 Minuten später fiel Botschkow an einem öffentlichen Ort über seine Ex-Freundin her. Die Passanten griffen nicht ein. Sawtschuks Handy hatte den Notruf aufgezeichnet und auch, wie der Ex-Freund sie schlug.

Am nächsten Tag erlag Sawtschuk ihren Verletzungen.[101]

Das Leben einer Frau ist in Russland billig und geschlechtsspezifische Gewalt weit verbreitet. Gewalt gebiert Gewalt, und deshalb hängen die schwache Gleichberechtigungssituation und die Geschehnisse in der Ukraine miteinander zusammen, und aus Forschungsmaterial zu früheren Kriegsverbrechen weiß man, dass jene, die in Konfliktgebieten Vergewaltigungen begehen, höchstwahrscheinlich aus Regionen kommen, in denen Gewalt allgemein akzeptiert wird und Frauenhass stark ist. Das Gleiche gilt für sexuelle Minderheiten. Je schwächer ihre Rechte sind, desto schwächer sind auch die Rechte der Frauen, und je schwächer die Frauenrechte, desto eher wird Gewalt gegen sie akzeptiert.

Im Jahr 2017 wurde Gewalt in der Beziehung in Russland praktisch legalisiert, indem man die entsprechende Gesetzgebung lockerte. Die Kirche warb sichtbar für die Lockerung. Unter Priestern ist Gewalt gang und gäbe, zu Hause wie auf der Arbeit, weshalb die Motive der Kirche klar sind.[102] Patriarch Kyrill verkündete, dass die Kriminalisierung häuslicher Gewalt eine Erfindung der Ausländer und es Aufgabe des Gesetzes sei, die Russen vor ausländischen Einflüssen zu schützen.[103] Laut Jelena Misulina, Vorsitzende des Duma-Ausschusses für Familienangelegenheiten, sei es absurd, einen einfachen »Klaps« zu bestrafen.[104] Während man Opferhilfe-Vereinigungen als Vaterlandsverräter bzw. ausländische Agenten abstempelt, erzählt man dem Volk gleichzeitig, wer ein richtiger Patriot ist: ein Tyrann, der über Opfer von Gewalt spottet und seine Fäuste einsetzt.

Der Gesetzesänderung gingen Werbekampagnen voraus, die von dem zu Putins Umfeld gehörenden Oligarchen Konstantin Malofejew finanziert wurden.[105] Anhand von abgehörten Telefonaten und E-Mails weiß man, dass Malofejew gemeinsam mit dem Kreml destabilisierende Maßnahmen gegen Europa und die Ukraine organisierte. Die Ukraine eröffnete im Jahr 2014 ein Strafverfahren gegen Malofejew und warf ihm vor, er finanziere illegale militärische Gruppen in der Ostukraine. Malofejew hat ultranationale Konservative sowie populistische Bewegungen aus dem Westen finanziell unterstützt und internationale Versammlungen gegen sexuelle Minderheiten organisiert. Dieselbe Person hielt die Straffreiheit bei häuslicher Gewalt in Russland sowie die Destabilisierung der Ostukraine und die Aktivitäten westlicher Populisten für gleichermaßen interessante Investitionsziele.

Das Schlagen von Frauen ist trotzdem keine russische Tugend.

VORBILDER

Warum Russland Feministinnen zu Terroristinnen erklärte

Das russische Kaiserreich war der erste europäische Staat, der Beziehungsgewalt unter Strafe stellte. In einem Gesetz aus dem Jahr 1721 gab es zwei Gründe für eine Scheidung: Ehebruch und die Bedrohung des Lebens durch den Partner. Die Hälfte aller Scheidungsanträge gründete auf letzterem, und das wurde von der Kirche akzeptiert. Das russische Strafrecht aus dem Jahr 1845 stellte wiederum Partnermisshandlungen unter Strafe und erklärte diese für zwei Stufen schwerwiegender als Gewalt, die von anderen Menschen begangen wurde. Solch eine Akzentuierung könnte tatsächlich eine gute Grundlage für die Entwicklung der Gleichberechtigung schaffen. Russische Forscher haben die Geschichte ihres Landes als Beispiel genutzt, um die Stellung der »Gender Studies« in Russland zu festigen.[106] Deshalb machte man sie zu Feinden.

Auch die Erinnerung an den Großen Vaterländischen Krieg könnte einen Baustein für die Gleichberechtigung der Geschlechter bieten, denn in der Roten Armee dienten in den Kriegsjahren über 800 000 Frauen. Viele von ihnen kämpften an der Front, und vor allem die Pilotinnen der Sowjetunion waren berühmt. Doch nach den Kämpfen vergaß man sie. Es waren zu viele Männer gefallen, und in der inzwischen zahlenmäßig von Frauen dominierten Gesellschaft war die Maskulinität in der Krise. Laut David L. Hoffmann, Geschichtsprofessor an der Ohio State University, löste die offizielle Erinnerungspolitik der Sowjetunion das Problem, indem aktive Frauen aus der öffentlichen Bildsprache entfernt wurden. In Kriegsdenkmälern und -filmen werden extreme Maskulinität, physische Stärke und Muskelfülle betont, und die Soldaten sind fast ausschließlich Männer. Für die in Denkmälern abgebildeten Frauen sind die Rollen der wartenden Frau oder trauernden Mutter reserviert. Die massiven Mutter-Heimat-Statuen stehen wiederum allegorisch für das Land.

Die Sowjetgeschichte bietet viele Beispiele dafür, dass zu den Traditionen Russlands eine fortschrittliche Haltung gegenüber der Geschlechtergleichstellung gehört. Die Sowjetunion führte als dritter Staat der Welt das Wahlrecht für Frauen ein. Auch viele andere Rechte, wie das Recht auf Abtreibung, waren damals fortschrittlich. Die Frauen beteiligten sich zunächst stark am Aufbau des Sozialismus, und die 1919 geschaffene Schenotdel, der Frauenausschuss der Kommunistischen Partei, setzte sich dafür ein, dass Frauen sich außerhalb der Wohnung am Aufbau der Gesellschaft beteiligen konnten. Gerade dank des Einsatzes der Frauen gab es eine umfassende Kinderbetreuung, deren Fortschrittlichkeit von der späteren Misogynie der Sowjetunion begraben wurde.

Die Schenotdel wurde 1930 aus demselben Grund aufgelöst, aus dem die Aktivisten jetzt in den Untergrund getrieben wurden. Stalin hatte genug vom Erfolg der Frauen an der Gleichberechtigungsfront. Der Erhalt der Armee, die Umsetzung der Zwangskollektivierung und die Industrialisierung setzten ein Wachsen der Bevölkerung voraus. Der Übertritt der Frauen ins öffentliche Leben gefährdete die Geburtenrate.

Stalin »löste« das Problem der Frauenfrage letztendlich, indem er die Sowjetunion für gleichberechtigt erklärte. Dinge, die mit Familie und Beziehungsgewalt verbunden waren, wurden aus dem Strafrecht entfernt, sie waren überflüssig geworden. Verfechter der Frauenbewegung brauchte man vielleicht in kapitalistischen Ländern, nicht in der Sowjetunion.

Die Aufnahme der Gleichberechtigung ins Grundgesetz hat die Sowjetunion nicht zu einem gleichberechtigten Land gemacht, obwohl die Propaganda etwas anderes erzählte, und die sowjetische Version des Tokenismus[107] manifestierte sich auf Plakaten in Superfrauen, die zum Mond flogen, Traktor fuhren und Rekordmengen an Milch molken. Dieselben Frauen verstärkten den Mythos von der Außergewöhnlichkeit der Sowjetunion, denn Frauen arbeiteten in vielen Berufen, in denen im Westen keine Frauen zu sehen waren. Aber ein Beruf und Lohnarbeit reichen nicht aus, um die Gleichberechtigung voranzubringen, wenn man sich nach der Arbeit zusätzlich zu den Kindern um gebrechliche Verwandte und das unvermeidliche Gemüsebeet kümmern muss – ohne Küchengarten hätte die Familie Hunger gelitten, und keiner wollte seine Eltern in die Pflegeheime der Sowjetunion stecken. Kostenlose Bildung reicht nicht aus, um die Gleichberechtigung voranzubringen, wenn ein schwangeres Mädchen sein Studium abbrechen muss, wie es in der Sowjetunion üblich war. Frauen wurden beispielsweise durch die Wohnungsnot zum Gebären verpflichtet, indem nur kinderreiche Familien berücksichtigt wurden. In Ermangelung funktionierender Verhütungsmittel wurde Abtreibung zu einer inoffiziellen Verhütungsmethode. Wenn es jemandem gelang, den Westen zu besuchen, waren Kondome ein beliebtes Mitbringsel, ebenso Schnuller und Monatsbinden. In den 2020er-Jahren mag es schwer zu begreifen sein, wie stark sich die Verfügbarkeit von Verhütungsmitteln, Monatshygiene und Kinderbedarf auf die gesellschaftliche Teilhabe von Frauen auswirkt. Zu einer Zeit, als Feministinnen im Westen danach strebten, Frauen vom Herd loszureißen, damit sie arbeiten konnten, waren solche Fragen in der Sowjetunion unwichtig. Alle Frauen gingen bereits einer Arbeit nach und waren weder Hausmütter noch -frauen. Deshalb erschien die sowjetische Frau linken Feministinnen im Westen als gleichberechtigt. Dass Frauen Lohnarbeit haben, reicht dennoch nicht aus, um die Gleichberechtigung voranzubringen, wenn sie sonst durch nichts in der Gesellschaft unterstützt wird. Obwohl Frauen Zugang zur mittleren Führungsebene hatten, saßen im Politbüro, dem höchsten politischen Führungsgremium der UdSSR, während der gesamten Sowjetzeit nur vier Frauen. Im Zentralkomitee waren 3–4 Prozent Frauen. Zur Zeit der Perestroika gelang es, die Repräsentation von Frauen in der Kommunistischen Partei um ein Drittel zu erhöhen.

Die Perestroika war trotzdem keine Perestroika der Gleichberechtigung. Michail Gorbatschow, Generalsekretär des Zentralkomitees der Kommunistischen Partei, wurde im Westen gefeiert, doch seine Vorstellungen von der Rolle der Frauen waren überraschend rückständig. Auch er unterstützte sogenannte traditionelle Werte. Im Perestroika-Jahr 1987 sagte Gorbatschow: »Wir haben erkannt, dass viele unserer Probleme – im Verhalten vieler Kinder und Jugendlicher, in unserer Moral, der Kultur und der Produktion – zum Teil durch die Lockerung der familiären Bindungen und die Vernachlässigung der familiären Verantwortung verursacht werden. Dies ist ein paradoxes Ergebnis unseres ernsthaften und politisch gerechtfertigten Wunsches, die Frau dem Mann in allen Bereichen gleichzustellen. Mit der Perestroika haben wir angefangen, auch diesen Fehler zu überwinden. Aus diesem Grund führen wir jetzt in der Presse, in öffentlichen Organisationen, bei der Arbeit und zu Hause hitzige Debatten über die Frage, was zu tun ist, um den Frauen zu ermöglichen, zu ihrer eigentlichen weiblichen Lebensaufgabe zurückzukehren.«[108] In Russland und der Sowjetunion gab es nie einen Anführer, der aufrichtig die Gleichberechtigung vorangebracht hätte.

Bei seinem Amtsantritt bekam Putin ein Land zu regieren, dessen Bevölkerungsstruktur problematisch war.

Insbesondere waren die Lebenserwartung der Männer niedrig und die Geburtenrate im Keller.

Wie Stalin musste auch Putin die Kinderzahl nach oben bringen, weshalb Stalins Lehren gefragt waren. Russlands Großmachtstellung beruht auf einer umfangreichen Armee, und so eine kann es nicht ohne die nachfolgende Generation geben. Die Politikwissenschaftlerin Erica Chenoweth und die Friedensforscherin Zoe Marks haben den Aufstieg totalitärer Regime zusammen mit der Einschränkung der Frauenrechte als einander nährende Krankheiten bezeichnet.[109] Wenn eine männerdominierte Zentralmacht danach strebt, die Macht für sich zu bewahren, führt dies unweigerlich dazu, dass die Rechte der Frauen eingeschränkt werden. In einer autoritären Gesellschaft, die ihre Macht festigt, geht die Begrenzung der Rechte schrittweise vonstatten. Deshalb sollte bereits die Einschränkung eines einzigen Rechts als Alarmsignal wahrgenommen werden. Ausreichend breite Massenproteste können das Abrutschen der Demokratie in den Autoritarismus verhindern, aber die Proteste müssen rechtzeitig stattfinden. Im Hinblick auf Russland ist dieser Moment schon vor langer Zeit verstrichen. Der Moment wurde auf dem Bolotnaja-Platz begraben, auf dem die russische Opposition Anfang der 2010er-Jahre demonstrierte.

Russland ist ein klassisches Beispiel für einen patriarchal regierten, autoritären Staat, in dem die Frauenrechte auf vielfältige Weise begrenzt werden: indem das Recht der Frauen beschränkt wird, selbst über ihren Körper zu bestimmen; indem die Gesetzgebung bezüglich Sexual-

und Beziehungsgewalt gelockert wird; indem Frauen der Zugang zu politisch bedeutsamen Positionen verwehrt wird; indem die Teilhabe von Frauen am öffentlichen Leben eingeschränkt wird und indem traditionelle Geschlechterrollen und -hierarchien gestärkt werden und die Frau stets dem Mann untergeordnet ist. Zu dem erwähnten Schema gehört üblicherweise auch eine entsprechende Einschränkung der Rechte sexueller Minderheiten. Das Einengen des Handlungsspielraums von Frauen ist wichtig für Putins Russland, da die Beteiligung von Frauen an Bürgerbewegungen deren Erfolgsaussichten steigert und diese kreativer und widerstandsfähiger werden. Wenn wenigstens 25 Prozent Frauen dabei sind, wird eine Bürgerbewegung bereits zu einer Bedrohung für das herrschende System.[110] Die Bedeutung von Frauen wurde deutlich bei der ukrainischen »Revolution der Würde«, an der die Frauen aktiv beteiligt waren. Die Geschichten des Widerstands, der Frauen, der sexuellen Minderheiten und Dissidenten, könnten auch in Russland Heldengeschichten für ein großes Publikum werden, ganz wie entsprechende Geschichten im Westen. Das Herausheben solcher Inspiratoren würde Putins Silowiki-Regime jedoch in eine Rolle drängen, die es nicht will. Die Menschen könnten sich Alternativen zur aktuellen Regierung ausmalen, und derlei kann man nicht dulden. Deshalb müssen Feministinnen zu Extremistinnen erklärt werden, mit anderen Worten: zu Terroristinnen.

SIEGESZEICHEN

Warum russische Soldaten Frauenunterwäsche stehlen

In Russland gibt es ausgesprochen große Einkommensunterschiede, und viele russische Soldaten haben über die beleuchteten und asphaltierten Straßen in der Ukraine gestaunt und darüber, dass es in den Wohnungen der Ukrainer Innentoiletten und Notebooks gibt. Die Ukraine gehört zu den ärmsten Ländern Europas, doch aus Sicht der einfallenden Soldaten ist sie wohlhabend. So etwas weckt Hass und Neid. Genau diese Gefühle, Hass und Neid, sind schon zuvor der Brennstoff der Besatzungstruppen aus dem Land im Osten gewesen. Die sowjetischen Truppen, die ins Baltikum kamen, waren überwältigt von dem Lebensstandard, den sie dort vorfanden. Die ältere Generation erinnert sich noch immer daran, wie die Ehefrauen der Sowjetoffiziere die Unterkleider der Estinnen für Abendroben hielten, damit durch die Straßen schlenderten und dabei vor Stolz über ihren Sieg strotzten. Unter den gewöhnlichen Soldaten gab es Männer, die nicht mit Messer und Gabel umgehen konnten. Ein Teil war analphabetisch.

Im 21. Jahrhundert klingt der Gedanke an Kriegsbeute für westliche Ohren sehr seltsam, nach etwas, das der Vergangenheit angehört. In den letzten Jahren wurden im Westen zunehmend Kulturgegenstände und sterbliche Überreste in die Gebiete zurückgeführt, aus denen sie gestohlen wurden. In Russland ist die Richtung eine andere. Die Armee machte sich umgehend nach Beginn des Angriffs daran, geklaute Waschmaschinen sowie andere Haushaltsgeräte in die Heimat zu schicken. Die Soldaten, die nicht verstehen, weshalb sie im Krieg sind, mussten irgendwie motiviert werden. Die aus den Wohnungen ukrainischer Zivilisten erbeuteten Gegenstände wurden auf Lastwagen geladen und bei Internetauktionen in Belarus versteigert. In den Nachrichten sah man mit Beute beladene Panzer, und in den Rucksäcken toter russischer Soldaten fand man neben gestohlenem Schnaps und Computern auch Unterwäsche von ukrainischen Frauen.[111]

Neben schlichten Plünderungen waren die Wohnungen der Ukrainer auch Vandalismus seitens der Soldaten ausgesetzt. Sie beschmierten die Wohnungen mit Fäkalien und zerrissen Familienfotos. Meist gehörten die verwüsteten Wohnungen weniger wohlhabenden Menschen.

Nicht in allen Konfliktgebieten wird so vorgegangen. Auffassungen oder Kommentare, dass die russischen Handlungen in der Ukraine etwas seien, das in jedem Krieg geschieht, entlassen so Russland aus der Verantwortung. Nicht alle Mütter und Partnerinnen auf der Welt bitten die Soldaten an der Front darum, die Waschmaschinen der einheimischen Mütter nach Hause zu schicken.

Die Angehörigen der Soldaten ermutigen sie dazu, weil die vorherigen Generationen so vorgegangen sind und die ganze Gesellschaft auf Diebstahl basiert, sowohl auf individueller als auch auf staatlicher Ebene, und man für ein Verbrechen nur dann bestraft wird, wenn man nicht loyal ist gegenüber seinem Vorgesetzten, gegenüber Putin, den Menschen über einem in der Hierarchie. In so einer Welt ist es völlig normal, dass ein Soldat die Wohnung einer Ukrainerin betritt, ihren Kleiderschrank durchwühlt und seine Freundin anruft, um sie nach ihrer Körbchengröße zu fragen. Die Empfängerin des Geschenks weiß, dass die ursprüngliche Besitzerin des BHs Ukrainerin war, etwa gleich groß, vielleicht gleichaltrig, und trotzdem ist das Geschenk in ihren Augen ein Geschenk und kein Anzeichen für ein morbides Verhalten. Laut unzähligen Zeugenaussagen sind die Soldaten in die Wohnungen der Ukrainer eingedrungen, um nach Geld, Wertgegenständen und Schmuck zu suchen.[112]

Die Soldaten riefen zu Hause mit den Handys an, die sie den von ihnen getöteten Ukrainern abgenommen hatten.[113]

Dies mag seltsam erscheinen, aber es ist nicht so seltsam, wenn man weiß, dass die Jungen nur so handeln wie ihre Väter und Großväter, und die Frauen und Mütter so wie ihre Mütter und Großmütter. Als ich die Nachrichten von den Beutezügen der russischen Soldaten verfolgte, erinnerte ich mich an Bilder aus dem Jahr 2007, von dem Konflikt um den Bronzesoldaten in Estland. Bei den von Russland angezettelten Ausschreitungen plünderten die Putinisten Geschäfte und Kioske in Tallinn. Neben Schnaps und Schokoriegeln krallten sie sich so viele Tampons und Monatsbinden, wie sie nur tragen konnten, zweifellos Mitbringsel für ihre Freundinnen. Die Plünderer strahlten vor Freude, fast, als hätten sie einen Schatz gefunden.

Die neuen Bewohner Sowjet-Estlands schickten ihren Familien aus Estland säckeweise rosafarbene Baumwollslips. Für die Esten war das ein Zeichen, dass die Dinge andernorts in der Sowjetunion noch schlechter standen. Das amüsierte die Esten genauso wie damals das Zurschaustellen der Unterkleider. Dass die Rote Armee die Wohnungen der Menschen als Klo benutzten, war für sie weniger amüsant.

Die am Leben gebliebenen und heimkehrenden Soldaten Russlands erotisieren ihren Kriegszug immer und immer wieder, wenn sie ins Bett gehen mit ihren Ehefrauen und Freundinnen, die die Unterwäsche ukrainischer Frauen tragen, und holen sich von ihren Partnerinnen so die Absolution für ihre Kriegshandlungen.

Wenn das Plündern sich auf den Bereich des Intimlebens richtet oder auf Dinge, die keinen nennenswerten Geldwert haben, sind sie für den Plünderer reine Siegeszeichen, Trophäen: etwas, das man nur mitnimmt, weil man kann.

Die Plünderung von Wohnungen weniger wohlhabender Menschen, das Zerstören und das Hamstern privater Alltagsgegenstände als Beute ist nichts, was man nur wegen des wirtschaftlichen Nutzens tut. In diesem Sinne reicht als Erklärung für diese Plünderungen und Diebstähle nicht aus, dass die Befehlshaber sie akzeptieren und sogar dabei helfen, und auch nicht, dass die Soldaten für ihren schrecklich langen Einsatz entschädigt werden müssen. Es geht darum, die Feinde, also die Ukrainer, ihrer Würde zu berauben, was in Russland schon lange mit Feindbildern vorbereitet wurde, doch Feindbilder halten im richtigen Leben nicht der Realität stand, beispielsweise wenn ein Soldat einer Zivilistin begegnet, noch dazu einer einheimischen Oma, die dieselbe Sprache spricht, ihn vielleicht an seine eigene Großmutter erinnert, oder einem Kind, das ihn an sein eigenes Kind erinnert. Deshalb ist es nötig, die Demütigung des Feindes im Feld fortzusetzen und die Soldaten darauf zu konditionieren, dass sie die Ukrainer wie Tiere behandeln. Dabei hilft es, dass man die Wohnungen der Menschen in einen Saustall verwandelt und sich ihren Besitz aneignet. Massenmord und Töten fallen dann immer leichter.

Laut Dr. Denis Mukwege sind Grundrechte die Angelegenheit eines jeden, nicht nur die der Justiz. Er hat betont, dass es essenziell ist nachzufragen, wer die Befehle für Vergewaltigungen gibt, wer alles sie ermöglicht, und dass ein Mittel, die Situation zu verändern, darin besteht, die Scham von den Opfern auf die Täter zu übertragen: Es ist nicht nötig, die Identität schuldig gesprochener Täter geheim zu halten. Täter haben Familie, Verwandte, Arbeitgeber. Deren Missbilligung ist für den Täter eine Strafe.[114]

Wenn ich an die Partnerinnen der russischen Soldaten denke, die die Unterwäsche der Ukrainerinnen als Trophäen in ihr eigenes Unterwäschefach legen, bin ich mir nicht sicher, ob Mukweges Idee bei jedem russischen Soldaten funktioniert. Die öffentliche oder private Scham folgt dem Täter womöglich nicht in Putins Russland, weil die Taten zu Hause akzeptiert werden, und so gesehen hat die von außen auferlegte Scham keine Bedeutung für eine Familie, deren Mann möglicherweise in Abwesenheit für Kriegsverbrechen verurteilt wurde.

EINSCHÜCHTERUNG

Sexualisierte Gewalt, die keine Ländergrenzen kennt

Die 16-jährige Daria Fischun war sichtbar schwanger, als ein auf russischer Seite kämpfender Soldat aus Donezk sie während der russischen Okkupation der Region Cherson im Dorf Krasniwka vergewaltigte. Fischuns Angehörige verlangten Gerechtigkeit für Daria und machten einen Offizier der russischen Armee ausfindig. Der Offizier ließ Daria zu sich bringen, um sie zu dem Vorfall zu befragen. Die russische Armee nahm die Vergewaltigungsvorwürfe also ernst, und nachdem Daria eingetroffen war, forderte der Offizier sie auf, sich ausziehen. Daria weigerte sich. Der Offizier glaubte Daria, weil sie offenbar anders war als »die Frauen, die für Essen ficken«. Der Täter selbst wurde nicht gefasst. Die russische Armee behauptete später, der Soldat sei bei Kämpfen ums Leben gekommen.[115]

Nachdem die ukrainischen Truppen in Cherson angekommen waren, machte Fischun kein Geheimnis aus dem Vorfall und hatte die Gemeinschaft auf ihrer Seite. Doch nachdem sie der Presse von ihren Qualen erzählt hatte, wurde sie zum Ziel von Internethetze. Viele der

Kommentare stammten von russischen Frauen, und in ihnen drohte man Fischun mit neuen Vergewaltigungen. Außergewöhnlich ist die Sache deshalb, weil internationalen Untersuchungen zufolge der Großteil der weltweiten Internethetze von Männern ausgeht.

Obwohl sich gegen den Krieg zu äußern in Russland gefährlich ist, hat man noch nicht den Punkt erreicht, an dem gewöhnliche Russen gezwungen wären, Geflüchtete zu verspotten oder zu bedrohen. Die Menschen, die zu Hause auf ihren Sofas sitzen, sind keine Frontsoldaten, denen es kaum möglich ist, sich lebend zurückzuziehen. Deshalb stellen alle diese Reaktionen die Behauptung infrage, der Angriff auf die Ukraine sei ein Krieg Putins und nicht einer der »gewöhnlichen« Russen. Wenn man von den Telefonaten und den von ihnen ins Netz gestellten Fotos ausgeht, wirken Olga Bykowskaja und Tatjana Solowjowa wie ganz gewöhnliche Frauen, abgesehen von der Ermutigung zu Kriegsverbrechen. Wenn Russinnen einem Opfer damit drohen, dass ihre Soldaten das Opfer erneut vergewaltigen würden, wie in Daria Fischuns Fall, macht das diese Frauen nicht mitschuldig an einem Verbrechen? Wenn sie ihren Kindern und Enkeln gegenüber die Taten ihrer Söhne und Männer loben, übereinstimmend mit der offiziellen Propaganda, sind sie dann nicht mitschuldig? Sind sie nicht auch mitschuldig an zukünftigen Verbrechen, die die Armee desselben Landes begehen wird, wenn man nicht mit der Tradition der Straflosigkeit bricht? Unwissenheit ist keine Entschuldigung, und diese Frauen könnten sich nicht einmal darauf berufen:

Sie wissen, was ihre Angehörigen in der Ukraine tun, und sie verhalten sich so, wie sich eine »richtige Russin« ihrer Meinung nach zu verhalten hat. Sie vertreten die von Putins Regime geschaffene Welt und deren Frauenideal, so wie die Frauen, die 2014 in Donezk kamen und Iryna Dowhan traten. Nachdem sie Dowhan als Gefangene gehalten hatten, brachten Soldaten der prorussischen Marionettenregierung in Donezk sie zu einer Kreuzung, wickelten sie in eine ukrainische Flagge und zwangen sie dazu, ein Schild zu halten, auf dem sie »gestand«, Kinder zu töten, wie die Ukrainer es der russischen Propaganda zufolge angeblich tun. Die Passanten sahen zu und machten Fotos. Junge Frauen gaben Dowhan Ohrfeigen. Eine – zweifellos normale – Frau holte gemächlich Tomaten aus dem Kofferraum ihres Autos und zerdrückte sie in Dowhans Gesicht.

Vor der öffentlichen Schändung hatten die Soldaten Dowhan fünf Tage lang in einem Keller gefoltert und Andeutungen gemacht, dass sie Dowhans Tochter, deren Fotos sie auf Dowhans Tablet fanden, gruppenvergewaltigt hätten.[116] Niemand hat die Frau mit den Tomaten im Auto mit vorgehaltener Waffe gezwungen, einen misshandelten Menschen zu demütigen.

Das Beschuldigen von Opfern und das Unvermögen, sie zu respektieren, sind Bestandteil von Russlands Methoden der psychologischen Beeinflussung. Die Einstellung auf Staatsebene spiegelt sich im Verhalten der Menschen wider und stachelt dazu an, die Ukrainer so zu behandeln wie Iryna Dowhan auf der Donezker Kreuzung. Derzeit werden in der Ukraine und allen Unterstützerstaaten der Ukraine Opfer der russischen Kriegsverbrechen dazu ermutigt, von ihren Erfahrungen zu berichten. Doch der Gebrauch des Wortes »ermutigen« in der Öffentlichkeit reicht nicht aus, wenn das Opfer fürchten muss, dass seine Qualen über Jahrzehnte und Generationen hinweg Spott, Diffamierung, Verfälschung von Worten und Erfahrungen, Beschuldigungen sowie Hetze seitens der Schuldigen ausgesetzt wird.

Der Methode Russlands, die Opfer als die Schuldigen darzustellen, sollte man mit derselben Entschiedenheit begegnen wie Russlands Angriff. Sie sollte verurteilt werden, Internethetze eingeschlossen. Eine solche Verurteilung braucht Daria Fischun.

Die sexualisierte Gewalt der Konfliktgebiete beschränkt sich nicht auf diese Gebiete. Auf die Ukrainerinnen und Ukrainer und ihre Unterstützer richtet sich auch außerhalb der Ukraine geschlechtsspezifischer Internethass. Das Androhen von Vergewaltigung fällt unter die Rubrik der sexualisierten Gewalt, und die Tradition der Straflosigkeit ist ein Grund für die von Russland begangenen Kriegsverbrechen. Das Beschuldigen von Opfern ist Teil derselben Tradition. Die Technologiefirmen übernehmen keine Verantwortung. Der an den Verbrechen schuldige Staat übernimmt keine Verantwortung. Die Täter selbst übernehmen keine Verantwortung. In wessen Verantwortung liegt die Sicherheit der Opfer?

Im Jahr 2022 ratifizierte die Ukraine die Istanbul-Konvention bzw. das Übereinkommen des Europarats zur

Verhütung und Bekämpfung von Gewalt gegen Frauen und häuslicher Gewalt. Es garantiert den Opfern sexualisierter Gewalt Sicherheit durch die Wahrung ihrer Anonymität. Im Frühjahr 2022 wurde Sergej Tscherkassow, »illegaler« Spion des russischen Militärgeheimdienstes GRU, dabei erwischt, wie er sich als Praktikant Zugang zum Internationalen Strafgerichtshof in Den Haag verschaffen wollte. Vor seinem Auffliegen hatte er bereits seit Jahren im Schutz einer brasilianischen Scheinidentität gelebt.[117] Der an seiner Aufgabe gescheiterte Tscherkassow kann keine vertraulichen Informationen über Opfer nach Russland leaken. Doch ein geschickter Spion fliegt nicht auf. Das Vermögen, Opfer von Verbrechen während eines Gerichtsverfahrens zu schützen, gehört zur Durchsetzung des Grundrechts, doch dazu muss auch die Netzsicherheit der Opfer zählen.

Eine Untersuchung von Detektor Media aus Kyjiw analysierte im Herbst 2022 die Geschlechtsspezifität der sozialen Medien Russlands und der Ukraine. In den sozialen Medien, die der Agenda des Kremls folgen, waren Beschimpfungen von Ukrainerinnen als Huren, Androhungen von Vergewaltigung und Herabwürdigungen wegen ethnischer Zugehörigkeit besonders weit verbreitet. Obwohl der Wehrdienst für Frauen in der Ukraine freiwillig ist, stellt man ihn in Russland als Pflicht dar und behauptet, die Ukrainerinnen würden die Einberufungen umgehen, indem sie ins Ausland fliehen. So werden die geflüchteten Frauen als doppelgesichtige Feministinnen dargestellt, die nicht wirklich an die Gleichberechtigung glauben, sondern die ihren Männer das Kämpfen überlassen und sich selbst aus dem Staub machen. In den Narrativen wiederholen sich außerdem Behauptungen von der Freizügigkeit der Ukrainerinnen: Die faulen Flittchen wollen nur für Sexarbeit in die EU und um sich die europäischen Männer zu krallen. So erschafft man ein Bild, das die Frauen als Vorbilder untauglich macht. Dass die Flucht auf die von Russland zerbombten Häuser und Städte zurückgeht, geht aus den Texten im russischen Netz nicht hervor.

Die Einschüchterung und die Diffamierung zielen darauf ab, den Widerstand der Ukrainer zu brechen und Zeugen zukünftiger Kriegsverbrecherprozesse zum Schweigen zu bringen. Mit solch einem konstruierten Internet-Narrativ versucht man auch, einen Keil zwischen die in der Ukraine verbliebenen und die aus der Ukraine geflüchteten Frauen zu treiben, die Hilfsbereitschaft der Länder, die Geflüchtete aufnehmen, ins Wanken zu bringen, die Russen daran zu hindern, Mitgefühl für sie zu empfinden, die von den Russen ausgeübte Gewalt als normal darzustellen und die Bemühungen der Ukraine um Gleichberechtigung, einem wesentlichen Baustein der Demokratie, zu hintertreiben.[118]

Einschüchterung mit Vergewaltigungen betrifft nicht nur Frauen. Putinisten teilen persönliche Informationen und Kontaktdaten von ukrainischen Soldaten und deren Angehörigen in sozialen Medien und schicken den Soldaten Textnachrichten, in denen sie drohen, deren Mütter, Großmütter, Schwestern, Töchter und Partnerinnen zu vergewaltigen und zu töten.[119] Die BBC spürte die Personen hinter einigen Telegram-Konten auf, die persönliche Informationen von Ukrainern teilen. Die 41-jährige Olesja Orlenko beschreibt sich selbst als Historikerin und Journalistin und streitet ab, am Leaken ukrainischer Kontaktdaten beteiligt gewesen zu sein. Telegram hat kein Interesse daran, die Konten zu löschen, von denen aus sie geteilt worden waren.[120] Auch Orlenko trägt Verantwortung für die russischen Kriegsverbrechen. Sie ist ein richtiger Mensch, kein Bot. Niemand hat sie dazu gezwungen, sich an den Aktionen eines Hassaccounts zu beteiligen. Mitarbeiter und Führungskräfte von Medien, die in Verbindung mit dem Völkermord in Ruanda Hetze produziert hatten, wurden wegen Aufwiegelung zum Völkermord verurteilt. Die Frage ist, welchen Anteil die sozialen Medien an der Ermöglichung und Umsetzung des gegen die Ukrainer gerichteten Genozids haben. Hetze und Aufwiegelung zum Völkermord gibt es besonders auf Telegram, dessen Vorschriften lockerer sind als die der anderen großen Social-Media-Plattformen.

Im russischen Netz werden Beerdigungen von Ukrainern gefeiert und verhöhnt, und es werden Videos geteilt, wie Ukrainer Gräber von Angehörigen besuchen – unterlegt mit rassistischen und unmenschlichen Kommentaren.[121] Die Verhöhnung von Verstorbenen hat in Russland eine lange Tradition. Als am 23.8.2018, dem hundertsten Jahrestag der Unabhängigkeit Estlands, in Tallinn ein Denkmal für die Opfer des Kommunismus eingeweiht wurde, hatte Russland sich schon längst auf das Jubiläum des Nachbarn eingeschossen und die Lüge verbreitet, dass Estland im Begriff sei, ein Denkmal zu Ehren der Sowjetunion zu stürzen. In den russischen Fake News wurden Bilder von einer Baustelle gezeigt und dazu berichtet, dass dort zuvor ein Sowjetmonument gestanden habe.[122] Bei der Einweihungszeremonie des neuen Denkmals unterhielt ich mich mit dem Schriftsteller Ilmar Taska. Er hatte nie Blumen und Kerzen zu den Gräbern seiner Großväter bringen können, weil sie in Sibirien gestorben waren, wohin man sie deportiert hatte. Über den Ort ihrer sterblichen Überreste gibt es keinerlei Information. In den Lagern bedeutete Frühling, dass unter dem Schnee Leichen zum Vorschein kamen und dass die Flüsse voll von ihnen waren. Die Namen von Taskas Großvätern sind nun in die Gedenkwand eingraviert, und er hat endlich einen Ort, an den er seine Kinder bringen kann, um ihnen vom Schicksal seiner Familie zu erzählen.

Obwohl es an dem Ort tatsächlich niemals irgendein Sowjetmonument gegeben hatte, bezichtigten die russischen Propagandisten die Esten des Faschismus und der Russophobie. So wie Russland und sein Vorläufer »nichtrussisch« zum Synonym für das absolute Böse gemacht haben, ist das Beschuldigen von Opfern dasselbe wie das Beschimpfen von Opfern als Huren. Wenn die russische Armee weiblichen ukrainischen Kriegsgefangenen die Haare abrasierte[123], kann man nicht über den Kontext hinweggehen: Man wollte die weiblichen Kriegsgefangenen öffentlich demütigen und sie auf bildlicher Ebene mit jenen Frauen assoziieren, deren Köpfe nach dem Zweiten Weltkrieg geschoren wurden, weil sie Beziehungen zu Deutschen gehabt hatten.

KANONENFUTTER

Wie Russlands Elite den Krieg auf Abstand hält

Die estnische Likörmarke Vana Tallinn war in der ganzen Sowjetunion bekannt. In den Regalen normaler Geschäfte sah man ihn nur selten, aber in Moskau liebte man den Likör, und auch die Offiziere liebten ihn. Vana Tallinn rettete manch einem jungen Esten das Leben. Die estnischen Mütter, deren Söhne gerade den obligatorischen Wehrdienst in der Sowjetarmee ableisteten, setzten alle Hebel in Bewegung, um Vana Tallinn und andere estnische Delikatessen zu ergattern: Geschenke an die Offiziere stellten sicher, dass die Mütter ihre Söhne »heil und ganz« zurückbekamen. Die Sowjetarmee war für Esten schon wegen ihrer geringen Anzahl schwierig, und die Schikane überstand man besser, wenn man während des Wehrdiensts die Unterstützung von Angehörigen derselben ethnischen Gruppe hatte.

Die Schriftstellerin Swetlana Aleksijewitsch erzählt in ihrem Buch *Zinkjungen* von Soldaten auf dem Weg nach Afghanistan. Als ihnen aufgegangen war, wohin man sie schicken würde, »hatte sich einer in der Toilette erhängt, und zwei hatten sich die Pulsadern aufgeschnitten«.

Deshalb wurden die Soldaten bewacht und durften nicht allein unterwegs sein. In Afghanistan erwarteten sie Leichenhallen und »Plastiksäcke mit Leichen«.[124] Nicht allen Müttern gelang es, ihre Kinder zu retten. Nicht alle hatten ausreichend Beziehungen oder Geld, um ihre Söhne am Leben zu erhalten. Für Soldaten aus den baltischen Staaten war der Afghanistankrieg schwer: Als Bewohner okkupierter Länder wurden sie gezwungen, die sowjetische Besatzung in einem anderen Land zu unterstützen. Der Nachwuchs der Moskowiter und der Elite musste nie an solche Orte: Dorthin schickte man am liebsten Jungen aus ethnischen Minderheiten und ärmlichen Verhältnissen. Auch im Winterkrieg hatten die Finnen es mit einer Roten Armee zu tun, deren Anteil an Soldaten, die zu den ethnischen Minderheiten der Sowjetunion gehörten, besonders groß war. Die Sowjetarmee schützte ethnische Russen und schickte gerne Ukrainer auf die heißesten Schlachtfelder.

Schon bald nach Beginn des russischen Großangriffs auf die Ukraine stellte sich heraus, dass Jungen aus ethnischen Minderheiten und aus armen, entlegenen Regionen in den russischen Truppen erneut überrepräsentiert sind. So konnte Putins Regime die Kriegsstimmung auf Abstand und die Elite in der Hauptstadt ruhig halten. Das reduzierte zugleich das Risiko, dass Verwandtschafts- oder Freundschaftsbeziehungen der Soldaten ihre Kampfmoral beeinträchtigen würden.

Vor dem Februar 2022 glaubten viele nicht, dass Russland die Ukraine angreifen würde, weil jeder Russe irgendeinen Ukrainer kennt und jeder Ukrainer irgendeinen Russen. Elf Millionen Russen haben Verwandte in der Ukraine, jeder fünfte Einwohner der Ukraine hat Familie in Russland. Die Geschichte ist jedoch voller Beispiele, wie sich Nachbarn, die einander zum Abendessen besucht haben, am Ende gegenseitig umbringen, obwohl die Situation für Außenstehende stets unverständlich zu sein scheint. Verwandtschaftsbeziehungen reichen nicht aus, um Blutvergießen auszuschließen. Wenn man über die Opferzahlen der Sowjetunion im Zweiten Weltkrieg spricht, vergisst man oft, dass die tödlichsten Schlachten gerade in der Ukraine stattgefunden haben, wo in den Sowjettruppen selbstverständlich Ukrainer gegen Deutschland kämpften.[125]

Obwohl bei den Verlusten der russischen Armee die ethnischen Minderheiten besonders stark vertreten sind, könnten die Mütter aus diesen Gruppen keine »nationale Mütterfront« bilden, um Moskau zu beeinflussen, selbst wenn sie das wollten. Der Widerstand wird darüber hinaus abgeschwächt von der Entschädigung für Familien, die in der Ukraine ein Kind verlieren: Sieben Millionen Rubel sind in armen Regionen wie Dagestan ein immenser Haufen Geld. Psychologisch wird es dadurch leichter, sich an der Erzählung von Russlands Siegesstreben zu beteiligen, denn niemand möchte, dass sein Sohn umsonst stirbt, und je mehr Gefallene auf eine Region kommen, desto mehr wird der Krieg zum Krieg der eigenen Söhne. Dem Kreml nützt es, dass viele Vertreter von Minderheiten nicht wie die Ukrainer orthodoxe Christen sind, weil ein Soldat für Menschen, die er als Glaubensbrüder oder -schwestern identifiziert, Empathie empfinden könnte. In dem religiös vielfältigen Land hat die orthodoxe Kirche eine führende Stellung, aber zu den Hauptreligionen Russlands zählen auch der Islam, das Judentum und der Buddhismus. Allein 14–20 Millionen Menschen sind Muslime. Die Schamanen der Naturreligionen trommeln jetzt die Geister der Verstorbenen heran, um die Kampfhandlungen in der Ukraine zu unterstützen, und Anhänger dieser Glaubensrichtungen gibt es vorrangig in den ärmsten Regionen – genau dort, von wo mehr Kanonenfutter zur Front geschafft wird als von anderswo. Mit ihrer Unterstützung Putins erhoffen sich die Schamanen für ihren Glauben einen offiziellen Status, den dieser noch nicht hat.[126]

Noch weniger könnten die Mütter und Ehefrauen von Gefangenen eine »nationale Mütterfront« bilden. Für sie sind die Männer an der Front wirtschaftlich nützlicher als wenn sie im Gefängnis säßen. Im Sommer 2022 begann die von Jewgeni Prigoschin angeführte Wagner-Truppe, Kämpfer in russischen Gefängnissen zu rekrutieren. Ursprünglich wurde Wagner als eine unter der Führung des russischen Militärdienstes GRU agierende Privatarmee gegründet, für deren Taten Russland nicht direkt beschuldigt werden konnte, und im Laufe der Jahre ist sie zu einem internationalen Konglomerat angewachsen. Durch die Rekrutierung von Häftlingen verschwamm die Grenze zwischen der russischen Armee und Wagner, und sie wurde Teil der Schattenmobilisierung der Föderation.

Im April 2023 teilte der Sohn von Putins Pressesprecher Dmitri Peskow, Nikolai Peskow, überraschend mit, dass er in den Wagner-Truppen gekämpft habe.[127] Bis zu diesem Zeitpunkt hatten noch keine Kinder hochrangiger Beamten mitgeteilt, der Gruppe Wagner anzugehören, weshalb man die Mitteilung so deuten kann, dass sie die außerordentlich brutale Gewalt, die Wagner praktiziert, salonfähig machen sollte. Im Sommer 2023 gab Putin öffentlich zu, dass die Russische Föderation die Aktivitäten von Wagner finanzierte.

In den Gefängnissen hat Wagner besonders unter Mördern und Räubern nach passenden Männern gesucht. Als Köder diente der Sold, etwa 3000 Euro im Monat, und nach einem halben Jahr Wehrdienst die Begnadigung. Die Häftlinge waren auch an der versprochenen »ehrenhaften Bestattung« interessiert. Als Vaterlandsheld zu fallen kann eine attraktivere Alternative sein zum Tod als vergessener Häftling, zu dessen Bestattung niemand kommen würde. Da Prigoschin selbst ein ehemaliger Häftling war, ein »Zek«, hatten seine Worte Gewicht, als er sich persönlich in Gefängnissen auf Rekrutierungsreise begab. Angeschlossen haben sich u. a. ein wegen Kannibalismus verurteilter Häftling sowie Wladislaw Kanius, der zu 17 Jahren Haft verurteilt worden war, nachdem er 2020 seine Ex-Freundin Vera Pechtelewa ermordet hatte. Als die 23-jährige Pechtelewa aus der gewaltvollen Beziehung ausbrach, stach Kanius mehr als fünfzig Mal auf sie ein. Als der Mann sich Wagner anschloss, befürchtete Pechtelewas Mutter, dass er sich rächen würde, denn die Mutter war vor Gericht als Zeugin aufgetreten.[128] So spiegelt das Verhalten der Häftlinge in der Ukraine die schwächer werdende Gleichberechtigung Russlands wider: Wer soll sich noch trauen, vor Gericht auszusagen, wenn ein Mörder, der seine Ex-Freundin zu Tode gequält hat, innerhalb von ein paar Jahren begnadigt wird?

In russischen Gefängnissen sind Folter und Vergewaltigung weit verbreitet. Die Taten werden vom Personal stillschweigend akzeptiert, und die Wärter können selbst an diesen Taten beteiligt sein, entweder direkt oder indirekt.[129] Wenn Russland in den Gefängnissen Soldaten rekrutiert, werden so Männer verpflichtet, deren Know-how sich nicht auf die Fähigkeit beschränkt, im Zivilleben zu rauben, zu morden und zu vergewaltigen. Es sind Männer, für die Folter und Vergewaltigung über Jahre hinweg Alltag waren.

Wenn Sold und Begnadigung nicht genügen, um Häftlinge für den Krieg zu begeistern, steigert der Zugang zu Medikamenten zweifellos die Dienstwilligkeit. Dem ukrainischen Militärgeheimdienst zufolge rekrutierte Wagner HIV-positive und mit Hepatitis C infizierte Häftlinge. HIV ist in Russland und besonders in seinen Gefängnissen weit verbreitet, doch es gibt kaum Medikamente. Wer sich den Reihen Wagners anschloss, dem versprach man effektive antiretrovirale Medikamente, und jeder fünfte von Wagner verpflichtete Häftling leidet an dieser Krankheit. Eine Verweigerung des Dienstes kann zur Verweigerung von Medikamenten führen.[130] Soldaten mit übertragbaren Krankheiten dienen auch der Einschüchterung.

Jede Vergewaltigung kann für das Opfer eine Ansteckung bedeuten. Der Gebrauch von Krankheiten als Werkzeug des Terrors ist keine neue Erfindung: In der Sowjetunion kam es vor, dass man widerspenstige Dissidenten aus der Nervenheilanstalt auf die Tuberkulose-Abteilung verlegte, und die Verweigerung lebenswichtiger Medikamente war ein gängiges Mittel, um den Willen der in Krankenhäuser eingesperrten politischen Häftlinge zu brechen. Viele starben an Vorerkrankungen, weil sie sich weigerten, eine Reueerklärung zu verfassen, und bekamen deshalb keine sachgemäße Behandlung.

In Russlands Gefängnissen gibt es über 430 000 Häftlinge, oder zumindest gab es so viele vor den Rekrutierungen Wagners. Es sind mehr als in jedem anderen europäischen Land. Ein Viertel der Bewohner des Landes war oder ist entweder selbst inhaftiert, oder irgendein Familienmitglied hat hinter Gittern gesessen, und im Gefängnissystem arbeiten 400 000 Personen.[131] Laut dem Politologen Ivan Krastev gibt es in Russland mehr aktuelle oder ehemalige Häftlinge als Bürger, die über einen internationalen, für Auslandsreisen erforderlichen Pass verfügen.[132] Die Prisonisierung[133] wirkt sich auf die gesamte Gesellschaft aus, die Partnerinnen der Häftlinge nehmen die Gefängniskultur in ihr Leben auf, wodurch sie Teil der heimischen Sphäre wird, und die Situation ändert sich auch nicht nach der Entlassung des Mannes.[134] Somit formt die Gefängniskultur die Werte und Geschlechterrollen des Landes. Die hypermaskuline »Zek«-Kultur, also die Kultur der Strafgefangenen, zementiert Misogynie und Homophobie und überträgt das auf Macht und Gewalt fußende Wertgefüge der Gefängnisse auf den Rest der Gesellschaft; alles, was sich als feministisch interpretieren lässt, ist verachtenswert, etwas, das die angeblich von der Maskulinität repräsentierte Ehre und Würde infrage stellt. Der Code der Berufsverbrecher ist in der russischen Popkultur zu sehen und zu hören, im Fernsehen, in der Musik, in der Unterhaltung, in der Politik und sogar in den Reden des Präsidenten. Nach Einschätzung des Schriftstellers Michail Schischkin beeinflusst die Gefängnismoral die russische Gesellschaft so stark, dass man sie für ihr Fundament halten kann.[135]

Wagners Rekrutierungen von Strafgefangenen in den Gefängnissen wurden offiziell im April 2023 beendet. Dort rekrutiert jetzt die russische Armee.

DIE MACHT

Warum Putin kein Hemd trägt

Putins Fotos mit nacktem Oberkörper sorgten im Westen jahrelang für Erheiterung. Bedenkt man die Entwicklung Russlands, ist jedoch interessanter, was auf den Fotos eigentlich fehlt: Putins Familie. Keine Frau, keine Kinder, keine Freundinnen, keine Mütter von Kindern, und obwohl sich nicht alle russischen Machthaber mit nacktem Oberkörper zeigen, gilt das Gleiche auch für sie. Dass Putin ein Mann ist, hat der Kreml im Laufe seiner gesamten Karriere bewusst genutzt, um ihn mit dem hypermaskulinen Bild des Anführers zu einem Beispiel für einen russischen Patrioten zu machen. Gleichzeitig machte man ihn zu einem Symbol für die Macht Russlands.

Putins Hauptaufgabe besteht darin, die Macht der ergrauten Silowiki aufrechtzuerhalten, und dann ist es wichtig, dass niemand sich eine Frau am Hebel der Macht vorstellen kann. In einem altmodischen patriarchalen System würde die Übergabe der Macht an eine Frau gelingen, wenn die Frau die Tochter des Anführers wäre. Oder seine Witwe. Die Partnerinnen belarussischer Politiker übernahmen aus politischen Gründen die

Positionen ihrer inhaftierten Männer in der Opposition. Die Frau des inhaftierten Oppositionsführers Alexei Nawalny, Julija, spielt ebenfalls eine prominente Rolle, aber im Kreml werden solche Alternativen von vornherein unterbunden, indem man dafür sorgt, dass Frauen nicht einmal auf Fotos einen öffentlichen Platz an der Seite ihrer Männer bekommen.

Als die Machtposition der Sicherheitsdienste unter Jelzin ins Wanken geriet und ihre Zukunft unsicher war, war es bis zu den hemdlosen Fotos des Führers allerdings noch ein weiter Weg. Die KGB-Männer hatten nicht die Absicht, auf ihre Position zu verzichten, und die Konzentration der Macht auf die Sicherheitsorgane begann damit, dass sie ihren schlechten Ruf verbesserten. Man musste das Volk und die Elite glauben machen, dass keine andere Institution in der Lage wäre, das Land zu Stabilität und Wohlstand zu führen. Das negative Image des KGB durfte sich nicht noch weiter verschlechtern, weshalb der Zugang zu den von Jelzin geöffneten Archiven in kleinen Schritten eingeschränkt wurde. Da »Wirtschaft« nicht zur Ausbildung des Sicherheitssektors gehörte und der Einsatz von KGB-Männern in Aufgaben, die wirtschaftliches Know-how erfordern, für Unmut hätte sorgen können, machte man Juri Andropow, der den KGB am längsten leitete, zu einem Musterbeispiel für die Führungsqualitäten des KGB und behauptete, der FSB, also der Inlandsgeheimdienst Russlands, hätte seine patriotischen Werte von Andropow geerbt. In neuen Biografien erschuf man das Bild eines Intellektuellen mit einem tiefen Verständnis von Wirtschaft und dem wahren Erfinder der Perestroika. Nur Andropows früher Tod soll ihn daran gehindert haben, seinen Plan zu verwirklichen, die anderen hätten ihn verdorben.[136] Als Putin als Ministerpräsident zurückkehrte und die 1991 entfernte Gedenktafel an Andropows Wohnhaus in Moskau wieder anbringen ließ, wurde die Aktion in der Öffentlichkeit nicht erklärt, aber sie war ein Augenzwinkern an die eigenen Leute.

Die Sicherheitsdienste brauchten für ihr Land einen Führer, der die Konzentration der Macht auf sie begünstigen würde, und für die Präsidentschaftswahlen im Jahr 1999 holte man sich Hilfe bei den Spindoktoren des Kremls. Einer davon war Gleb Pawlowski, ein sowjetischer Dissident und mehrfacher Renegat, der nach dem Ende der Sowjetunion zu einem politischen Technologen wurde.[137] Pawlowski hatte sich seine Sporen schon bei der Manipulierung der öffentlichen Meinung verdient, als er dem in Ungnade gefallenen Boris Jelzin 1996 zur Präsidentschaft verhalf. Der als schwarzer Prinz und Magier des Kremls bezeichnete Pawlowski hatte eine aggressive Diffamierungskampagne gegen die anderen Kandidaten geführt und Jelzin sogar dazu gebracht, im Fernsehen zu tanzen. Das hatte auf den Kreml Eindruck gemacht.

Zusätzlich zur Imageverbesserung des KGB musste die Zentralmacht herausfinden, was für einen Mann sie als Präsidenten sehen wollte. Die Angelegenheit wurde mit unzähligen Befragungen geklärt, von denen eine die folgende Multiple-Choice-Frage enthielt: »Für welche Filmfigur würden Sie bei den nächsten Präsidentschaftswahlen stimmen?« Gleb Pawlowski interessierte sich besonders für den drittplatzierten Max Otto von Stierlitz[138]. Dieser war die Hauptfigur einer beliebten Buchreihe von Julian Semjonow, ein Agent, der in den Auslandsgeheimdienst Hitlerdeutschlands eingedrungen war – das sowjetische Pendant zu James Bond.

Die Popularität von Stierlitz ist Juri Andropow zu verdanken, der in den 1970er Jahren den KGB leitete und selbst ein Fan der Stierlitz-Bücher war. Andropow, der sich auf Mittel der Soft Power verstand, wollte den Ruf der Sicherheitsdienste verbessern und befand die Figur Stierlitz für die Aufgabe als geeignet. Unter Mitwirkung des KGB erreichte die Geschichte von Stierlitz die Bevölkerung Sowjetrusslands in Form einer Fernsehserie: Die erstmals 1973 ausgestrahlte, 12-teilige Serie *Siebzehn Augenblicke des Frühlings* wurde ein Hit.

Gleb Pawlowski gab dem zukünftigen Präsidenten eine Rolle, die auf den Vorlieben des Volks basierte: Er wollte einen Mann, der den Westen überlistete, durch Nazi-Symbole spazierte und vor patriotischen Gedanken strotzte, den die Frauen liebten und dem Jungen und Männer nacheiferten. Wladimir Putin, ein junger Geheimdienstagent, der in Deutschland gedient hatte, passte perfekt in die Rolle.

Als Pawlowski und seine Kumpane das Volk auf seinen neuen Anführer vorbereiteten, blitzte Putin in einer Fernsehdokumentation auf und mimte den als Nazi verkleideten Stierlitz, und vor den Wahlen sorgte Pawlowski dafür, dass der Schauspieler Wjatscheslaw Tichonow in seiner bekannten Jugendrolle als SS-Offizier Stierlitz auf die Titelseite der Zeitschrift Kommersant-Wlast kam. Auf dem Cover stand: »Präsident 2000: Porträt des zukünftigen Staatsoberhaupts«.[139]

Später, als der Schauspieler Daniel Craig 2006 zu James Bond geworden war, veröffentlichte der Kreml eifrig flotte Bilder seines Präsidenten zu Land, zu Wasser und in der Luft. Eine gewisse Ähnlichkeit haben die Männer, und verglichen mit den Lebens- und Gesundheitserwartungen eines russischen Mannes wirkte Putin auf den Bildern, als wäre er genauso unsterblich wie die populäre Figur Bond.

Obwohl eine Familie auf den Fotos des Anführers fehlt, wurde Putins öffentliche Rolle auf traditionelle Weise von einer Schar attraktiver junger Frauen eingerahmt. Pro-Putin'sche Frauenorganisationen backten Geburtstagstorten für ihren Anführer, spritzten sich anzüglich Schlagsahne in den Mund und drehten Bikini-Videos, in denen sie mal die Windschutzscheiben von Autos aus russischer Herstellung wuschen und mal versprachen, sich für Putin auszuziehen. Die finanzielle Unterstützung der Organisationen kam aus dem Kreml. Im Jahr 2010 veröffentlichten die Journalistik-Studentinnen der Lomonossow-Universität Moskau zu Ehren von Putins Geburtstag einen Kalender, der sie in Unterwäsche zeigte. In den Sprechblasen der Kalendermädchen wurden Grüße an den Anführer abgedruckt: »Sie haben die Waldbrände gelöscht, aber ich stehe noch immer in Flammen.«

Ein der Zentralmacht genehmer Kandidat hätte ohne Gleb Pawlowskis umfassende Wahlkampagne, in der er die kremlfreundliche Wählerschaft zusammenschweißte, trotzdem nicht gewonnen. Pawlowski hat das Projekt als »Revanche der Loser« bezeichnet: Zweck der Operation war es, die Verlierer des neuen Russlands zu stärken, etwa Lehrer, Forscher und das Personal der Armee – all jene, deren Leben zu Sowjetzeiten stabil gewesen war.[140] Gerade sie waren es, die als Fundament einer kremlfreundlichen Präsidialinstitution galten. Gerade sie, die sich zu Sowjetzeiten eine Sowjetidentität angeeignet hatten, der sie beim Zusammenbruch der Sowjetunion beraubt worden waren. Allein der KGB bestand aus 400 000 Mitarbeiterinnen und Mitarbeitern, als Gorbatschow Generalsekretär wurde, in den Truppen des Grenzschutzes waren es 200 000 und auch das Netzwerk der Spitzel war groß. Die Zahlen umfassen nur das KGB-Personal im eigenen Land.[141] Gerade die Erfahrung ihrer Demütigung in den 1990er-Jahren fassten Pawlowski und seine Gehilfen in Worte, die daraus eine große Geschichte über die chaotischen Jahre Russlands machten. Sie diente als Klebstoff der Wählerschaft.

Für viele Menschen bedeutete das Jahrzehnt etwas anderes. Die Öffnung der Grenzen bedeutete nie da gewesene Reisemöglichkeiten, die Abschaffung der Zensur bedeutete Meinungsfreiheit sowie das Erscheinen von Büchern, die man früher nicht hätte verlegen können.

Filme und als Raubkopien zirkulierende Videokassetten eröffneten den ehemaligen Sowjetbürgern eine völlig neue Welt. Viele wurden Privatunternehmer, gründeten einen Kiosk, einen Friseur- oder Schönheitssalon, und viele begeisterten sich für Politik. Gläubigen Menschen erleichterte der Zusammenbruch des atheistischen Staates die Ausübung ihres Glaubens. Für Studierende sind die Jahre des Studiums immer kostbar. Der KGB stufte westliche Rockmusik nicht länger als Hooliganismus ein. Homosexualität wurde entkriminalisiert, und es entstanden Schwulenbars. Alle, die in der Sowjetunion etwas hinreichend Unpolitisches studiert hätten, etwa Physik, durften ihrer wahren Berufung nachgehen, etwa im Bereich des Journalismus. Indem man die 1990er-Jahre zu einem einzigen Chaos erklärte, entwertete man die Erfahrung all dieser Menschen aus dem Jahrzehnt, und man erzählte ihnen, dass ihre Gefühle falsch gewesen waren. Laut der Politikwissenschaftlerin Jekaterina Schulmann ist die Befürwortung des Russisch-Ukrainischen Krieges in der Gruppe der über 60-Jährigen am höchsten. Gerade sie bildeten die von Pawlowski erwähnte »Revanche der Loser«, und der Kreml fasste ihre Erfahrungen aus den Neunzigern in Worte, als er sie zur »Smuta« erklärte, zur Zeit der Wirren. Ursprünglich bezeichnete der Begriff Russlands vorübergehenden Zerfall in der Zeit nach Iwan dem Schrecklichen zwischen Ende des 16. und Anfang des 17. Jahrhunderts. Rundfunk, Fernsehen und Presse wurden angewiesen, die Smuta mit den Neunzigerjahren zu verknüpfen, und der Kreml sorgte dafür, dass im Fernsehen zur Unterstützung des Narrativs historische »Dokumentarfilme« liefen, in denen die Smuta und die Neunzigerjahre gleichgesetzt wurden. In Talkshows dagegen wurde die Nostalgisierung dieser Zeit verurteilt, und man erzählte dem Volk, wie gefährlich es sei, Anarchie als Freiheit zu interpretieren. Allmählich verdrängte die als Wahlstrategie des Kremls entstandene Interpretation der Neunzigerjahre positive Geschichten über das Jahrzehnt. Alle Erfolge Putins wurden mit dem Albtraum der Neunzigerjahre verglichen, und je schrecklicher sich das Jahrzehnt anhörte, desto eindrucksvoller wirkte Putin als Erlöser.[142] Die Neunzigerjahre als bodenlose Hölle sind laut der Forscherin Gulnas Scharafutdinowa das zentrale Trauma, das dem Regime Putins in vielerlei Hinsicht dient. Es legitimiert Putins Macht und verschleiert die Verbrechen der Sowjetzeit, indem sie den stalinistischen Terror gegenüber den Neunzigerjahren an zweite Stelle setzt. Niemand starb damals an Hunger. Der Staat beging keinen Völkermord wie den Holodomor. Millionen Menschen wurden nicht länger in Lager gesperrt, und der Staat führte keine Massenhinrichtungen durch. Über Auseinandersetzungen zwischen Kriminellen konnte sogar in den Zeitungen geschrieben werden. Aber nichts davon hatte eine Bedeutung im Vergleich zum Abgrund der Neunzigerjahre, der zum Grundstein von Putins Regime wurde. Die Proportionalität zu anderen Tragödien der Vergangenheit wird nicht hinterfragt, obwohl er ein ebenso von Spindoktoren des Kremls etablierter Mythos ist wie der Große Vaterländische Krieg und mit exakt denselben Mitteln konstruiert wurde wie andere Mythen: durch Wiederholung, Schulunterricht und Medien. Die Gründe, die zum Zusammenbruch der Sowjetunion führten, hätte man durch Forschung und Wissenschaft aufarbeiten können. Anstelle der gefälschten Statistiken aus Sowjetzeiten hätte man reale Zahlen über die Vergangenheit der Föderation einbringen können. Aber es ging nicht darum, das Volk seine eigene Geschichte verstehen zu lassen, sondern es glauben zu machen, dass die Schwierigkeiten des Landes von äußeren Feinden herrührten, und nicht von inneren Problemen. Der KGB musste sich so geben, als hätte er keinerlei Schuld am Zerfall der Sowjetunion und den Problemen der Neunzigerjahre gehabt. Andropows Wiedergeburt als exzellenter Anführer bedeutete auch, dass seine Führungsideen hervorgeholt wurden. Eine der zentralen Figuren der Andropow-Kampagne war Oberst Oleg Chlobustow, Forscher und Dozent an der Akademie des FSB. In seiner 2004 gehaltenen Vorlesung *Andropow als Phänomen* zitierte Chlobustow Andropow: »Heute kommen die Sicherheitsbedrohungen der Sowjetunion von außerhalb. Von dort versucht der Klassenfeind, seine Aktivitäten auf unseren Boden auszuweiten, um ideologische Zerstörungsarbeit zu provozieren.«[143]

Die größte Kunst von Putins Regime hat immer darin bestanden, die Aufmerksamkeit von den eigenen Verbrechen oder denen seiner Vorgänger auf etwas anderes zu lenken, und das Aufbauschen der Neunzigerjahre zum größten Gespenst der russischen Geschichte ist ein gutes Beispiel dafür. Es gibt auch dem Volk geradezu das Recht, die Liberalen aus dem Westen zu hassen, denen man die Schuld dafür gibt, dass dieses Monstrum in Russland Fuß fassen konnte. Dieses Monstrum umfasst auch Feministinnen, Homo-Aktivisten sowie Menschenrechts- und Meinungsfreiheitsorganisationen. Das Gespenst der Neunzigerjahre wurde zu einem Einschüchterungsmittel, das zwei Alternativen bot: entweder das endlose Chaos der Finsternis oder Putin.

Neben dem Aufbau der Präsidentenrolle war Pawlowski beteiligt an der Entwicklung einer die Zentralmacht untermauernden Regierungsweise, bei der die äußeren Institutionen der Demokratie erhalten blieben, während gleichzeitig sichergestellt wurde, dass sie keine Gefahr für den Kreml darstellten. Neben dem als »gelenkte Demokratie« bezeichneten Vorgehen hielt man die Armee für schwach genug, dass ein Militärputsch nicht glücken würde. Das Prinzip des »gelenkten Nationalismus« wurde genutzt, indem man die verschiedenen Zweige des russischen Nationalismus in Beschlag nahm. Wenn die Unterdrückung von unabhängigen politischen Institutionen nicht glückte, versuchte man Schlüsselfiguren der Bewegungen für die Zwecke des Kremls einzuspannen. So gelang auch das Kuratieren der Medien und des öffentlichen Raums. Die Günstlinge des Kremls bekamen Sichtbarkeit in den Medien, die anderen nicht. Zeit im Fernsehen war fast ausschließlich für Männer reserviert, Frauen gab es in der Röhre nur wegen der Illusion der Vielstimmigkeit. Die Frauenfrage wurde demnach zu »gelenkter Gleichberechtigung« oder »gelenkten Frauenangelegenheiten«.

Der in den Jahren 2006–2011 als Berater von Putin aktive Pawlowski wurde später zu einem Kritiker Putins, aber er entdeckte auch die Gedankenwelt des ultranationalistischen Philosophen Aleksander Dugin und half dem Kreml dabei, dessen Ideen von einem Moskau-zentrischen Eurasien zu verbreiten. Pawlowski sah in Dugins Faschismus ein Mittel, um das politische Spektrum der Regierung zu erweitern, eine Art politische Technologie, um neue Unterstützer zu erreichen. Die Silowiki und die Armee begeisterten sich für Dugin und andere Eurasianisten, die den Referenzrahmen für das lieferten, wonach sich der KGB und die Streitkräfte gesehnt hatten: ein als Werkzeug geeignetes Weltbild, das ihre Existenz bis in die ferne Zukunft rechtfertigen würde. In dieser Welt führte die von Russland repräsentierte Zivilisation einen ewigen Krieg gegen den Westen. Die Sicherheitsorgane würden nie wieder überflüssig werden, wie es zu Jelzins Regierungszeit zu drohen schien, und das Einbringen des Wortes Zivilisation in das öffentliche Gespräch verstärkte den Mythos von Russlands ewiger Mission, während die Idee des Nationalstaats und der Ländergrenzen verscheucht wurde. Man darf jedoch nicht vergessen, dass man im Kreml schnell gelernt hatte, ein neues, mit der Marktwirtschaft einhergegangenes Werkzeug zu nutzen, nämlich Meinungsumfragen, und diesen zufolge hatten die Menschen überhaupt nichts gegen die ersten vorsichtigen Schritte der russischen Politik in Richtung eines konservativen Nationalismus.[144] Für Frauen, Minderheiten und die Gleichberechtigung ist es in der Tat bedauerlich, dass Dugin ein Misogyniker ist, der sich um die Zukunft des Patriarchats und die »Demaskulinisierung« Russlands sorgt. Das auf Pseudowissenschaft basierende Frauenbild des Philosophen gründet auf dem biologischen Essenzialismus[145].

Dugins Denkweise fügte sich mühelos in die russischen Machtstrukturen ein, denn aufgrund des Eisernen Vorhangs gelangte die zweite Welle der Frauenbewegung nicht in die Sowjetunion, und eine Diskussion über die soziale Konstruktion des Geschlechts blieb aus. Obwohl Forscherinnen in der Russischen Föderation dieselben Bücher lesen konnten, gelangten die Ideen nie in den Mainstream. Der Aufbau einer gleichberechtigten Gesellschaft stützt sich immer auf die Arbeit der vorangegangenen Generationen, und da die Ideen von der Vielfalt der Geschlechter und dem Spektrum der Sexualitäten an der Sowjetunion vorbeigingen, waren die Ausgangspunkte der Gender Studies in den Neunzigerjahren in Russland völlig andere als im Westen. Eine durch Lohnarbeit emanzipierte Sowjetfrau forderte nicht die patriarchalen Machtgefüge des Systems heraus, und der auf Biologie basierende Frauenbegriff vererbte sich von der Sowjetunion auf die Russische Föderation.

Naina Jelzina und Raissa Gorbatschowa waren im Russland der Neunzigerjahre Frauen, die eine sichtbare Rolle als Präsidentengattinnen spielten, und sie wurden im Westen zu Leitbildern des neuen Russlands, aber nicht so in ihrer Heimat. Nach Meinung des Volkes hatte eine Ehefrau zu Hause zu bleiben. Man verstand nicht, warum Raissa Gorbatschowa ihren Mann auf dessen Auslandsreisen begleitete. Die Partnerinnen der sowjetischen Anführer traten nicht an der Seite ihrer Männer auf, weshalb der ganze Gedanke neu war. Als man Juri Andropows Witwe bei dessen Beerdigung sah, waren viele überrascht. Man wusste nicht einmal, dass Andropow verheiratet war.

Die Gleichberechtigung kann man trotzdem nur voranbringen, indem man Frauen und geschlechtsspezifische Dinge sichtbarer macht und Strukturen der Ungleichberechtigung aufbricht. Genau das ist in der Ukraine passiert.

Das auf biologischem Essenzialismus begründete System Russlands würde einstürzen, wenn man es beispielsweise dadurch herausforderte, dass Frauen mehr als nur symbolische Macht hätten. Für die Ukraine ist Russland eine existenzielle Bedrohung, weil Russland die Ukraine von der Landkarte streichen will, doch für das Machtgefüge in Putins Russlands ist die Ukraine eine existenzielle Bedrohung, weil die Werte der Ukraine den Tokenismus bezüglich der Russinnen im Land sichtbar machen und die Legitimierung des russischen Imperialismus herausfordern.

Nach Putins Aufstieg zum Präsidenten nahm die Konzentration der Macht auf die Sicherheitsorgane schnell Fahrt auf, und innerhalb von zwanzig Jahren füllte sich der russische Regierungsapparat mit ehemaligen oder aktuellen Mitarbeitern der Sicherheitsorgane an. Der

Unterschied zur Sowjetunion ist bemerkenswert: Die Kommunistische Partei wollte, dass die Streitkräfte und Sicherheitsdienste der Partei untergeordnet bleiben, und deshalb stieg man aus der Armee oder dem KGB nur selten in Positionen mit politischer Macht auf, solch einen Hintergrund hatten nur fünf Prozent der Staatsregierung. Bis zur Mitte von Putins erster Amtszeit hatte sich das Verhältnis aus Sowjetzeiten umgekehrt. Bereits 32 Prozent der Mitarbeiter der Staatsregierung kamen aus den Reihen der Streitkräfte.[146]

Dem Sachbuchautor Mark Galeotti zufolge haben 24 Prozent der Schlüsselfiguren Russlands einen Geheimdiensthintergrund. In Positionen mit Verbindungen zu Sicherheits- und Auslandsangelegenheiten sind es 57 Prozent. Im Sicherheitskomitee der Föderation sind es 64 Prozent, in landsmännischen Aufgaben sogar 71 Prozent.[147] Neben Putin hatten gleich drei von Russlands Ministerpräsidenten einen KGB-Hintergrund: Michail Fradkow, Sergei Stepaschin, Jewgeni Primakow.

Das neue Russland erbte auch den Rest der Sowjetelite. Die Nomenklatura war ein von den Bolschewiki entwickeltes System zur Konzentration der Macht, und sie stellte 1,2 Prozent der Gesamtbevölkerung. Obwohl praktisch alle zur Kommunistischen Partei gehörten, besaßen nur etwa zehn Prozent des Volks ein Parteibuch. 60 Prozent der heutigen russischen Elite kommen aus Familien, die der Nomenklatura angehörten.[148]

Die alte Macht, der Staat und die Sicherheitsdienste verschmolzen allmählich miteinander und begannen zu bestimmen, was Patriotismus in Russland bedeutet. Deshalb sind die Sicherheitsdienste dafür verantwortlich, was für ein Modell der patriotisch verpflichtete Schulunterricht präsentiert, in welche Geschlechterrollen die Kinder erzogen werden. Sie liefern auch eine direkte Verbindung, wie sich die Frauenfeindlichkeit der Sowjetunion auf die Russische Föderation vererbt hat: Es war nie zu einem Machtwechsel gekommen.

Putins Hauptaufgabe besteht darin, Macht und Geld bei Männern mittleren Alters zu halten, denn Macht und Geld gehören in Russland diesen Männern. Dieses Putin-Kollektiv wird definiert durch einen KGB-Hintergrund, imperialistisches Denken und einen mafiösen Regierungsstil. Die Hervorhebung solcher Eigenschaften in der Regierung eines Staates hat noch nie Gleichberechtigung und Frauenrechte gefördert. Die Normalisierung und die Festigung von Frauenhass als Teil der nationalen Identität behindern die Machtbestrebungen der Frauen, der Opposition und der jüngeren Generationen. Misogynie dient in Russland der Unterstützung der Zentralmacht, und deshalb ist der Krieg in der Ukraine auch ein Krieg zwischen den Geschlechtern – und den Geschlechterrollen.

DIE REVOLUTION DER GLEICHBERECHTIGUNG

Das Gesicht der Politik könnte das einer Frau sein

Da das Silowiki-Regime sich vor nichts so sehr wie vor einem Umsturz fürchtet, ist Russland bestrebt, Volksaufstände auch anderswo auf der Welt zu ersticken, um den eigenen Bürgern zu zeigen, dass der Traum von einem Machtwechsel bloß in einem Blutbad enden werde wie in Syrien. Die Phobie des Kremls ist wohlbekannt. Weniger bekannt ist die Tatsache, dass die erfolgreiche ukrainische Revolution 2014 ebenso eine Revolution der Gleichberechtigung war und man sich im Kreml gleichermaßen vor deren Ergebnissen fürchtete. Gläserne Decken wurden durchbrochen, im Land gibt es Geschlechterquoten und in der Legislative so viele Frauen wie nie zuvor. Die einst als Wirtschaftsministerin tätige Oksana Markarowa ist die erste Botschafterin der Ukraine in den Vereinigten Staaten. Die stellvertretende Ministerpräsidentin für europäische Integration ist Olha Stefanyschyna, die stellvertretende Verteidigungsministerin war Hanna Maljar, und die aktuelle Wirtschaftsministerin Julija Swyrydenko ist auch erste stellvertretende

Ministerpräsidentin. Dies sind nur einige Beispiele für Frauen, die vor der Revolution eine unabhängige Laufbahn eingeschlagen hatten und danach in die Politik eingestiegen sind. Anders als in Russland ist ein aktivistischer Hintergrund für Politikerinnen und Politiker von Vorteil und die Zugehörigkeit zur alten, korrupten Elite ein Nachteil.

Die Ukraine ist nicht die einzige ehemalige Sowjetrepublik, in der die Macht mit revolutionärem Tempo weiblicher geworden ist. So war es auch in anderen europäischen Nachbarländern Russlands, obwohl dort die Ausgangslage in puncto Gleichberechtigung während der Neunzigerjahre dieselbe war wie in Russland. Und das Schlimmste: Ein beachtlicher Teil der an die Macht gekommenen Frauen sind jung. Viele von ihnen sind in der Landesgeschichte die jüngsten Trägerinnen ihres Amtes. Sie haben gezeigt, dass das Gesicht der politischen Entscheidungsgewalt das einer Frau sein kann.

Aus Sicht des Kremls ist diese Situation beunruhigend.

Ich möchte einige Namen aufzählen:

Kazimira Danutė Prunskienė, die erste Ministerpräsidentin Litauens, trat ihr Amt bereits 1990 an.

In Lettland wurde die erste Staatspräsidentin, Vaira Vīķe-Freiberga, im Jahr 1999 gewählt. Sie wurde 2003 erneut ins Amt gewählt.

In der Ukraine diente zweimal Julija Tymoschenko als erste Ministerpräsidentin des Landes, das erste Mal 2005 und das zweite Mal in den Jahren 2007–2010.

Zu Litauens erster Staatspräsidentin wurde 2009 Dalia

Grybauskaitė gewählt und auch sie wurde für eine zweite Amtszeit bestätigt.

Iveta Radičová wurde 2010 die erste Ministerpräsidentin der Slowakei und Atifete Jahjaga die erste Staatspräsidentin der Republik Kosovo.

Zur ersten Ministerpräsidentin Sloweniens stieg 2013 Alenka Bratušek auf, und 2014 bekam Lettland eine Ministerpräsidentin, Laimdota Straujuma.

Hanna Suchocka wurde 1992 Polens erste Ministerpräsidentin. Die 2011 durch den Sejm zur polnischen Parlamentspräsidentin ernannte Ewa Kopacz stieg 2014 in das Amt der Ministerpräsidentin auf. Auf Kopacz folgte Beata Maria Szydło in dem Amt.

Kersti Kaljulaid wurde 2016 Estlands erste Staatspräsidentin.

Ana Brnabić wurde 2017 Serbiens erste Ministerpräsidentin. Sie ist auch offen Vertreterin einer sexuellen Minderheit.

Viorica Dăncilă wurde 2018 die erste Ministerpräsidentin Rumäniens.

Salome Surabischwili wurde im selben Jahr Georgiens erste Ministerpräsidentin.

Maia Sandu trat 2020 ihr Amt als Staatspräsidentin der Republik Moldau an.

Zuzana Čaputová, die sich mit ihrem Engagement als Aktivistin hervorgetan hatte, wurde 2019 Staatspräsidentin der Slowakei.

Im Jahr 2020 begann Ingrida Šimonytė als Litauens Ministerpräsidentin.

Im Jahr 2021 bekam der Kosovo seine zweite Staatspräsidentin, Vjosa Osmani-Sadriu. Im selben Jahr bekam die Republik Moldau ihre dritte Ministerpräsidentin, Natalia Gavrilița, und Kaja Kallas wurde Estlands erste Ministerpräsidentin.

All dies ist in äußerst kurzer Zeit geschehen. In Finnland war die Entwicklung der Gleichberechtigung lange stabil, und dennoch bekamen wir unsere erste Staatspräsidentin erst im Jahr 2000, als Tarja Halonen ihr Amt antrat, und unsere erste Ministerpräsidentin im Jahr 2003, als Anneli Jäätteenmäki diese Aufgabe entgegennahm.

Die Bürger der von mir aufgelisteten Länder haben nun zahlreiche weibliche Vorbilder in der Politik: Frauen, die die Welt verändert und aktiv in der Gesellschaft mitgewirkt haben. Auch die belarussische Opposition und Protestbewegung gegen die Tyrannei hat ein weibliches Gesicht bekommen. In Russland gibt es keine solchen Heldinnen, die ins Bewusstsein des gesamten Volks getreten wären, weil zum Beispiel das Sprachrohr des russischen Außenministeriums, Marija Sacharowa, nicht zum Vorbild der Gleichberechtigung taugt. Im Sommer 2022 war sie auf ihrem Telegram-Kanal zu sehen, wie sie in Anspielung auf Fellatio an Erdbeeren leckte.

Das Engagement der ukrainischen Frauen während des Volksaufstands in den Jahren 2013–2014 führte dazu, dass die Frauen ein bedeutender Faktor in den Streitkräften der Ukraine wurden. Aus den Kämpfen im Donbass gibt es 26 239 Veteraninnen. Bereits zu Beginn des Kriegs im Donbass richteten die Kämpferinnen ihre

Aufmerksamkeit auf Missstände, die sich in der Armee zeigten: auf angemessene Aufgaben für Frauen, auf Besoldung und auf sexuelle Belästigung. Die den Beobachtungen folgende Kampagne »Unsichtbares Bataillon« führte zu unzähligen Korrekturmaßnahmen. Veteranka ist die erste Frauenorganisation der Ukraine, die Kriegserfahrungen gewidmet ist und der Tausende Veteraninnen, Rekrutinnen und freiwillig an der Landesverteidigung beteiligte Zivilistinnen angehören. Die Aufgabe der Bewegung besteht darin, die Rechte und gleichen Chancen weiblicher Wehrdienstleistender zu sichern. Die Beteiligung der Frauen an der Landesverteidigung hat auch den Glauben der Männer an die Gleichberechtigung und ihre Entwicklung vorangetrieben. Im Jahr 2002 gab es 5112 weibliche Offiziere und im Jahr 2018 wurde Ljudmyla Schuhalej die erste Generalin der Ukraine. Die 2014 in russische Kriegsgefangenschaft geratene Leutnantin Nadija Sawtschenko war die erste Kampfpilotin des Landes. Nach ihrer Befreiung wurde sie ins Parlament des Landes gewählt. Jana Sinkewytsch kommandierte ein freiwilliges Sanitätsbataillon, bis sie 2015 eine Fraktur der Wirbelsäule erlitt. Später wurde sie ins ukrainische Parlament gewählt. Tetyana Ostaschenko war 2021 die erste Frau der Ukraine, die zur Generalin einer Brigade befördert wurde. Im März 2023 dienten in den ukrainischen Streitkräften über 60 500 Frauen, und der Wehrdienst von Frauen hat die ukrainische Armee substanziell verändert. Die Streitkräfte des Landes haben die Chance, die gleichberechtigtste Armee der Welt zu werden, ein weltweites Vorbild.

Dies ist von Bedeutung für alle Frauen und Mädchen der Welt, da in den Armeen umso weniger sexuelle Belästigung auftritt, je mehr Frauen es darin gibt. Entsprechend tritt in Konfliktgebieten umso weniger sexuelle Gewalt auf, je größer die Zahl der Soldatinnen ist.

Frauen, die in den Streitkräften Finnlands dienen, das als Hochburg der Gleichberechtigung gilt, halten ihr Arbeitsumfeld für eines der gleichberechtigtsten des Landes. Doch erst im Jahr 2000 schloss die erste Frau in Finnland die Kadettenschule ab, und erst 2018 wurde Inka Niskanen zur ersten Oberstleutnantin befördert. Eine gläserne Decke gibt es bei uns angeblich nicht, aber weibliche Offiziere halten ihr Vorankommen auf der Karriereleiter für langsam.[149]

Die rasante Entwicklung der Gleichberechtigung in der Ukraine ist in der internationalen Nachrichtenflut untergegangen, und Bilder von Flüchtenden, bei denen es sich zumeist um Frauen und Kinder handelt, haben womöglich ein leicht verfälschtes Bild der Situation geschaffen. Ebenso werden vor allem Frauen in der Berichterstattung über russische Kriegsverbrechen als Opfer herausgestellt. In den ukrainischen Medien ist die Situation eine andere und die Aktivität der Frauen sichtbar. Wenn Staatspräsident Selenskyj und Verteidigungsminister Oleksij Resnikow das Volk ansprechen, sprechen sie es als Helden und Heldinnen an. Viele Ukrainerinnen sind nach dem Frühjahr 2022 geblieben, um Sorge für ihre Gemeinschaften zu tragen. Die bei dem Massaker von Butscha zusammen mit ihrer Familie ermordete Olga Sukhenko war beispielsweise Bürgermeisterin des Dorfs Motyschyn. Die Filmemacherin Alissa Kowalenko, die 2014 in Donezk zum Opfer sexueller Gewalt wurde, legte nach Beginn des russischen Großangriffs ihre Kamera nieder und ging als Freiwillige an die Front.

Obwohl die Phobie des Putin-Regimes vor Farbrevolutionen wohlbekannt ist, habe ich bislang keine einzige Nachricht oder Studie gesehen, die diese Angst auch auf eine andere westliche Revolution bezogen hätte: das auf sexuelle Gewalt bezogene Phänomen #MeToo, das die Frauen ermutigte und den Männern, die in ihrer Stellung als unumstößlich galten, das Zepter entriss. Im Jahr 2017 verfolgte man eifrig den Spießrutenlauf des amerikanischen Filmmoguls Harvey Weinstein, als eine Frau nach der anderen von seinen Verbrechen berichtete. In Russland erhob die öffentliche Diskussion Weinstein jedoch zum Helden, zu einer von Mädchen besessenen Sexmaschine, und Dmitri Peskow bezeichnete Weinsteins zahlreiche Opfer als Prostituierte, die mit ihrem Outing zig Millionen Dollar verdienen wollen.[150] Die #MeToo-Bewegung ist also nicht an Russland vorbeigegangen, nur servierte man dem großen Publikum in Russland ein verzerrtes Bild davon. Man hörte Frauen aus der Filmindustrie, doch in erster Linie äußerten sie entgegengesetzte Ansichten als im Westen. Die Schauspielerinnen verteidigten Weinstein und beschuldigten die Opfer. Miss Russland Ksenija Aleksandrowa konstatierte, dass es in Russland keine sexuelle Belästigung gebe, »dank Präsident Wladimir Putin«.[151] Im selben Jahr lobte Putin die russischen Prostituierten mit der Feststellung, dass sie die besten der Welt seien.[152] Diese Linie ist nicht neu. Bereits im Jahr 2006 lobte Putin die Taten des damaligen Staatspräsidenten Mosche Katzav gegenüber dem ehemaligen Ministerpräsidenten Israels, Ehud Olmert. Man beschuldigte Katzav der Belästigung und Vergewaltigung seiner weiblichen Angestellten. Laut Putin seien alle überrascht gewesen von Katzavs Manneskraft. »Zehn Frauen hat er vergewaltigt – das hätte ich ihm nicht zugetraut. Er hat uns alle überrascht. Wir beneiden ihn alle.«[153] Bei einer Pressekonferenz von Putin und Staatspräsident Emmanuel Macron Anfang 2022 zitierte Putin ein Lied, in dem Nekrophilie und Vergewaltigung gepriesen werden.[154] Wenige Monate später setzte seine Armee in der Ukraine genau diese Taten um.

Die Angst vor einer Revolution ist in Russland tief verwurzelt. Die weitreichenden Wirren der Französischen Revolution setzten sich im 19. Jahrhundert fort und brachten Russlands Oberschicht, Intellektuelle und Entscheidungsträger zum Nachdenken, wie sie die Ausbreitung solch einer Bewegung auf das Gebiet ihres Imperiums verhindern könnten. Um Veränderungen zu unterbinden, erfand man die Idee, dass Russland in seinem Wesen anders sei als die anderen Länder, weshalb die anderswo umgesetzten Neuerungen dort nicht gelingen könnten. Damit der Plan funktionierte, musste man das Volk davon überzeugen, dass Russisch-Sein dasselbe ist wie die Zugehörigkeit zu einem Imperium, nicht zu einem Nationalstaat. Das bewusst konstruierte Narrativ ist der seltsam vertraute Rahmen dafür, wie Russland heute seinen Krieg in der Ukraine rechtfertigt, und Putins Angst vor Revolutionen klingt ganz wie die Umsturzängste der Oberschicht im Kaiserreich, die darum bangte, ihre Macht zu verlieren.

Russlands Exzeptionalismus des 19. Jahrhunderts vererbte sich auf die Sowjetunion, die getragen wurde von der Idee ihrer Außergewöhnlichkeit und moralischen Überlegenheit gegenüber anderen Ländern. Die Russische Föderation erbte den Mythos, und als in den Neunzigerjahren ein Teil des Volkes auf die andere Seite des ehemaligen Eisernen Vorhangs reisen konnte, hatte der Schock von der Begegnung mit dem westlichen Konsum vielleicht weniger mit der Warenfülle zu tun als damit, dass gleichzeitig der Vorhang des sowjetischen Exzeptionalismus fiel. Der Glaube an die eigene Einzigartigkeit ist umso schwerer abzulegen, je fester er mit dem nationalen Narrativ verbunden ist, und im Fall Russlands ist der Mythos älter als die Sowjetunion. Die Ukraine will sich Russland nicht anschließen, weil die Ukrainer die Russen nicht für besser oder besonderer halten, und dergleichen ist unmöglich zu verstehen, wenn man den Mythos der Außergewöhnlichkeit internalisiert hat. Als die Liberalen von Präsident Jelzin in den Neunzigerjahren über Russlands Ausrichtung nachdachten, wollten sie für ihr Land eine Art »Sonderstellung« im Westen: Russland ist kein Staat unter anderen.

In Unterkategorien des Narrativs der Einzigartigkeit finden sich Mythen über die russische Seele und die oft wiederholte Phrase, dass man Russland nicht verstehen könne. Auch die Russen könnten anderswo nach Beispielen für gesellschaftliche Veränderungen suchen. Dies geschieht jedoch nicht, denn der Mythos der Einzigartigkeit ist tief im Alltagsdenken verwurzelt, sogar in der Opposition des Landes. Darum ist der Exzeptionalismus eines der größten Hindernisse für Russlands Entwicklung.

Obwohl der Mythos von Russlands Besonderheit zweihundert Jahre überlebt hat, ist er nicht ewig, und die Veränderungen, die anderswo stattgefunden haben, sind auch in Russland möglich. Doch in dem Land kann sich nichts verändern, solange sich die Bürger Russlands einbilden, sie seien grundsätzlich anders als andere Menschen, und solange sie nicht daran glauben, dass die anderswo stattfindenden Veränderungen auch in Russland möglich sind.

Frauenhass wurde in Russland geschürt, um sicherzustellen, dass der Wind der Gleichberechtigung nicht in das Land weht, und für den Fall, dass sich eine vereinzelte Draufgängerin anderswo ein Beispiel nimmt, muss die politische Aktivität von Frauen pathologisiert werden. Im Frühjahr 2014 zeigte der zur Gazprom Medienholding gehörende Sender NTW den Film *Furien des Maidans – Sex, Psychose und Politik*. Der Sender bezeichnete den Film als investigative Reportage. Darin ging es um Frauen, die an dem ukrainischen Volksaufstand beteiligt gewesen waren: um Politikerinnen, eine Journalistin, eine Ärztin und die litauische Staatspräsidentin Dalia Grybauskaitė sowie die Vize-Außenministerin der USA,

Victoria Nuland, die beide die »Revolution der Würde« unterstützt hatten. Für den zur besten Sendezeit ausgestrahlten Film hatte man sich die Expertise des auf Sexualstörungen spezialisierten Alexander Polejew eingeholt. Der Sexologe »analysierte« die Unterschiede zwischen dem »Extremismus« von Männern und dem von Frauen: Bei Männern resultiere er aus Überzeugungen und Ideen, bei Frauen aus irgendeiner sexuellen Pathologie. Der mit thrillerhafter Musik unterlegte Film war aus pornografischem Material zusammengeschnitten, und auch eine aus Sowjetzeiten bekannte Pseudokrankheit hatte man mit hineingezwängt: die schleichende Schizophrenie. Der Film zog den Schluss, dass der Volksaufstand auf die sexuelle Frustration der Ukrainerinnen zurückzuführen war, und er wurde mit Sätzen beworben, die unterstellten, dass die im Film vorgestellten Frauen es hart mögen und von Angst erregt würden. Da das »Schwulenpropaganda-Gesetz« in Russland zu einer Zunahme der Gewalt gegen sexuelle Minderheiten geführt hat und die Auswirkungen der Entkriminalisierung häuslicher Gewalt in die gleiche Richtung gingen, stellt sich die Frage, ob man den Film als Teil der Hetze betrachten kann, die zu den von Russland begangenen Sexualverbrechen in der Ukraine beigetragen hat.

Nach der Erstausstrahlung des Films wunderte sich die Menschenrechtsanwältin Antonina Vikhrest darüber, weshalb die Fernsehsendung, die im Internet immer neue Zuschauer erreichte, in den Westmedien keine Beachtung fand. Ihrer Meinung nach zeigte das Desinteresse, dass man außerhalb von Osteuropa nicht begreife, wie Homophobie, Misogynie und Nationalismus in Russland miteinander einhergehen.[155]

Die jungen Ministerpräsidentinnen Estlands und Finnlands, Kaja Kallas und Sanna Marin, waren überall auf der Welt eine Inspiration, außer in Russland, dessen Fernsehpropaganda sie mit arischen Nazis verglich, die Juden in Krematorien schicken.[156]

IV

CRASHKURS IN RUSSISCHEM KOLONIALISMUS

KRIMNESIE

Wie Russland sich Kolonien beschafft

Wie Russland sexuelle Gewalt als Waffe benutzt, wurde im Frühjahr 2022 zu einer internationalen Nachricht. Die militärische Nutzung sexueller Gewalt in der Ukraine gibt es jedoch schon seit dem Jahr 2014, als der Krieg im Donbass begann. Die aus Luhansk stammende Dichterin Ljuba Jakymtschuk hörte auf, an öffentlichen Orten ukrainisch zu sprechen, als die von Russland unterstützten Truppen das Gebiet eroberten, das zum als »Volksrepublik Luhansk« bekannten Marionettenstaat wurde. Die ukrainische Sprache entwickelte sich zu einem Signal, jeder ukrainisch Sprechende konnte für einen mutmaßlichen Unterstützer der Ukraine gehalten werden. Jakymtschuk befürchtete, dass man sie der Kollaboration mit dem Feind beschuldigen könnte, was zu einer Festnahme führen würde – und in einen Keller: »Ich kann mir vorstellen, was sie den Frauen unter solchen Umständen antun.«[157] Die Angst von Ljuba Jakymtschuk war nicht unbegründet.

Eine der Frauen, die der sexuellen Gewalt zum Opfer fielen, war eine 38-jährige Frau namens Mila. Soldaten der russischen Marionettenregierung des als Volksrepublik Donezk bezeichneten Gebiets verhafteten Mila im August 2014, unterstellten ihr, mit der ukrainischen Armee kollaboriert zu haben, und sperrten sie für 43 Tage in einen Keller in Donezk. Die Gewalt begann gleich in der ersten Nacht. Während der Verhöre drohten die Soldaten damit, Säure auf ihre Genitalien zu gießen, und traten sie in den Bauch mit den Worten, dass sie es nicht verdient habe, Kinder zu bekommen.[158]

Trotz Milas Erfahrungen betrachteten die ukrainischen Behörden und das Ausland die in der Ostukraine stattfindende Sexualgewalt als vereinzelte, opportunistische Taten. Erst nach den Schrecken von Butscha wurde die strategische Natur der Sexualgewalt offensichtlich. Erst jetzt hört man den Opfern der in der Ostukraine verübten Gewalt zu. Erst jetzt glaubt Iryna Dowhan, die 2014 gefoltert wurde, dass das Recht auch für sie gelten kann.[159]

Mila, Iryna und viele ihrer Schicksalsgenossinnen waren ein Grund, weshalb ich begann, meinen in der jüngeren ukrainischen Geschichte spielenden Roman *Hundepark* zu schreiben, der 2019 in Finnland veröffentlicht wurde. Ich hatte seit 2014 darauf gewartet, dass man ukrainische Literatur endlich auf Finnisch lesen könnte. Dass das weltweite Interesse für den Volksaufstand endlich Interesse für die ukrainische Literatur, Kunst und damit für die Geschehnisse der gesamten Region wecken würde.

Doch Osteuropa musste abermals feststellen, dass seine Erfahrungen trotz allem nicht interessant genug waren. Oder man hielt sie nicht für wichtig genug. Über

Mila und ihre Schicksalsgenossinnen sind keine Bücher erschienen. Sie wurden nicht zu Hauptfiguren von Filmen oder Fernsehserien, die von Ungerechtigkeit erzählten, obwohl in Luhansk und Donezk »das Metall heiß wird und die Menschen kalt«.[160]

Die Annexion der Krim verschwand im Westen sehr schnell aus den Schlagzeilen, ebenso der im gleichen Jahr ausgebrochene Krieg im Donbass. In der öffentlichen Debatte schien man die Krim für einen verlorenen Fall und irgendwie für einen »natürlichen« Teil Russlands zu halten. Rory Finnin, Professor für ukrainische Studien, hat die Situation in Anlehnung an den Begriff der »Amnesie« als »Krimnesie« bezeichnet.[161]

Die Geschichte der Krim wiederholt das Schema des russischen Kolonialismus, und deshalb sollte man sich damit vertraut machen. Es ist ein Musterbeispiel für Praktiken, die den von der Sowjetunion besetzten Ländern vertraut sind.

Das erste Mal landete der russische Adler auf der Krim, als Katharina die Große im Jahr 1783 das Khanat der Krim eroberte. Die Städte wurden umbenannt, und ihre Namen leiteten sich ab aus dem griechischen Wort für Stadt, Polis. Das tatarische Aqyar wurde zu Sewastopol, das tatarische Aqmescit zu Simferopol. Während wir die Nachrichten aus Mariupol und Melitopol lasen, lag die Antwort auf die russische Krim-Obsession die ganze Zeit offen vor uns: Das Gebiet repräsentiert für Russland eine Verbindung zum antiken Griechenland. Katharina die Große musste ihre Gebietsansprüche am Schwarzen

Meer rechtfertigen, und das antike Griechenland schuf eine Vorstellung von Ehrbarkeit, von der Wiederherstellung »alter Kulturbeziehungen«: Auf der Krim hatte es zur Zeit der Antike griechische Kolonien gegeben. Außerdem lieferte die »Pflicht«, die orthodoxen Brüder und Schwestern gegen die Muslime zu schützen, einen hervorragenden Vorwand, um sich in die Angelegenheiten der Türkei und der Schwarzmeerregion einzumischen, schließlich war Russland der einzig wahre Nachfolger des christlichen Byzanz. Wieso? Weil Iwan III. im Jahr 1472 die Nichte des letzten Kaisers von Byzanz geheiratet hatte. Die Logik klingt zweifelsohne genauso an den Haaren herbeigezogen wie Russlands Entnazifizierung der Ukraine, aber die durch Katharina die Große angestoßene Enttatarisierung des Gebiets stand für die gleiche Sache: die Sublimierung der Machtpolitik durch eine »Rettungsmission« Russlands.

Putin hat ein starkes Gespür für Symbolismus, weshalb es kein Wunder ist, dass er die Schaffung seiner neuen Weltordnung auf der Krim beginnen wollte. Gerade ihre Eroberung hatte Russland seinerzeit zur Weltmacht erhoben. Davor war das arme und abgeschiedene Russland ein zweitklassiges Kaiserreich gewesen. Die Häfen und Seestraßen der Krim und der Ostukraine veränderten die Situation.

Der Kopf hinter dem Griechenland-Projekt von Katharina der Großen war Fürst Grigori Potjomkin, Meister der Illusionen, der zum Gouverneur des als Neurussland bezeichneten Areals wurde. Um die Kaiserin davon zu überzeugen, dass die Kolonisation der Region besser lief, als es in Wirklichkeit der Fall war, soll er für einen Besuch Katharinas der Großen Kulissendörfer errichtet haben. Auf die gleiche Weise ersetzte Russland die Geschichte der Krim mit eigenen Bühnenbildern und begann mithilfe von Journalisten und Autoren ein Märchenbuch nach seinen Vorstellungen zu verfassen, in dem die ursprüngliche Bevölkerung weder Platz noch eine Rolle hatte. Ebenso setzte die Ära Katharinas der Großen auf der Halbinsel massive Fluchtwellen in Bewegung.

Der Krimkrieg (1853–1856) war der erste Krieg, den das Publikum zu Hause auf dem Sofa verfolgte, denn durch Telegramme hatte sich der Nachrichtenzyklus beschleunigt. Brandneue Erfindungen wie die Fotografie und die Entwicklung des Rotationsdrucks vergrößerten die Reichweite von Zeitungen, und die ersten Kriegskorrespondenten wurden gerade auf die Krim geschickt. Menschen, die noch nie vom Khanat der Krim gehört hatten, erfuhren erstmals durch die Zeitungen von der Region, und die Krim drang in ihr Bewusstsein als russisches Gebiet ein. So festigte die modernisierte Nachrichtenübermittlung den russischen Krim-Mythos. Obwohl der Krieg für das Kaiserreich kein Erfolg war, wurde die Belagerung Sewastopols zu einem Leidensmythos, den man mit der Legende von Stalingrad vergleichen kann. Leo Tolstois Sewastopoler Erzählungen katapultierten den Schriftsteller umgehend ins Rampenlicht, doch die Tataren mussten erneut flüchten.

Der inmitten des Kriegs zum Zaren aufgestiegene Alexander II. setzte die Russifizierung der Krim fort, indem er mit den Säuberungen unter den als Verräter gebrandmarkten Tataren begann. Die Säuberungen wurden von Stalin zu Ende gebracht, weil er befürchtete, dass die muslimischen Tataren der Türkei einen Grund liefern würden, sich in die Angelegenheiten der Sowjetunion einzumischen. Die Sternstunde der Enttatarisierung schlug im Jahr 1944, als Stalin die gesamte tatarische Bevölkerung der Krim nach Zentralasien deportieren ließ. Fast die Hälfte der Deportierten starb. Literatur und Unterricht auf Tatarisch wurden auf der Halbinsel verboten. Die Tataren wurden aus den sowjetischen Lexika entfernt – sie wurden zu Unmenschen. Die Tataren, die die Deportation und Vertreibung überlebt hatten, durften erst nach dem Zusammenbruch der Sowjetunion in ihre Heimat zurückkehren.

Die russische Okkupation 2014 bedeutete für die ursprüngliche Bevölkerung des Gebiets eine Rückkehr zur ethnischen Verfolgung. In der muslimischen Bevölkerung der Krim sind die Geschlechterrollen traditionell, weshalb Opfer sexueller Gewalt lieber schweigen, als über die Angelegenheit zu sprechen. Die russische Mobilisierung betraf im Jahr 2022 besonders ethnische Minderheiten. Dies bekamen auch die Krimtataren zu spüren, an die etwa neunzig Prozent der Einberufungsbescheide auf der Halbinsel gingen.[162]

Als Nikita Chruschtschow, Erster Sekretär der Kommunistischen Partei, die Krim 1953 besuchte, sah er mit eigenen Augen, dass die Deportationen die Halbinsel in Armut und Verfall gestürzt hatten. Das Wissen um

Ackerbau war aus der Region verschwunden, und die an die Stelle der Tataren getretenen russischen Siedler waren enttäuscht. Man klagte Chruschtschow, dass den Ankömmlingen etwas ganz anderes versprochen worden war. Die Abtretung der Krim war nicht Nikitas Geschenk an die Ukraine, wie man in Moskau behauptet, sondern eine Rettungsaktion, um die Region wiederzubeleben. Chruschtschow, der Landwirtschaftsreformen vorangetrieben hatte, um den Mangel an Nahrung zu beheben, erkannte, worum sich Putin nicht schert: Die Lebensfähigkeit der Krim hängt vollständig von der Landverbindung zur Ukraine ab, denn das Wasser für die Krim kommt aus der Ukraine.

Chruschtschows Mission führte auch zur Entwicklung des Tourismus. Mit ihren Sanatorien und Pionierlagern wurde die Krim zu einem Urlaubsziel ohnegleichen, und die Schreiberlinge der Sowjetunion dichteten weiter an ihrem Märchenbuch von diesem ethnisch gesäuberten Paradies.

Russland hat sich nicht öffentlich für das Schicksal der Tataren entschuldigt. Der Westen hat keine Wahrheitsfindungskommission vorgeschlagen und auch keine Lustration des Gebiets unterstützt. Forscher und Journalisten haben die Krim bisher nicht durch die Brille des Kolonialismus betrachtet, obwohl man im Westen exakt so die Geschichte aller anderen ehemaligen Imperien untersucht. Den Mythos vom »ewigen« Russisch-Sein des Gebiets lebte stärker weiter als die Geschichte der Tataren, und dies konnte geschehen, weil man nicht die Begriffe verwendete, die aus der Kolonisationsdebatte bekannt sind: Beispielsweise wurde die russische Bevölkerung des Gebiets nicht als Kolonisten bezeichneten. In Verbindung mit der Eroberung der Krim durch Katharina die Große spricht man über die Halbinsel immer noch so, als wäre das Gebiet unbewohnt gewesen und nicht das Khanat der Krim (1441–1783). Der russische Kolonialismus ist als Thema der Elefant im Raum. Er fehlt in der Kolonisationsdebatte sowie in der Kolonisationsforschung, und deshalb galten die Maßnahmen, die man von anderen ehemaligen Imperien im Zusammenhang mit den Ungerechtigkeiten der Vergangenheit erwartete, nicht für Russland.[163]

Die Methoden, mit denen Russland seine Kolonisation umsetzt, sind im Westen nicht bekannt, weil sie sich von der Eroberungspolitik anderer ehemaliger Kolonialreiche unterscheiden, die vom Seeweg aus vollzogen wurde. Das Prinzip des russischen Imperialismus ist ein anderes, es führt noch immer auf dem Landweg in nahe gelegene Regionen. Die Geschichte der Krim ist hierfür ein Musterbeispiel.

Obwohl es zur Kolonisation immer dazugehört, die Werte des Mutterlands und die Stellung seiner Sprache als Machtmittel hervorzuheben, versuchten die Briten nicht, die Bürgerinnen und Bürger ihrer fernen Kolonien zu Engländern zu machen. Der russische Kolonisationsprozess hingegen läuft immer noch ähnlich ab wie früher: Die ursprüngliche Bevölkerung unterliegt Umsiedlungen und Säuberungen, man ersetzt sie durch Russen, und die Verbliebenen werden assimiliert bzw. russifiziert. Die Mythologie des Eroberers verdrängt die eigene Geschichte und Kultur des Gebiets. Exakt so besetzte die Sowjetunion die baltischen Staaten. Russland nutzt die Kolonisten und ihre Nachfahren als Mittel seines Einflusses, auch nachdem das betroffene Gebiet unabhängig geworden ist oder an den Staat zurückgegeben wurde, zu dem es gehört.

Die westliche Krimnesie wurde dadurch erleichtert, dass die Stellung der ursprünglichen Bevölkerung in vielen westlichen Ländern mit Ungerechtigkeiten verbunden ist, deren Aufarbeitung unangenehm ist. Das Phänomen ist wegen der Samen nicht einmal in Finnland unbekannt. Da Kritik an der eigenen Kolonialgeschichte vom Kritiker einen Blick in den Spiegel verlangt, gibt es in den Gebieten ehemaliger Imperien stilles Verständnis für andere Kolonisatoren.

Die Unwilligkeit des Westens, sich kritisch mit der Situation der Krim auseinanderzusetzen, erklärt sich auch mit dem Eifer, mit Russland Handel zu treiben.

In Russland hat eine Generation nach der anderen nur das Märchenbuch über die Krim gelesen, dessen Inhalt im Land lebt und gedeiht, aber würden Putins Männer wirklich an die Wahrheit des Märchens glauben, hätten sie keinen Grund, Parolen zu erfinden wie »Die Krim gehört uns«. Dann würde man die Tataren weder als Terroristen abstempeln noch sie Unterdrückungsmaßnahmen aussetzen. Die Furcht vor dem Verlust der Krim zeigt sich in dem fortwährenden Bedürfnis, das russische Wesen der Krim zu beweisen.

Als die Ukraine 1991 erneut unabhängig wurde, unterstützten die Bürger der Krim dies. Sie wollten zur Ukraine gehören. Die auf qualitative Forschung spezialisierte Eleanor Knott war kurz vor dem ukrainischen Volksaufstand 2014 damit beschäftigt, Fragen der Identität und Nationalität der Krimbewohner zu untersuchen. Sie kam zu dem Ergebnis, dass sich das Interesse an einem Anschluss an Russland in Grenzen hielt, obwohl viele sich selbst als Russen definierten.[164]

Erklärtes Ziel der Ukraine ist eine vollständige Rückeroberung aller von Russland geplünderten Gebiete, inklusive der Krim. Im Westen wurde dieses Ziel als ein Verhandlungsmittel gedeutet: Friedensverhandlungen geht man am besten so an, dass man etwas in der Hinterhand hat. Die Krim ist für die Ukraine jedoch weit mehr als eine Grundsatzfrage oder Verhandlungsmasse. Die Krimnesie und die Gleichgültigkeit gegenüber dem lang anhaltenden Krieg in der Ostukraine ermöglichten die Militarisierung der von Russland beherrschten Gebiete. Die Halbinsel wurde zu einem Sprungbrett für Russlands Kriegshandlungen sowie für die Russifizierung der anderen besetzten Gebiete in der Ukraine.

Das Ersetzen der ursprünglichen Bevölkerung durch Russen ist seit Jahrhunderten Teil der Machtpolitik Russlands. Im Kreml weiß man, dass man exakt auf diese Weise neue Konflikte schürt, die fortdauern, auch nachdem die Waffen niedergelegt wurden. Umsiedlungen sind nicht unbekannt in der Geschichte anderer europäischer Großreiche. Beispielsweise spielten die zu Beginn des

17. Jahrhunderts realisierten Zwangsumsiedlungen von Ulster eine entscheidende Rolle bei der Kolonisation Irlands, als der Besitz der ursprünglichen Bevölkerung beschlagnahmt wurde und man Kolonisten aus England und Schottland heranschaffte. Den größten Teil der historischen Provinz Ulster kennt man heutzutage als Nordirland, dessen gewalttätige Unruhen auf Auseinandersetzungen zwischen Iren und britisch gesinnten Menschen zurückgehen. Zwangsumsiedlungen führen zu jahrhundertelangen Problemen, sind aber ein so altes Werkzeug, dass man im Westen nicht mehr glaubte, dass es für irgendwelche Anführer zeitgemäß wäre.

Die Besetzung der Krim war für Moskau auch deshalb ein so großer Erfolg, weil man sich im Westen in der Sicherheit gewogen hatte, dass in unserem Erdteil kein Krieg geführt wird. Es ist sehr schwierig, die feste Überzeugung eines Menschen zu ändern, selbst wenn die Fakten auf dem Silbertablett serviert werden. Nach Meinung des Westens endete der Zweite Weltkrieg mit der Niederlage Hitlerdeutschlands, und manche Historiker wiederholten immer wieder, dass es bei uns nach 1945 keinen Krieg gegeben habe – ohne die mit dem Zerfall Jugoslawiens einhergegangenen Kriege in den Neunzigerjahren zu berücksichtigen. Russland ist seit jeher geschickt im Gebrauch der Maskirowka, also der Methoden der Vernebelung und Täuschung, und zu seiner Militärdoktrin gehört bereits seit Jahren der fortwährende Krieg gegen den Westen. Nur hat der Westen nicht begriffen, dass er sich in einem Krieg mit Russland befindet, und auch die Annexion der Krim sah nicht so aus, wie man sich im Westen Krieg vorstellt. Vielleicht deshalb, weil man im Westen keine Vorstellung von der Okkupation der baltischen Staaten hatte oder überhaupt davon, wie Russland seine Eroberungen in die Wirklichkeit umsetzt.

Aus Sicht der baltischen Staaten endete der Zweite Weltkrieg erst in den Neunzigerjahren, als das sowjetische Militär Lettland, Litauen und Estland einige Jahre nach Wiederherstellung von deren Unabhängigkeit verließ. Wenn die Einschätzung, wann ein großer Krieg endet, davon abhängt, von welchem Land aus die Sache betrachtet wird, ist es vielleicht kein Wunder, dass der Westen nicht verstand, was auf der Krim geschah, und auch nicht, warum es sich nicht nur um einen lokalen Konflikt handelte. Minenräumungen an Orten, die von westeuropäischen Urlaubern besucht werden, gehörten nicht zum Erfahrungsschatz des Westens. In den baltischen Staaten gehörte die Räumung von Minen an der Küste zu den Dingen, die ich als Jugendliche miterlebt habe.

Beim Haus meiner estnischen Großmutter konnte man die Sowjetarmee überall sehen und hören, denn darüber war eine Übungsstrecke für Düsenjäger. Zu den Geräuschen meiner Kindheit gehörten die von den Düsenjägern aufgebrachten Hunde und die ständig am Himmel zu hörende Erinnerung an die militärische Präsenz des Besatzers. Die Präsenz der Besatzer war keine Nachricht im Fernseher oder etwas, das auf einem anderen Kontinent geschah. Es war keine vereinzelte Militärparade, sondern eine tägliche Erinnerung daran, dass der Zweite

Weltkrieg in Estland nicht geendet hatte. Er war Teil des Alltags. Die Menschenrechtlerin Oleksandra Matwijtschuk hat die Okkupation als eine Form von Krieg bezeichnet.[165]

Die baltischen Staaten hatten das Glück, dass sie später zum Ziel der Sowjetbesatzung wurden als die Ukraine und viele andere Sowjetrepubliken. Hätte die Besatzungsmacht länger angedauert, hätte die jahrzehntelang fortgesetzte Assimilation dazu geführt, dass die Nationalsprachen der baltischen Staaten und die Kultur der Länder in die Marginalität abgerutscht oder komplett verschwunden wären, und heute könnte man die baltischen Staaten im Westen für genauso russisch halten wie die Krim im Jahr 2014. Die damals auf Estland gerichtete Assimilation hätte ihr Ziel erreicht: Die Esten wären verdorrt und abgestorben wie eine befallene Pflanze. Wir hätten für alle anderen aufgehört zu existieren.

DEPORTATIONEN

Warum Russland Kinder aus der Ukraine verschleppt

Ende Februar 2023 wurde in Moskau eine Szene im Fernsehen übertragen, in der eine 15-jährige Ukrainerin einen Kommandeur der russischen Armee umarmte. Die Mutter des Mädchens war von russischen Granatsplittern getötet worden, doch vor den Kameras dankte das Mädchen dem Kommandeur dafür, dass man sie und Hunderte andere Kinder aus Mariupol »gerettet« habe. Den als »Juri Gagarin« bekannten Kommandeur nannte sie Onkel Juri.

Die Nummer war Teil eines Stadionkonzerts, das zu den Feierlichkeiten am »Tag des Verteidigers des Vaterlandes«, dem Jahrestag der russischen Streitkräfte, gehörte. Als man eine Gruppe ukrainischer Kinder auf die Bühne marschieren ließ, wurde im Hintergrund Bildmaterial aus der zerstörten Heimatstadt der Kinder gezeigt.[166]

Im März 2023 erließ der Internationale Strafgerichtshof einen Haftbefehl gegen Putin sowie Russlands Kinderbeauftragte Marija Lwowa-Belowa. Anlass waren die Verantwortung der genannten Personen für die Situation der Ukraine und die Deportationen ukrainischer Kinder.[167] Menschenrechtsorganisationen sammeln seit 2014 Informationen über die Deportationen von Ukrainern; diese haben sich nach dem Großangriff beschleunigt. Laut der ukrainischen Menschenrechtsorganisation ZMINA gibt es nun über zwei Millionen Ukrainer, die unrechtmäßig nach Russland gebracht wurden. Darunter über 60 000 Kinder.[168]

Deportationen sind nicht irgendeine Form von Umsiedlung. Sie sind ein altes Mittel des russischen Imperialismus, das noch immer in Gebrauch ist, weil Russland nie für seine früheren Zwangsumsiedlungen zur Verantwortung gezogen wurde. In der Sowjetunion waren sie nur ein Teilbereich der zentralistischen Staatspolitik, die darauf abzielte, ethnische Besonderheiten auszumerzen. Bereits während der Nürnberger Prozesse wurde Deportation als Verbrechen gegen die Menschlichkeit eingestuft.

Die Deportationen, die zur Sowjetzeit in der Ukraine stattgefunden haben, lassen sich in drei verschiedene Wellen der Entukrainisierung einteilen. Die erste setzte im Jahr 1925 ein, als es das Ziel war, den Widerstand gegen die Sowjetmacht zu ersticken. Die zweite folgte, als Stalin die Bauernklasse, die gegen die Kollektivierung der Ukraine protestierte, als solche zerschlagen wollte: In den Jahren 1930–1931 wurden über 63 000 Bauernfamilien deportiert. In den Jahren 1939–1941 fegten zahlreiche Deportationswellen über den Westen der Ukraine und Belarus hinweg: 1.250 000 Menschen wurden verschleppt, etwa 10–20 Prozent der Bevölkerung.

In Estland waren die Deportationen ein wesentliches Werkzeug bei der Festigung der Sowjetbesatzung. Als »Juni-Deportationen« bezeichnet man eine Operation vom 14. Juni 1941, bei der die sowjetischen Sicherheitsdienste Personen, die der unabhängigen Republik Estland gedient hatten, in Lager schafften. Sie wurden oft zusammen mit ihrer Familie weggebracht, und ein Großteil der Männer starb. Zur selben Zeit führte die Sowjetunion entsprechende Terror-Operationen in Litauen, Lettland, Moldau und Belarus durch.

Die zweite große Deportation fand in Estland zwischen dem 25. und 28.3.1949 statt. Im Zuge der als »März-Deportationen« bezeichneten Umsiedlung wurden 20 703 Personen deportiert. Die Hälfte der in Viehwaggons gezwängten Menschen waren Frauen, ein Drittel Kinder, der Rest Männer. Das jüngste Kind war ein drei Tage alter Säugling, die älteste Person eine 95-Jährige. Zur selben Zeit wurden entsprechende Operationen in Litauen und Lettland durchgeführt. Sie waren der Todesstoß für den bewaffneten Widerstand der Waldbrüder im Baltikum.

Die »Tage der Deportationen« sind noch immer bedeutende Gedenktage, an denen man in den baltischen Staaten Kerzen für die Opfer der Verfolgung anzündet, und sie werden als ein auf Völkermord abzielender Terrorakt eingestuft: In den Deportationen verdichtet sich der Grund, weshalb die im Hinblick auf die Größe dieser Länder äußerst beachtliche Unterstützung der Ukraine nicht hinterfragt wird. Alle wissen, dass, wenn man die

Säuberungen in der Ukraine nicht aufhält, sich die Säuberungen auch anderswo wiederholen werden.

Zur Sowjetzeit waren die Deportationen leicht vor der Außenwelt zu verbergen, da die Kommunikationswege unterbrochen waren. Obwohl man die Überlebenden nach Stalins Tod allmählich in ihre Heimat zurückkehren ließ, wurden sie erst nach dem Zusammenbruch der Sowjetunion rehabilitiert. Die Manipulation der Erinnerung an die Deportationen begann Russland Anfang des 21. Jahrhunderts in Form einer Desinformationskampagne, und in Finnland bezeichneten die Putinisten die Deportationen der Sowjetzeit als »Sommerausflüge«. Jetzt werden ukrainische Kinder deportiert, im Zuge von Maßnahmen, die Russland als Urlaubsreisen, Erholungslager und Evakuierungen darstellt. Da die Verheimlichung solcher Operationen in der modernen Welt unmöglich ist, versucht Russland sein Handeln diesmal gar nicht erst zu verbergen.

Das Ziel der Deportationen ist nicht, die Deportierten zu töten. Die Sowjetunion benötigte kostenlose Gefangenenarbeit, um ihre natürlichen Ressourcen verwerten zu können. Dessen ungeachtet waren die Lebensbedingungen in den Lagern und während der Vertreibung menschenunwürdig. Wie effizient ein ausgehungerter Gefangener Arbeit verrichtete, hatte keine Bedeutung, und auch nicht, ob der Gefangene seine vorgeschriebene Arbeitsnorm erfüllte. Das Ziel der Deportationen und der Lager war, zu bestrafen und das Aufleben einer nationalen Bewegung zu verhindern, indem Teile des Volks, denen aus Sicht der Besatzungsmacht nicht zu trauen war, abgesondert wurden. So veränderte man die Bevölkerungsstruktur des besetzten Gebiets dahingehend, dass sie dem neuen Herrscher dienlicher war.

Die momentan stattfindenden Deportationen unterscheiden sich von den früheren darin, dass die Deportierten in ganz Russland verteilt werden. Die Verbrechen werden auch außergewöhnlich vielseitig umgesetzt. Wenn die Sicherheitskameras ukrainischer Schulen enthüllen, dass maskierte Männer mit Waffen in Schulen nach Kindern suchen, oder Soldaten die Bewohner eines ukrainischen Waisenhauses in einen Bus nach Russland stecken, ist der Fall sonnenklar. Ein subtilerer Zug ist es, Kinder in russische Krankenhäuser zu bringen. In Krankenwagen wurden Kinder für eine Gesundheitsuntersuchung eingesammelt und über die Grenze geschafft. Die medizinische Versorgung setzt eine russische Staatsbürgerschaft voraus, und die ist innerhalb eines Tages zu bekommen. Manchmal wird es so interpretiert, dass Eltern aus den besetzten Gebieten ihre Kinder freiwillig in russische Ferienlager schicken. Laut dem Römischen Statut des Internationalen Strafgerichtshofs sind Zwangsmaßnahmen bei der Umsetzung von Deportationen in einem durchaus weiten Sinn zu verstehen: Psychologischer Druck und die Androhung von Gewalt reichen für die Definition von Zwang aus, dazu braucht es keine auf die Stirn gerichtete Waffe. Demselben Statut zufolge ist die Deportation von Kindern ein substanzieller Teilbereich bei der Umsetzung von Völkermord.

Manchmal gelingt es Eltern, den Aufenthaltsort ihrer Kinder nachzuverfolgen, zum Beispiel durch Hinweise in sozialen Medien, aber der einzige Weg, die Kinder zurückzubekommen, besteht darin, sie selbst aus Russland zu holen. Das Auffinden adoptierter Kinder ist besonders schwierig, weil die geheimen Prozesse beschleunigt ablaufen und die Identität der Kinder geändert wird.

Die in patriotische Umerziehungslager geschafften Kinder müssen die russische Nationalhymne singen und Kleider mit der russischen Trikolore tragen. Kinder wurden auch nach Tschetschenien geschafft, wo sie an einer militärischen Ausbildung teilnehmen müssen. Da Moskau ethnische Russen schützt, braucht es für die Front Vertreter anderer Volksgruppen, und die deportierten Jungen werden zu Soldaten erzogen, um als Kanonenfutter zu dienen, während es die Bestimmung der Mädchen ist, neues Kanonenfutter zu gebären. So ist es den Kindern ergangen, die unter der russischen Besatzung in der Ostukraine herangewachsen sind. Allein das Wissen, dass Ukrainer von den Besatzern als menschliche Schutzschilde benutzt werden, war zweifellos dazu gedacht, die Kampffähigkeit der Ukraine zu beeinflussen. Die Deportationen sind für Russland ein Erpressungsmittel und ein Trumpf bei Friedensverhandlungen und per se eine Abschreckung für alle Völker, die die Qualen der Deportationen durchlebt haben.

Zur Zeit der ersten Republik Estlands wurden in der Sowjetunion estnischsprachige Lehrbücher veröffentlicht, weil die Russland-Esten zu den ethnischen Minderheiten des Imperiums gehörten und Schulbücher in Minderheitensprachen erhältlich sein mussten. Mit ihrer Hilfe erzog man die Russland-Esten dazu, die Bürger des unabhängigen Estlands zu hassen, die in den Büchern als »Estlandfaschisten« bezeichnet wurden.[169] So schuf man aus Kindern eine Reserve für die Eroberung der Republik Estland. Nachdem Estland seine Unabhängigkeit verloren hatte, wurden Russland-Esten in führende Positionen in Sowjet-Estland gehoben. Sie sprachen beide Sprachen und hatten keine Sympathien für den »liquidierten Staat«. Auf die gleiche Weise zieht Russland jetzt deportierte ukrainische Kinder und Kinder aus den besetzten Gebieten zu einer Reserve heran, auf die sie in Zukunft entsprechend zurückgreifen können.

Die Deportationen sind Teil des Handbuchs zum Imperialismus und zur Kriegsführung Russlands, in dem die Umsiedlungspolitik eine zentrale Rolle spielt. Die völlige Zerstörung von Wohngebieten zwingt die Menschen zur Flucht und dient als Druckmittel gegen die Ukraine und das übrige Europa. Das Auslösen von Fluchtbewegungen gehört zu Putins Umsiedlungspolitik, die auch enge Verbündete Russlands angewendet haben, zum Beispiel der belarussische Präsident Alexander Lukaschenko im Jahr 2021. Er ließ mit staatlichen Flugzeugen massenhaft Menschen an die belarussische Grenze zu Polen und Litauen bringen, die aus allen möglichen Ländern gekommen waren, weil es fiktiven Reisebüros gelungen war, sie mit dem falschen Versprechen eines Zugangs zur EU anzulocken. Im Winter 2015–2016 führte Russland überraschend spärlich gekleidete und nicht auf die Kälte eingestellte Menschen an die nördliche Grenze zwischen Finnland und Russland. Obwohl hybride Geflüchtete ein neues Druckmittel gegen westliche Staaten darstellen, gehören Umsiedlungen in der Innenpolitik zum alten Werkzeugapparat. Putin flirtet auch damit, den Getreideexport der Ukraine einzuschränken und die Felder eines der weltweit größten Getreideexporteure zu zerstören. Die Ukraine ernährt Afrika. Hunger schafft Fluchtbewegungen. Fluchtbewegungen beunruhigen Europa.

In der Heimat schafft Putins Russland Verhältnisse, die zu Umsiedlungen im Sinne der Zentralmacht beitragen. Anders als die Sowjetunion schloss Russland nicht seine Grenzen für junge Männer, die vor der Mobilisierung flüchteten. Indem er sie gehen ließ, entledigte sich der Kreml Menschen, die Störfaktoren darstellen. Die Ausreisenden wurden als Landesverräter gebrandmarkt. Der Opposition hat man geradezu dabei geholfen, das Land schon früher zu verlassen. Damit unterstützt die Umsiedlungspolitik auf heimischem Rasen die Erschaffung eines *Homo putinicus*, genau wie Stalins Umsiedlungspolitik den *Homo sovieticus* erschuf, aber dafür braucht man heute nicht einmal ein teures Lagersystem. Es reicht, wenn man die Lebensumstände unerträglich macht, entweder seelisch oder physisch. In Russland verbleiben diejenigen, die nicht die Möglichkeiten haben, zu gehen und anderswo Arbeit zu finden, und natürlich die Loyalisten.

Die Sowjetunion und das nationalsozialistische Deutschland hatten beide das Ziel einer »reinen« Gesellschaft: Die

Nazis strebten nach einer »rassisch« reinen, die Kommunisten nach einer ideologisch reinen Welt. Beide Systeme strebten danach, die Menschengruppen zu liquidieren, die sie verschmutzten.

Auch der *Homo putinicus* zielt auf ein reines Russland ab: auf ein Land, das von allem gereinigt wird, das vonseiten des Kremls als faschistisch, nationalsozialistisch, unpatriotisch, krank, satanistisch, verrückt, extremistisch definiert wird. So sorgt Russland dafür, dass unsere moralische Verurteilung der russischen Taten den Putinisten egal ist: Der Westen wurde bereits als degeneriertes Drecknest abgestempelt.

BILDUNG

Das Schulwesen ist ein Vermächtnis des Tyrannen

Als die Generation meiner Mutter nach den großen Deportationen morgens zur Schule ging, blieb ein Teil der Stühle im Klassenzimmer leer. Nach Schulschluss kamen die Schülerinnen und Schüler auf dem Heimweg an den Häusern vorbei, aus denen die deportierten Familien weggeschafft worden waren. Am nächsten Tag wurde gemäß dem neuen Lehrplan wieder die »Freundschaft der sowjetischen Völker« unterrichtet. Aufsätze waren eine Art, den Kindern die Sprache des Kommunismus beizubringen, außerdem auch ideologisch korrekte Ausdrücke für die Besatzung, die leeren Stühle und die leeren Häuser, die später neue Bewohner bekamen. Da man im Bildungsministerium der Sowjetunion verstand, dass die Kinder noch zu jung waren, um alles zu verinnerlichen, unterrichtete man sie spielerisch in dem neuen System, und die Teilnahme der Teenager wurde dadurch garantiert, dass man ihnen Vergnügungen wie Tanz versprach. Eine tragende Rolle spielte auch das Pflichtfach Chorgesang: *Nõukogumaal on hea meil elada*, *Kolhoosinoorte laul* und *Julgesti, vennad, nüüd tööle*[170] waren Lieder, deren

Texte man auswendig lernen musste. Die Russifizierung des Schulunterrichts hatte unmittelbar nach der Besatzung begonnen, genauso wie später in den russisch besetzten Gebieten der Ukraine.

Estland verlor während des Zweiten Weltkriegs ein Viertel seiner Bevölkerung. Ein Teil von ihnen fiel an der Front, ein Teil verschwand, ein Teil wurde hingerichtet, ein Teil wurde deportiert, ein Teil floh. Die übrig gebliebenen Kinder erlernten eine Doppelidentität: In der Öffentlichkeit sprachen sie so, wie es ihnen in der Schule beigebracht wurde, und in vertraulicher Runde über das, was sich wirklich ereignet hatte. Auch in der Lehrerschaft war es zu einem Schwund gekommen. Diejenigen, die den neuen Lehrplan nicht befolgen konnten, kündigten, und andere wurden aus politischen Gründen entlassen. Der auf die Säuberungen unter den Lehrern folgende Arbeitskräftemangel wurde behoben, indem man politisch vertrauenswürdige Menschen ausbildete, Lehrer aus einem anderen Teil der Sowjetunion nach Sowjet-Estland schickte oder Menschen unterrichten ließ, die keine Lehrerausbildung hatten.[171] Ebenso wie einst im besetzten Estland säubert Russland heute die Lehrerschaft in der von ihm besetzten Ukraine. Lehrern, die nicht einwilligen, zum russischen Lehrplan überzugehen, droht Folter: An den Genitalien befestigte Elektroden und Scheinhinrichtungen in den Haftanstalten der Besatzer, Plastiktüten über dem Kopf.[172] So unverfänglich der Lehrerberuf auch wirken mag, für Russland ist die Russifizierung der Lehre immer ein wichtiger Teil der Assimilation und der

Vernichtung der nationalen Erinnerung gewesen. »Ich wusste, dass die Lehrer für die Russen eine wichtige Beute waren«, sagte mir eine befreundete ukrainische Lehrerin. »Wohl deshalb, weil Lehrer Wissen vermitteln und damit auch die Identität des Volks.«

In Sowjet-Estland unterrichteten manche Eltern ihre Kinder heimlich in der Geschichte ihres Landes aus alten, gut versteckten Schulbüchern. Aus dem Schulwesen dagegen verschwand die Geschichte Estlands. In der Ukraine können Kinder in den russisch besetzten Gebieten an einem auf den ukrainischen Lehrplan zugeschnittenen Fernunterricht teilnehmen, wenn die Eltern das wagen. Aus der Ferne wird auch Unterstützung für ukrainische Lehrer in den besetzten Gebieten angeboten. Eine in Wales lebende ukrainische Lehrerin postet Bewältigungsstrategien, zu denen die Methode des stillen Schreiens gehört. Wenn eine Situation für einen Lehrer unerträglich wird, geht der Lehrer auf die Toilette, den einzigen privaten Ort in der Schule, und schreit tonlos.

Das Schulwesen ist in Russland ein weiblich dominierter Bereich. Beinahe alle Kindergartenerzieher und Grundschullehrer sind Frauen. Von der gesamten Lehrerschaft sind über 87 Prozent Frauen. Wenn man berücksichtigt, wie wenig Väter zu Hause anzutreffen sind, kann man sagen, dass die Kinder in Russland komplett von Frauen erzogen werden. Und vom Staat. Obwohl der Staatspatriotismus eine Kreation von Männern ist, sind die Frauen die Hüter, Bewahrer, Stützpfeiler der staatlichen Memokratie, die Erhalter der Gesellschaft. Auch bei der Erschaffung eines Menschen wie des *Homo putinicus* nehmen Frauen eine Schlüsselposition ein. Putins Russland braucht Frauen, aber nur einer bestimmten Art.

Totalitäre Systeme sind gegenüber der Erziehung der Bevölkerung entweder so eingestellt, dass sie den Unterricht minimieren, oder so, als wäre Erziehung ein Werkzeug zur Homogenisierung des Volks: Man kann Generationen großziehen, die der Regierung positiv gegenüberstehen und deren Werte widerspiegeln. Wenn die Bildung auf die Vereinheitlichung des Volkes abzielt, bedroht eine demokratische Bewegung das Regime nicht einmal im Fall eines Volksaufstands, weil sich ein Großteil der Menschen nach dem bereits geglückten Umsturz für den einstigen Status quo entscheidet. Die Unterstützung eines zu hohen Bildungsniveaus hingegen führt zu rebellierenden Menschenmassen.[173] Somit ist die von Jahr zu Jahr zunehmende Investition in das militärisch-patriotische Bildungswesen in gewisser Weise ein Vermächtnis von Putins Regime, ebenso wie die erneuerte Verfassung der Föderation: Selbst wenn es im Kreml zu einem Machtwechsel käme, würden Gesetzesänderungen Zeit brauchen, ebenso Bildungsreformen. Wenn Putins Russland es schafft, einen ganzen Jahrgang von der Grundschule bis zum Ende des Gymnasiums gemäß seinem Lehrplan zu erziehen, steht es ganz gut um die Fortdauer des Regimes.

Nach dem Beginn des russischen Großangriffs auf die Ukraine zerbrachen sich viele den Kopf darüber, ob die Russen tatsächlich der Propaganda ihrer eigenen Regierung glaubten. Auf die gleiche Weise fragten sich die West-Menschen früher, wie viele Kommunisten es in der Sowjetunion wirklich gab. Die Antwort ist jedoch deutlich komplexer als eine bestimmte Prozentzahl. Die Propaganda beeinflusst die Wirklichkeit, die Identität und die Lebensentscheidungen, ob man will oder nicht. Man kann dies als geistigen Missbrauch und psychologische Zwangsmaßnahme bezeichnen. Den Folgen von Gehirnwäsche kann sich niemand entziehen. Jemand, der die Sowjetschule durchlaufen hatte, schilderte mir seine Schulzeit wie folgt: »Ich musste einfach aufhören zu denken. Sobald ich zu überlegen begann, was ich da eigentlich auswendig lernte, hielt mein Kopf es fast nicht mehr aus. Deshalb war es besser, nicht zu verstehen, es war besser, nicht zu denken.«

In einer totalitären oder autoritären Gesellschaft kann man der Propaganda nicht entkommen. Es ist eine Sprache, die man lernt und die man lernen muss. Obwohl der Informationsfluss im russischen Internet vor dem Großangriff ziemlich frei war, hatte das keinen Einfluss auf die Vorstellungen der Russen von der Ukraine. Die jüngere Generation nutzte als primäre Nachrichtenquelle das Internet, aber dem Lewada-Zentrum zufolge zeigten die frei formulierbaren Antworten auf Umfragen keine altersspezifischen Unterschiede.[174] Vertreter der jüngeren Generation schienen die staatliche Propaganda nicht infrage zu stellen, obwohl sie Zugang zu vielseitigen Nachrichten hatten. Womöglich haben auch sie aufgehört zu denken. Ohne kritisches Denken kann sich ein Mensch nicht einmal in seinem eigenen Kopf der Propaganda widersetzen.

Wenn die Suche nach Informationen gefährlich ist und das Hinterfragen herrschender Auffassungen zu Problemen führt, ermuntern nur die mutigsten Eltern ihre Kinder dazu, Fragen zu unpassenden Themen zu stellen. Da der Schulunterricht in Russland der Staatsräson folgt, sind solche Fragen eine Aufgabe für zu Hause. Wie auch zur Sowjetzeit, sagen manche Eltern zu Hause ihren Kindern die Wahrheit. Allerdings nicht alle. Manche wollen ihren Nachwuchs schützen oder wünschen ihren Kindern ein Leben, in dem sie sich außerhalb der eigenen vier Wände keine Lügen ausdenken müssen, und dann müssen die Eltern ihre Kinder belügen.

Ich traf kürzlich eine ukrainische Dichterin, die erzählte, dass sie gerade viel über die Geschichte der Ukraine lese. Hätte sie mehr über die Geschichte ihres Landes gewusst, sagte sie, wäre sie von dem Krieg nicht überrascht gewesen. Vor der Revolution im Jahr 2014 hatten russlandfreundliche Politiker ständig in die Forschungsfreiheit eingegriffen. Russifizierung bedeutet immer die Auslöschung der eigenen Geschichte des Landes, aber das passiert nicht im Handumdrehen. Es braucht Generationen und setzt jahrzehntelange unselbstständige Bildung und Medien voraus, die nicht oder nur zum Teil frei sind. In Sowjet-Estland blieb die gedankliche Verbindung zum unabhängigen Estland bestehen. Die Generation, die zur Zeit der Republik Estlands ins Ausland gereist war, erinnerte sich gut an die Zeit der Unabhängigkeit und erinnerte die nachfolgende Generation daran, dass Estland genauso ein Land war wie andere westliche Länder. Hätte die Sowjetbesatzung länger angedauert, wäre dieses Bindeglied schwächer geworden und letztlich verschwunden. Der Titel eines Buchs, das die Erfahrungen der Frauen Sowjet-Estlands versammelt, fasst das Wichtigste zusammen: *Wer sich erinnert, überlebt.*[175]

Die ständige Fütterung mit der ideologisch reinen russifizierten Geschichte schwächt die Chancen des Widerstands, denn der Methodologie der russischen Kriegsführung kann man sich nicht widersetzen, wenn man sie nicht kennt. Wenn man mit der Auffassung groß geworden ist, dass Russland immer seine Landsleute verteidigt, ist es schwer zu glauben, dass Russland der größte Feind der Russen ist. Die russischsprachigen Menschen in der Ukraine konnten nicht glauben, dass Russland sie bombardieren würde. Die in der Ukraine lebenden Putinisten glaubten nicht, dass Putin sie bombardieren würde. Die in die Lager der Sowjetunion geratenen Kommunisten waren sich sicher, dass Stalin einfach nicht wusste, was im Reich alles vor sich ging. Hätten sie die Geschichte und Methoden der Sicherheitsdienste besser gekannt, wären sie nicht so erschüttert gewesen. Die Sowjetunion zerstörte die vor der Besatzung lebendige und reiche Kultur der Estland-Russen. Die literarischen Werke von Estland-Russen wurden vernichtet oder in der nicht zugänglichen Bibliothek des KGB weggesperrt, und die estland-russischen Zeitungen wurden eingestellt.[176] Die russische Sprache schützte niemanden, weil die Estland-Russen in der unabhängigen Republik Estland gelebt hatten, sie waren also Faschisten und Bürgerliche, zu beseitigende Elemente. Darüber wurde im russischen Schulunterricht nicht gesprochen.

Die neue Generation erlernt jetzt in Russland die Regeln des totalitären Regimes. Ein Ehepaar in der russischen Stadt Krasnodar unterhielt sich im Café und äußerte dabei ukrainefreundliche Ansichten. Zufällig bekam jemand das Gespräch mit und informierte den Cafébesitzer darüber, der mit der Polizei Kontakt aufnahm. Nach der aufsehenerregenden Festnahme erhielten Olesja Owtschinnikowa und Alexej Owtschinnikow eine Geldstrafe. Semiel Wedel, ein ehemaliger Polizist, wurde im Frühjahr 2023 zu sieben Jahren Straflager verurteilt wegen eines privaten Telefongesprächs, in dem er die russischen Kriegshandlungen in der Ukraine kritisiert hatte.

Im April 2022 zeichnete die Sechstklässlerin Mascha Moskaljowa aus der Stadt Jefremow im russischen Tula während des Kunstunterrichts ein Bild, auf dem eine ukrainische Mutter und ihr Kind von Raketen beschossen werden. Auf die von ihr gemalte Flagge Russlands schrieb Mascha »Nein zum Krieg« und auf die Flagge der Ukraine »Ruhm der Ukraine«. Maschas Lehrerin Nina Worobjowa war entsetzt über die Zeichnung und eilte ins Büro der Rektorin. Die Rektorin Larissa Trofimowa rief die Polizei. Als die Polizei bei der Schule eintraf, rannte Mascha Moskaljowa nach Hause. Nachdem Mascha ihrem alleinerziehenden Vater Alexej erzählt hatte, was passiert war, machte dieser sich auf den Weg zur Schule, um die Angelegenheit zu klären. Die Rektorin rief erneut die Polizei. Kurz darauf beschuldigte man den Vater der Diskreditierung der Armee, weil er in den sozialen Medien geschrieben haben soll: »Russlands Armee. Vergewaltiger in unserer Mitte.« Noch am selben Tag wurde über ihn eine Geldstrafe verhängt. Vater und Tochter kamen frei, doch in den folgenden Tagen verhörte der FSB die Tochter und wies den Vater an, seine Tochter angemessen zu erziehen. Später führte man in der Wohnung der Familie offensichtlich eine Razzia durch und stahl die Ersparnisse der Familie. Mascha wurde in Obhut genommen. Während ich diese Zeilen schreibe, wird der Vater zu zwei Jahren Haft verurteilt, die Tochter entlässt man in die Obhut der Mutter. Der Fall ist nicht der einzige seiner Art.[177]

In Russland wurde die Aufklärung von Verbrechen aus der Sowjetzeit dadurch erschwert, dass es viele Opfer und noch mehr Täter gab, und oft wurden die Opfer zu Tätern, die Täter wiederum zu Opfern. Menschenrechtsverletzungen aus sowjetischer Zeit kommen in jeder russischen Familiengeschichte vor. Deshalb verschließen viele lieber die Augen davor.

Jetzt lässt Russland seine Bürger auf eine Weise partizipieren, die aus vielen ganz gewöhnlichen Menschen ebenso Beteiligte an Kriegsverbrechen macht, und die Mittel hierfür sind unendlich vielfältig, angefangen mit dem Unterricht und der Erstellung von Unterrichtsmaterialien. Die Deportierung der Ukrainer setzt einen enormen Logistikapparat voraus. Zusätzlich zu den Soldaten sind Beamte, Ärzte, Psychologen und Lehrer daran beteiligt. Auch wenn ein Busfahrer oder Pilot nicht unbedingt weiß, dass er entführte Kinder transportiert, kann man von anderen Berufen nicht dasselbe behaupten. Und die neuen Adoptiveltern der deportierten ukrainischen Kinder? Für manche scheint die Elternschaft wie ein Beruf zu sein, denn für jedes Kind bekommt man finanzielle Unterstützung.

Keiner zwingt russische Familien dazu, Kinder zu adoptieren. Es ist immer noch freiwillig und nicht zu vergleichen mit der Situation eines unter Zwang eingezogenen Soldaten. Keiner zwingt Ärzte oder Psychiater dazu, sich an dem Projekt zu beteiligen. Den neuen Pflegeeltern bietet man Kurse an. Man erzählt ihnen, dass die Kinder aus der Ukraine besonders herausfordernd und hinterlistig seien. Noch wird niemand gezwungen, solch eine Gehirnwäsche anzubieten. Es wird auch niemand gezwungen, Internethetze zu produzieren, die Privatadressen von Ukrainern im Netz zu teilen oder sich an den Aktionen entsprechender Kanäle in den sozialen Medien zu beteiligen, wie die der sich selbst als Historikerin bezeichnenden Olesya Orlenko. Das System lässt Frauen auf eine Weise partizipieren, die sie zu Ermöglichern von Kriegsverbrechen macht, und wenn man eine ganze Nation an einem Krieg partizipieren lässt, schafft man eine Situation, die aus der Vergangenheit bekannt ist.

EINE VERGANGENHEIT, DIE KEINE VERGANGENHEIT IST

Die Suche nach Wissen setzt Mut voraus

Anders als meine Großtante wurde ich nicht stumm. Doch obwohl ich bereits mit sechs Jahren Schriftstellerin werden wollte, hätte ich nie gedacht, dass ich ein von meiner Großtante inspiriertes Buch oder Schauspiel schreiben würde. Ich stellte mir nicht vor, über Estland zu schreiben, nicht über die Sowjetunion. In diesem Sinne hätte sich die Stummheit meiner Großtante auf mich vererben können. Ich hatte keine Sprache, mit der ich über etwas im Zusammenhang mit der Sowjetunion hätte schreiben können. Dessen war ich mir nicht einmal bewusst gewesen, bevor ich als Erwachsene zu den Tagebüchern aus meiner Kindheit zurückkehrte.

Mit dem Tagebuchführen hatte ich als Sechsjährige begonnen, als ich schreiben lernte, und ich hielt in den Tagebüchern genauestens fest, welche Bücher ich gelesen hatte, sowie die Minusgrade des Winters. Als ich in die erste Klasse kam, machte ich mir Notizen zu Hausaufgaben und Schulausflügen und fügte zwischen den Seiten Etiketten und allerlei Kärtchen ein. Mein Tagebuchstapel wurde schnell größer, und ich stellte mir vor, meinen Alltag über Jahrzehnte hinweg zu dokumentieren.

Erst als Erwachsene verstand ich, was an den Tagebüchern meiner Kindheit seltsam war. Ich hatte immer ein Tagebuch bei mir gehabt, wenn wir in die Sowjetunion aufgebrochen waren. Trotzdem fand ich in meinen Notizen nichts, das mit Estland zu tun hatte. Es konnte sein, dass ich noch am Abend vor der Reise etwas über das Packen geschrieben hatte. Die nächsten Einträge stammten von den Tagen, an denen wir nach Finnland zurückgekehrt waren. In den Tagebüchern meiner Kindheit fehlte die Hälfte meines Lebens.

Später verstand ich, dass meine Tagebücher dennoch ein wichtiges Quellenmaterial waren, nur nicht auf die Weise, wie ich es mir vorgestellt hatte. Anstelle von Einzelheiten boten sie die Möglichkeit, darüber nachzudenken, weshalb ich alles, was mit der Sowjetunion verbunden war, ausgelassen hatte.

Nie hatte mir jemand verboten, über die Sowjetunion zu schreiben. Kinder lernen in autoritären und totalitären Systemen trotzdem, worüber man am besten schweigen und wofür man Euphemismen verwenden sollte. Sie sind in der Lage, zwischen den Zeilen zu lesen, können verborgene Bedeutungen aber nicht unbedingt beim Namen nennen, geschweige denn darüber schreiben.

Paradoxerweise prägte ich mir am genauesten die Dinge ein, über ich nicht schrieb. Augen und Gedächtnis müssen wie eine Kamera funktionieren in einem Staat, in dem das Fotografieren nicht überall möglich ist. Die albanische Dichterin Albana Shala stellte fest, dass ein Mensch, der in einer Diktatur gelebt hat, Zeit braucht, bevor er lernt, nach Wissen zu suchen, und zwar deshalb, weil das Beschaffen von Wissen in einem totalitären System gefährlich ist. Es ist gefährlich, zu viel zu wissen. Ich verstand erst als Erwachsene, wie gut ich das verinnerlicht hatte. Die Welt ging nicht unter, auch wenn ich nach Wissen suchte. Sich in Archivmaterial und KGB-Dokumente als Erwachsene zu vertiefen, ist befreiend. Erst die Verbindung von Erinnerung und Wissen half mir, das totalitäre System zu verstehen und eine Sprache zu schaffen, mit der sich über diese Dinge schreiben lässt. Erst dies gab mir eine Stimme.

Erst durch das Erkennen und Versprachlichen von Erfahrungen wird es möglich, über sie zu sprechen. Ich hätte in meinen Tagebüchern Euphemismen verwenden können, die ich beherrschte. Schrieb ich doch Briefe in die Sowjetunion in dem vollen Bewusstsein, dass jeder Brief aus dem Westen vom KGB gelesen wurde, die Schilderung alltäglicher Dinge jedoch selbst in einem undemokratischen System ohne Umschreibungen gelingt. Beispielsweise wäre das Jäten des Gemüsebeets meiner Großmutter eine unpolitische Handlung gewesen, über die ich unmittelbar hätte schreiben können – wenn dadurch nicht herausgekommen wäre, dass ich mich in einer ländlichen Gegend aufgehalten hatte, zu der Ausländer keinen Zutritt hatten. Unbewusst verstand ich auch das, und schrieb nicht darüber. Niemand hatte mir befohlen, das zu tun. Trotzdem verstand ich, dass ich auf diese

Weise mich und meine Verwandten schützte. Ich traute dem Sowjetsystem nicht, nicht einmal, was meine Tagebücher anbetraf.

Denn man weiß ja nie.

Die Schriftstellerin Lea Ypi schreibt in ihrem Buch *Frei* darüber, wie sie von der wirklichen Geschichte ihrer Familie erst erfuhr, nachdem die albanische Diktatur zusammengebrochen war. Es war ein Schock. Ypi war zu einer vorbildlichen Bürgerin erzogen worden, die den von ihr als Onkel Enver bezeichneten Diktator Enver Hoxha liebte. Während ihre Eltern die Parolen des Kommunismus auswendig gelernt und immerzu wiederholt hatten, ohne selbst an sie zu glauben, hatte Ypi wirklich an sie geglaubt. »Die Wahrheit erfuhr ich, als sie mir nicht mehr gefährlich werden konnte, aber ich erfuhr sie auch in einem Alter, in dem ich mich fragen musste, warum meine Verwandten mich so lange belogen hatten. Vielleicht vertrauten sie mir nicht. Aber warum sollte ich in dem Fall ihnen vertrauen?«[178]

Der Grund, weshalb die Auseinandersetzung mit dem Gulag und der Vergangenheit in Russland unbeliebt geworden ist, hängt unter anderem damit zusammen, dass die Menschen Angst vor dem haben, was sie über ihre Verwandten erfahren könnten. Nicht alle wollen die Wahrheit wissen. Es gibt so viele, die an der Umsetzung der Verfolgung und Unterdrückung beteiligt waren, und oft wurden Opfer zu Unterdrückern und Unterdrücker zu Opfern. Die wegen des Schwulenpropaganda-Gesetzes aus Russland ausgereiste Journalistin Masha Gessen hat über ihre Großmütter geschrieben, gewöhnliche und nette Omas, deren Lebensentscheidungen in der Sowjetunion durch ihr Jüdischsein eingeschränkt waren. Erst als Erwachsene fand Gessen heraus, dass ihre Oma Esther eine Stelle beim NKWD angenommen hatte, dem Vorgänger des KGB. Wegen ihrer schwachen Sehfähigkeit, die bei einer Gesundheitsuntersuchung zutage getreten war, wurde Esther jedoch nicht eingesetzt. Die andere Oma, Rusja, hatte als Zensorin bei der Glawlit, der Hauptverwaltung der Angelegenheiten der Literatur und des Verlagswesens der Sowjetunion, gearbeitet. Die junge studierte Historikerin ist keine Lehrerin geworden, weil sie die Kinder nicht anlügen konnte. Die Arbeit als Zensorin war das geringere Übel.[179]

Auch in meiner Familie gab es einen Menschen, der aktiv mit den Deportationen befasst war. Als Erwachsene schuf ich nach seinem Vorbild eine Figur in einem meiner Bücher, und offenbar habe ich seine Identität nicht ausreichend verschleiert, denn ich begegnete später einer Leserin, die mir sagte, dass man bei ihr zu Hause immer überlegt hatte, wer der Verräter im Ort gewesen sei. Sie wussten, dass es einen gegeben haben musste. Sie hatten nur keine Ahnung, wer. Die Teile fügten sich erst zusammen, nachdem sie meinen Roman gelesen hatten. Ich war verblüfft. Mir war die Identität der Person von klein auf bekannt, sie war in unserer Familie kein Geheimnis. Ich hatte nicht ahnen können, dass sie für andere ein Geheimnis war.

Aus estnischer Sicht ist die Auseinandersetzung mit

der Vergangenheit in gewisser Weise leicht. Das Land war okkupiert, es war das Opfer. Dass ein Teil des Volkes mit den Besatzern kollaborierte, ist eine komplizierte, aber erklärbare Angelegenheit. Diese Fragen hängen auch mit der sexuellen Gewalt und den Deportationen in der Ukraine zusammen: Laut Zeugenaussagen wurden Frauen mit Essen und Medikamenten zu Sex erpresst, und der Aufbruch der Deportierten nach Russland konnte zu Fuß stattfinden. In beiden Fällen ist die scheinbare Freiwilligkeit keine wirkliche Freiwilligkeit. Anna Orjol arbeitet bei der Andreev Foundation, die ein Psychologenteam in die von der russischen Besatzung befreiten Gebiete schickte, um Opfern sexueller Gewalt zu helfen. »Wir sind nie Ukrainerinnen begegnet, die Nein zu russischen Soldaten gesagt haben, weil sie alle gestorben sind«, berichtete Orjol.[180]

Unabhängig davon, mit welchen Friedensbedingungen der Krieg in der Ukraine endet, betrifft die Aufarbeitung oder Nicht-Aufarbeitung der Vergangenheit auch die zukünftigen Generationen in Russland. Niemand will wissen, dass der geliebte Opa während des Krieges Ukrainer in einen Keller gesperrt hat oder dass Omas Ohrringe ein Mitbringsel von Opa aus der Ukraine sind. Niemand will wissen, wessen Ohrringe es einmal waren. Niemand will genauer darüber nachdenken, dass er ohne Aufnahmeprüfung zur Universität zugelassen wurde, weil der Vater in der Ukraine gekämpft hat. Ein Veteranen-Vater als Kriegsheld ist leichter in Erinnerung zu behalten als ein Kriegsverbrecher oder Säufer, dessen Rekrutierung die Mutter veranlasste, weil die Alimente ausgeblieben waren und staatliche Unterstützung vonnöten war. Es ist leichter, sich unwissend zu stellen, sich nicht zu kümmern und die Ukraine und das »westliche Kollektiv« für ein Übel zu halten, das Russland völlig grundlos drangsaliert.

Die Organisation »Memorial«, die die Schicksale von Opfern der Verfolgung dokumentiert, landete nach Massenprotesten auf der Liste »ausländischer Agenten«, und im Jahr 2021 beschloss das oberste Gericht Russlands, die älteste Menschenrechtsorganisation des heutigen Russlands aufzulösen. Masha Gessen beschreibt in ihrem Buch *Vergessen* die Arbeit von Erinnerungsaktivisten in den Neunzigern. Eine von ihnen, Irina Anatoljewna Flige, erzählt davon, wie ihre Arbeit in Russland unvollendet blieb. »Es ist nicht so, dass wir einen Prozess des Vergessens durchleben – vielmehr sind wir von falschen Voraussetzungen ausgegangen. Wir haben gedacht, dass wir ein historisches Gedächtnis erschaffen könnten. Aber ein historisches Gedächtnis kann es nur geben, wenn Gegenwart und Vergangenheit durch eine klare Linie voneinander getrennt sind. Erst dann kann man zum Beispiel »nach dem Holocaust« sagen. Aber bei uns gibt es keine solche Zäsur – es gibt keine Vergangenheit, nur eine fortwährende Gegenwart. Solange das der Fall ist, sollte man eher von Erbe als von Gedächtnis sprechen.«[181] Verbrechen der Vergangenheit kann man nicht untersuchen, solange sie nicht zu Verbrechen werden, und sie werden erst zu Verbrechen, wenn man das Kontinuum zwischen der aktuellen Regierung und den vorherigen Regierungen durchbricht. Bis dahin wird Russland nach dem bekannten Muster weitermachen.

Niemand hätte sich vorgestellt, dass sich der ehemalige serbische Präsident Slobodan Milošević in Den Haag für Kriegsverbrechen würde verantworten müssen.[182]

So ist es trotzdem gekommen.

V

EXPORTARTIKEL

VON DESINFORMATIONS-ABTEILUNGEN ZU TROLLFABRIKEN

Wie Misogynie zu einem Werkzeug des Imperialismus wurde

Vor Jahren verliebte sich eine Freundin von uns in einen Finnen, der beruflich in Sowjet-Estland war, und die beiden wurden ein Paar. Der KGB hatte ein Auge auf Verbindungen zwischen Ausländern und Sowjetbürgern, und das bekam auch unsere Freundin zu spüren. Sie war eine ordnungsliebende Frau, die wusste, wo sich ihre Gegenstände befanden, und als sich die Glasuntersetzer an immer neuen Orten befanden, wenn sie von der Arbeit nach Hause kam, erschrak sie. Die Botschaft war angekommen. Sie trennte sich von dem Finnen, und die Untersetzer blieben sauber auf ihrem Couchtisch gestapelt.

Der Fall ist ein Beispiel für den psychologischen Druck des KGB, mit dessen Hilfe man eine »Zielperson« dazu bringt, sich auf die gewünschte Weise zu verhalten. Die Sowjetunion hatte die Massenunterdrückung aufgegeben und war zu Druckmitteln übergegangen, die man selektiv auf Menschen anwandte. Der Ruf der Sowjetunion besserte sich in den Augen der internationalen Gemeinschaft, und die cleversten Werkzeuge waren günstig, so wie die indirekten Anweisungen an unsere Freundin – eine Einschüchterung, die die »Zielperson« an ihrer eigenen geistigen Gesundheit zweifeln lässt und für die man niemanden unmittelbar verantwortlich machen kann. Entsprechende Methoden sind noch immer in Gebrauch, und sie richten sich beispielsweise gegen Journalisten, die über Russland berichten.[183]

Der KGB führte im großen Stil auch sogenannte prophylaktische[184] Maßnahmen durch. Dazu gehörten beispielsweise informelle Unterhaltungen im KGB-Gebäude. Juri Andropow berichtete, dass in der Zeit zwischen 1967 und 1974 allein mit prophylaktischen Methoden 121 406 Personen angeleitet worden waren, ein für die Sowjetunion schädliches Handeln zu unterlassen. Im selben Zeitraum waren nur 4879 Menschen aus politischen Gründen angeklagt gewesen.[185] Nur wenige Namen landeten auf der im Westen von Menschenrechtsorganisationen geführten Liste der politischen Gefangenen. Die meisten »Zielpersonen« hätten sich selbst nicht als Andersdenkende bezeichnet, sie hatten keinerlei politische Absichten. Unsere Freundin plante nicht, die Sowjetunion zu verlassen, sie feierte nicht heimlich den estnischen Unabhängigkeitstag, sie verteilte keine Kopien von Büchern, die in der Sowjetunion verboten waren, und versuchte auch nicht, ihren Freund dazu zu bringen, etwas Verbotenes in den Westen zu schmuggeln. Der Finne war ein gewöhnlicher Bauarbeiter. Unsere Freundin gehörte nicht zu den von Andropow erwähnten Menschen, deren »antisowjetisches Verhalten« durch Prophylaxe in die gewünschte Richtung gelenkt werden musste. Was auch immer das Motiv des KGB für die Einschüchterung war, es veränderte für zwei Menschen die Richtung ihres Lebens.

Das Beispiel aus der analogen Welt klingt vielleicht nicht so, als hätte es eine Entsprechung in der Gegenwart, doch die Grundidee der psychologischen Operationen Russlands hat sich nicht verändert. Mit ihnen wird das Verhalten der Menschen manipuliert, um die als Feinde Russlands eingestuften Personen zu schwächen. Außer gegen solche Menschen, die beruflich mit Russland zu tun haben, richten sie sich auch gegen Personen, die keinerlei Verbindungen zu Russland oder zu solchen Ländern haben, die als Feinde Russlands gelten. Deshalb betreffen Russlands Beeinflussungsmaßnahmen einfach alle. Niemand ist dagegen völlig immun.

Die Automatisierung und genaue Ausrichtung von Nachrichten in den sozialen Medien ermöglichen eine völlig neuartige Zugänglichkeit, Genauigkeit und Tragweite der von Staaten und Parteien praktizierten Einflussnahme, und die alten Propagandaplakate wurden in der digitalen Welt durch algorithmisch kuratierte Memes ersetzt. Während die Öffentlichkeit 2017 in 30 Staaten mit Mitteln der sozialen Medien manipuliert wurde, war die Zahl 2020 bereits auf 81 Staaten angestiegen.[186] Russlands Interesse an der Sache ist also keine Ausnahme. Dass gerade Feministinnen und Frauen im Fokus liegen, macht

Russlands Handeln jedoch zu einer weltweiten Bedrohung für die Entwicklung der Gleichberechtigung.

In der Untersuchung *Monetizing Misogyny* der Gleichberechtigungsforscherin Lucina Di Meco wird erörtert, wie geschlechtsspezifische Desinformation die Rechte von Frauen schwächt und demokratische Systeme zersetzt. Hassrede mit sexuellem Bezug verringert schon an sich die Beteiligung von Frauen am gesellschaftlichen Diskurs und an der Politik, doch wenn sich die Infosoldaten eines staatlichen Akteurs wie Russland ins Spiel einmischen und den Resonanzboden für Frauenhass im Netz vergrößern, handelt es sich um eine nationale Sicherheitsbedrohung.[187] Die von Russland unterstützten Beeinflussungsmaßnahmen machen mit Frauenhass dasselbe wie Backpulver mit einem Kuchen: Ohne Triebmittel bleibt der Kuchen flach. Das Gleiche gilt für Rassismus und Homophobie.

In der Sowjetunion wurde 1959 eine dem KGB unterstellte Abteilung für Desinformation gegründet. Die neue Abteilung war teils eine Folge des Imageschadens, der durch die Enthüllung der Säuberungen Stalins entstanden war, teils ergab sich der Bedarf für neue Praktiken aus der schwachen Wirtschaftsleistung der Sowjetunion. Nach dem Krieg schritt der Wiederaufbau des in Trümmern liegenden Westdeutschlands rasant voran, anders als im Ostblock, obwohl die Sowjetunion in allem hätte besser sein müssen als der Westen. Auf dem afrikanischen Kontinent versuchte der Westen, Länder wirtschaftlich zu unterstützen. Die Sowjetunion war dazu nicht in der

Lage. An allen Fronten gab es Herausforderungen, auf die die Sowjetunion nicht mit Geld antworten konnte. Deshalb musste sie sich etwas anderes einfallen lassen. Da es nicht gelang, den Westen einzuholen – oder ihn zu überholen –, beschloss man, das Ungleichgewicht zu verringern, indem man den Ruf des Westens schwächte und die Übermacht der Vereinigten Staaten zersetzte, indem man ihren Nimbus trübte.[188]

Als man in den Ländern des Ostblocks eigene Desinformationsabteilungen gründete, war das Ziel klar: die Diffamierung und Schwächung der Widersacher. Die Abteilungen wurden zu einem Sprungbrett für viele schlaue Köpfe, denn der Erfolg der Desinformations-Operationen garantierte eine ständig wachsende Finanzierung und ihren Mitarbeitern eine steile Karriere.

Der Inhalt der in der Sowjetunion als aktive Maßnahmen bezeichneten Operationen ist seltsam vertraut. Infektionskrankheiten erwiesen sich als hervorragende Desinformationsbasis, und die Fake News des KGB, dass HIV eine Schöpfung der CIA sei, gehen noch immer um die Welt. Der amerikanische Rapper Kanye West spinnt die Lüge weiter in seinem Song »Heard 'Em Say«, in dem er behauptet, die Regierung seines Heimatlandes würde Aids verbreiten. Da der Erfolg Westdeutschlands im Vergleich zu Ostdeutschland etwas war, das sich mit Propaganda nicht glaubhaft leugnen ließ, wurde die Manipulation der Nazivergangenheit des Landes für den KGB ein Klassiker, der heute noch in Gebrauch ist. Die Desinformationsabteilungen der Sowjetunion fabrizierten weltweit

Hassschriften an Juden und ethnische Minderheiten und taten so, als wären die Briefe von örtlichen Rassisten bzw. Antisemiten verfasst worden. In Westdeutschland warb man für die Operation Neonazis an und ließ Synagogen weltweit mit Hakenkreuzen beschmieren. Der ehemalige KGB-Generalmajor Oleg Kalugin war an der Umsetzung der Hakenkreuz-Operation beteiligt. Kalugin zufolge sei das Ziel gewesen, den Antisemitismus in der Welt aufrechtzuerhalten.[189] Auf dieselbe Weise ist Russlands Ziel heute, auch die Misogynie aufrechtzuerhalten.

Im Jahr 2016 strebte Russland danach, die US-amerikanischen Präsidentschaftswahlen zu beeinflussen, aber die Ziele waren umfangreicher: Gegenstand des Angriffs waren die Feministinnen und die Liberalen. Samantha Bradshaw und Amélie Henle, die an der Stanford University neue Technologien und ihren Einfluss auf die Demokratie untersuchen, durchforsteten Twitter-Konten, die eine Verbindung zum Iran und zu Venezuela hatten, zum russischen Militärgeheimdienst GRU und zu einer von Jewgeni Prigoschin gegründeten Trollfabrik, der »Agentur für Internet-Forschung«. Die Forscherinnen untersuchten 7506 Tweets. Es stellte sich heraus, dass die Trollfabrik und die GRU gerade Diskussionen zu Feminismus und Frauenrechten anheizten. Russland mischte sich sogar in ein Drittel der Twitter-Diskussionen zu diesem Thema ein.[190] Als 2017 in den USA der »Women's March« organisiert wurde, die größte an einem Tag realisierte Demonstration in der Geschichte des Landes, sorgten die Trollfabriken und die GRU für Unstimmigkeiten zwischen den Teilnehmerinnen. Der Protest, dem sich 3,2 Millionen Menschen anschlossen, richtete sich gegen die misogyne Rhetorik der extremen Rechten und Donald Trump. Artjom Baranow gehört zu den wenigen ehemaligen Mitarbeitern aus Prigoschins Trollfabrik, die öffentlich über ihre Arbeit gesprochen haben, und er berichtete, dass der Feminismus ein selbstverständliches Ziel der Trolle sei, weil man ihn als Feind der von Russland vertretenen, traditionellen Werte betrachte, als westliche Agenda.[191] Bei Individualangriffen konzentrierte sich Russland besonders auf Politikerinnen und Aktivistinnen.[192]

Die Trollfabrik und die GRU begannen ihre Störung, indem sie falsche Identitäten schufen und für diese falsche Accounts, in deren Schatten weiße Feministinnen mit schwarzen Feministinnen stritten, falsche Konservative mit Liberalen und Abtreibungsgegner mit Befürwortern des Abtreibungsrechts. Bei der Untersuchung von Bradshaw und Henle unterschied sich Russland von Iran und Venezuela in seiner Strategie: Diese zielt darauf ab, das zentrale Gefühl der Kollektivität und die Solidarität der Frauenbewegung zu zersetzen. Ohne diese ist ziviles Engagement schwierig. Auf der Agenda Russlands stand weder die Hervorhebung von Unterschieden zwischen Frauen und Männern noch ein Geschlechterstreit, sondern es ging darum, die gemeinsamen Ziele der Frauen in Stücke zu reißen. Dies versuchte man zu erreichen, indem man bereits existierende, echte Kritikpunkte ausnutzte. Bei der Operation konzentrierte man sich auf drei Narrative: Der Feminismus ist zu weiß, um für schwarze

Frauen zu sprechen; der Feminismus ist zu liberal, um konservative Frauen zu repräsentieren; und der Feminismus ist zu wohlhabend, um auf der Seite armer Frauen zu stehen. Über all diese Punkte sollte man diskutieren. Doch eine Diskussion ist schwierig, wenn sich der russische Militärgeheimdienst und Trollfabriken mit Fake-Profilen und -Tweets in einem Maße einmischen, das nur Akteuren auf Staatsebene möglich ist. Im Juli 2023 führte die Cyberpolizei der Ukraine eine Razzia bei einer Bot-Farm durch, die Desinformation über den russischen Überfall verbreitete und deren Mitarbeiterzahl auf etwa hundert geschätzt wurde. Man fand über 150 000 SIM-Karten verschiedener Mobilfunkanbieter.[193] Ein ähnlicher Schlag gelang Ende 2022, als die ukrainische Polizei 13 Trollfabriken enttarnte und bei 24 Razzien über 100 000 SIM-Karten verschiedener Mobilfunkanbieter beschlagnahmte, mit deren Hilfe über 1,5 Millionen Konten in sozialen Medien eröffnet worden waren.[194]

Als eines der Hauptziele der Individualangriffe im Zuge des »Women's March« wählte Russland die amerikanisch-palästinensische Aktivistin Linda Sarsour. Gegen Sarsour war schon früher Kritik geäußert worden aufgrund ihrer Stellungnahmen zur Israel-Politik der USA, und sie war Hassbriefe gewohnt. Trotzdem war sie überrascht vom Ausmaß der Hasskampagne, die in Verbindung mit dem »Women's March« angelaufen war. Die Troll-Armee erstellte Fake-Profile, die tagein, tagaus Hasskommentare über Sarsour abfeuerten. Unbekannte bewaffnete Männer folgten Sarsour quer durchs Land zu den Veranstaltungen, auf denen sie sprach. Die Belästigungen weiteten sich auch auf Sarsours Angehörige aus, etwa auf ihre betagte Mutter, deren Anrufbeantworter sich mit feindseligen Nachrichten füllte. Sarsours in New York lebender Bruder wurde an seinem Arbeitsplatz belästigt, bis er seine Heimatstadt verließ. Sarsour hat sich noch immer nicht richtig von den Geschehnissen erholt, die sie als Lawine beschrieben hat.[195] Von Russlands Verwicklung in die Angelegenheit erfuhr sie jedoch erst durch die Untersuchung von Bradshaw und Henle.[196]

Die junge muslimische Aktivistin Linda Sarsour war ein Idealziel für die Trollfabrik und den Militärgeheimdienst, weil sie Dinge repräsentierte, zwischen denen es tatsächlich Trennlinien gibt. Der »Women's March« war ein interessantes Manipulationsziel für Russland, weil die Sicherheitsdienste bereits die Kraft von Phänomenen wie der #MeToo-Bewegung in den sozialen Medien erkannt hatten.

Die Massenproteste in Moskau waren in den Jahren 2011–2012 ähnlichen strategischen Trollaktivitäten ausgesetzt. Die Trollfabriken versuchten sodann, ihren Erfolg im Ausland zu wiederholen.

Russland hatte entsprechende Aktivitäten schon früher praktiziert. Während des Konflikts um den Bronzesoldaten in Tallinn war die Geschichte Estlands Gegenstand der Agitation von Putinisten aus Finnland und Estland. Sie verfassten Blog-Beiträge, organisierten auf YouTube-Kanälen Diskussionsveranstaltungen, veröffentlichten Pressemitteilungen, organisierten Demonstrationen und schrieben Bücher. Die Lügen, die sich durch die Aktivitäten zogen, folgten demselben bekannten Muster: Estland existiert nicht, in Estland gibt es Konzentrationslager für Russen, die Esten sind Faschisten.

Zusammen mit der Schriftstellerin Imbi Paju habe ich die 2009 erschienene Artikelsammlung *Kaiken takana oli pelko* (dt. Hinter alledem stand die Angst) herausgegeben, die sich mit der jüngeren estnischen Geschichte befasst. In dem Sammelband ist eine internationale Garde von Autorinnen und Autoren vertreten, zum Beispiel der Dissident Wladimir Bukowski, die Journalistin Anne Applebaum und der ehemalige Staatspräsident Estlands, Toomas Hendrik Ilves. Die Buchpremiere im Zentrum Helsinkis wurde zu einer sehr besonderen Veranstaltung.

Einige Zeit vor Veröffentlichung des Buchs starteten die Putinisten in Finnland eine umfassende Verleumdungskampagne. Das Buch wurde als Nazipropaganda und russophober Müll bezeichnet. Die Putinisten bekamen Beistand aus Russland, als die Mitglieder der vom Kreml finanzierten Jugendorganisation Naschi ankündigten, zur Buchpremiere zu kommen, um dagegen zu demonstrieren, woraufhin die estland-russische Bewegung »Nachtwache«, die an dem Konflikt um den Bronzesoldaten beteiligt gewesen war, ihr Kommen ankündigte. Da die Veröffentlichung des Buchs bereits viel Interesse in den Medien geweckt hatte, konnten die Extremisten Finnlands die Gelegenheit nicht verstreichen lassen, und so erhielt die Polizei in den Tagen vor der Premiere des Buchs fortwährend Anmeldungen neuer

Demonstrationen. Zur Veranstaltung kamen neben den putinistischen Organisationen Demonstranten mit Megafonen, Banderolen und Schildern aus dem gesamten Spektrum des extremen Denkens: Mitglieder der rechten Parteien Finnlands, Vertreter der finnischen Rechtsextremen, Mitglieder verschiedener putinistischer Organisationen aus Finnland, Estland und Russland sowie Mitglieder der Islamischen Partei Finnlands, die die Islamisierung Finnlands betreibt und von einer Person geleitet wird, die für den KGB gearbeitet haben soll und später zum islamischen Glauben konvertiert ist. Mit dabei war auch ein protestantischer Pfarrer, der sich darauf spezialisiert hatte, gegen Frauen zu hetzen, die über Russland schreiben. Duma-Abgeordnete der Partei »Einiges Russland« kamen nach Finnland. Sie organisierten ihre eigene Pressekonferenz in Helsinki. Ihrer Meinung nach war unser Buch russophob, obwohl sie es noch gar nicht hatten lesen können, da es gerade erst in die Buchläden gekommen war. Die Putinisten, die die Demonstrationen organisiert hatten, konnten ihre Botschaft im ganzen Land in allen möglichen Medien wiedergeben. In Finnland hat es nie zuvor solch eine Buchpremiere gegeben. Die Sicherheitsvorkehrungen der Polizei entsprachen denen eines Staatsempfangs, und es gab keine physischen Zusammenstöße.

Einige Jahre lang bezeichnete man mich in unzähligen Texten im Netz als Faschistin, stellte mich auf Bildern in Ausstellungen als Faschistin dar und hinterfragte meine berufliche Kompetenz. Die Operation spaltete die Finnland-Esten und Finnen, denn die Reaktion der Finnen auf die Ereignisse war gemäßigt und amüsiert-verblüfft, obwohl die Späße der Pro-Putin-Aktivisten, die die Opfer der sowjetischen Verfolgung verhöhnten und beschuldigten, Dinge berührten, die für die Esten existenziell und ernst sind. Sie hinterfragten das Recht der Esten, ihre eigene Geschichte zu schreiben, und das Recht, überhaupt zu existieren. In Finnland betrachtete man die Aktionen der Putinisten trotzdem als ein örtliches, mit Estland verbundenes Phänomen, das Finnland oder die Finnen in keiner Weise betreffen könnte. So wie später in den USA heizte die Hybridoperation jedoch ethnische Streitigkeiten in Finnland an und schwächte Estlands Vertrauen in Finnland, dessen größte Einwanderungsgruppe die Esten darstellen.

Im Jahr 2009 war der Einfluss der sozialen Medien klein im Vergleich zu heute. Was man 2009 in Finnland hinsichtlich unseres Buchs erprobt hatte, war im Jahr 2017 zu einer auf die USA gerichtete Hybridoperation verfeinert worden, bei der man Feministinnen sowie ethnische Minderheiten unter Verwendung der Salamitechnik dazu brachte, miteinander zu streiten.

Mit Angriffen auf Personen werden auch Wahlergebnisse beeinflusst. Die Politikerin Annalena Baerbock bekam dies zu spüren, als sie 2021 ihre Kandidatur für das Kanzleramt verkündete und vorschlug, den Druck auf Moskau zu erhöhen, weil Russland dabei sei, seine militärische Präsenz an der Grenze zur Ukraine zu verstärken, kurz vor dem Angriff im darauffolgenden Jahr. Sollte

Russland in die Ukraine einfallen, sagte Baerbock, hätte dies Folgen für das Voranschreiten des Pipeline-Projekts Nord Stream 2. Bald musste Baerbock erkennen, dass sie das Ziel einer Diffamierungskampagne geworden war. Man behauptete, sie habe als Prostituierte gearbeitet, und brachte gefälschte Nacktbilder von ihr in Umlauf. Man stellte ihre Qualifikation als Politikerin infrage und ebenso, ob sie es schaffen würde, gleichzeitig Mutter und Kanzlerin zu sein. Baerbocks Popularität schrumpfte, Bundeskanzler wurde Olaf Scholz. Untersuchungen zeigten, dass es im Hintergrund der Social-Media-Kampagne außerordentlich viele Verbindungen zum russischen Staat gab.[197]

Im Jahr 2022 erschien eine von der finnischen Regierung in Auftrag gegebene Untersuchung, laut der Hassrede in Finnland besonders von zwei Themen ausgelöst wird, Russland und Flüchtlinge, und eine Frau im Internet wahrscheinlicher Ziel von Hass wird als ein Mann.[198] In Statistiken zur Gleichstellung ist Finnland führend, und weil das Land über Jahrhunderte nur aus dem Osten angegriffen wurde, erscheint es seltsam, dass ausgerechnet in Finnland das Hervorbringen der russischen Menschenrechtsverstöße und Probleme bei der Meinungsfreiheit dazu führt, als russophob beschimpft zu werden. Solch eine Reaktion bekommt man nicht einmal, wenn man sich über den König von Schweden auslässt oder sich täglich für die Uiguren einsetzt.

Rassismus gegen Russen kommt im finnischen Netz freilich auch ohne die Infosoldaten Russlands vor, und das ist eine Art Achillesferse in einem Land, das unerschütterlich an der Seite der Ukraine steht und für das Russland eine permanente Bedrohung darstellt. Für Russland ist es ein vortreffliches Mittel, die Finnen dazu zu bringen, untereinander zu streiten, und dafür braucht es nicht mehr als einige Trolle, die die Propaganda des Kremls herumbrüllen, und einige, die die Finnen als russophob beschimpfen. In Ländern, in denen es sehr gut oder hervorragend um die Resilienz gegen Russlands offenkundige Beeinflussungsoperationen bestellt ist – etwa in Finnland, Polen oder den baltischen Staaten –, sind gerade innere Konflikte interessant für Russland.

Wird die Aufarbeitung der russischen Kriegsverbrechen und die Verurteilung nicht ausreichend gerecht realisiert, entwickeln sich die ukrainische Trauer und das Gefühl der Ungerechtigkeit genau zu solch einem Konflikt, auf den Russland geduldig wartet, um die Polarisierung innerhalb der Ukraine wie auch zwischen der Ukraine und dem Rest des Westens zuzuspitzen. Dies ist ein Grund, dafür zu sorgen, dass die in der Ukraine begangenen Kriegsverbrechen auf angemessene Weise untersucht werden. Polen ist ein hervorragendes Beispiel dafür, wie Russland Konflikte in einem Land erzeugt, dessen Bewohner die russische Vorgehensweise gut kennen.

Im Jahr 2010 war eine polnische Delegation zum 70. Jahrestag des Massakers von Katyn auf dem Weg in das auf russischer Seite gelegene Smolensk – im Zweiten Weltkrieg waren in Katyn durch den NKWD Polen ermordet worden. Das Flugzeug stürzte ab, alle an Bord befindlichen Menschen starben, einschließlich des polnischen Staatspräsidenten Lech Kaczyński und seiner Frau. Ursache des Unglücks war offenbar ein Fehler des Piloten. Ich wunderte mich Jahre später, als ich hörte, dass Russland noch immer nicht das Wrack des Flugzeugs und den Flugschreiber an Polen übergeben habe. Weshalb handelt Russland so, wenn die Ermittler zu einer gemeinsamen Einschätzung über die Unglücksursache gelangt sind? Nina Jankowicz, die Informationsoperationen untersucht, berichtet in ihrem Buch *How to Lose the Information War* darüber, wie Polen und Russen nach dem Unglück einen seltenen Konsens fanden. Der Großteil der Polen schien die Untersuchungsergebnisse zu akzeptieren, die davon ausgingen, dass es sich bei dem Absturz um einen tragischen Unfall handelte. Doch die Tatsache, dass Russland das Wrack und den Flugschreiber nicht übergab, heizte Verschwörungstheorien an, die dem Aufstieg der konservativen PiS-Partei als Katalysator dienten. Russland schürte absichtlich Zweifel hinsichtlich des Unglücks und wollte das Misstrauen gegenüber Russland stärken, weil das die inneren Konflikte Polens verstärkte.[199]

Die Anzahl der verschiedenen Einrichtungen und Gruppen, die Russland finanziert, hat im Westen für Verwunderung und Skepsis gesorgt. Spuren zu Trollfabriken findet man in Kontexten, deren Nutzen für Russland unlogisch erscheinen mag. Warum sollte der russische Militärgeheimdienst GRU an Verschwörungstheoretikern, kleinsten Randparteien, Klatschspalten für Hausfrauen, Humorseiten, Rechts- und Linksradikalen, Coronaleugnern, Impfgegnern oder polnischen Homophobikern interessiert sein? Die GRU ist ein Nachfolger des KGB, und der KGB verschaffte sich die Legitimierung seines Handelns von der Partei und deren obersten Autoritäten. Lenin zufolge besiege man einen mächtigen Feind mit Verbündeten: »Man muss die kleinste Möglichkeit ausnutzen, um Verbündete an seine Seite zu gewinnen, auch wenn der Verbündete nur vorübergehend, ein Vasall, instabil, unzuverlässig und willkürlich sein sollte.«[200] Lenins Lehren sind immer noch aktuell. Der Aufstieg der Rechtsextremen und des Populismus führt in jedem demokratischen Land unweigerlich zu interner Uneinigkeit. Vor der Coronapandemie bearbeitete Russland lange die Gemeinschaften der Impfkritiker in den USA, was in dem Land zu einer Masernepidemie führte.[201] Randgruppen empfinden ihre eigene kulturelle Gemeinschaftlichkeit als so bedeutsam, dass die geteilte Erfahrung der Randexistenz selbst die größten ideologischen Unterschiede überwinden lässt, weshalb auch in Finnland Coronaleugner nach dem Frühjahr 2022 begannen, Nachrichten zu teilen, die den Krieg Russlands unterstützen. Russland interessiert sich für alle Gruppen, die ein Misstrauen gegenüber den Institutionen ihres Heimatlandes hegen. Die Taktik entstammt der Abteilung für Desinformation des KGB, die Lenins Lehre direkt befolgte: »Den stärksten Feind kann man nur besiegen, indem man mit hohem Einsatz, größtmöglicher Vorsicht, mit Aufmerksamkeit und Geschick auf die Uneinigkeit zwischen den Feinden – auch auf die kleinste – setzt und sie ausnutzt.«[202]

Russlands Art, die in einem Land bereits existierenden Trennlinien zu manipulieren, macht es dem angegriffenen Staat besonders schwer. Die Lösung liegt jedoch nicht darin, dass man die Probleme lediglich als Lügen von russischen Trollen abstempelt. Wir sollten in der Lage sein, den diskriminierenden Verhaltensweisen in unserer eigenen Gesellschaft entschlossen entgegenzutreten und sie abzustellen, ohne dabei die Interferenzen staatlicher Akteure zu vergessen. Dementsprechend erklärt sich die Tatsache, dass sich die extreme Rechte im Westen nach Russland orientiert, nicht nur mit der finanziellen Unterstützung aus Russland, sondern damit, dass die extreme Rechte sich Russlands bevorzugte Werkzeuge angeeignet hat und sie in ihren eigenen Wahlkreisen nutzt. Beispielsweise folgt die Aggressivität der extremen Rechten gegenüber Medien argumentativ Russlands Art, Fakten zu bestreiten. Dass ein Populist sich die lange ausgefeilten Methoden Russlands angeeignet hat, bedeutet jedoch nicht, dass der Populist oder dessen Wähler denken würden, dass sie die Sache Russlands vertreten. Sie sagen sich nicht los von den bevorzugten Vorgehensweisen Russlands, denn auch sie wollen die Liberalen des Westens zu Fall bringen. Die Sowjetunion fand willige Menschen und sogenannte nützliche Idioten, indem sie genau diese Gefühle ansprach. Politischer Ehrgeiz, Gier, das Streben nach dem eigenen Vorteil und die Suche nach Akzeptanz sind universelle Gefühle, die die russischen Sicherheitsdienste immer zu nutzen wussten. Die Suche nach Inspiration und Vorbildern ist ein weltumspannendes Phänomen, und dafür braucht es keine Beteiligung Russlands. Ich begeistere mich für Künstlerinnen, die von der Kunstgeschichte marginalisiert wurden, ein Misogyniker begeistert sich für Führungspersonen, die Frauen zu Hause einsperren, und ein Populist begeistert sich für einen Staat, der die Meinungsfreiheit abgeschafft hat. Ein Rassist sucht geistigen Halt bei anderen Rassisten.

Obwohl man Fake-Profile in sozialen Medien nachverfolgen und ihre Reichweite berechnen kann, lässt sich die echte Wirkung auf einzelne Menschen nicht auf dieselbe Weise herausfinden. Das Problem ist das gleiche wie die Berichterstattung über Opfer sexueller Gewalt. Die Zahl der Mitteilungen, in denen eine Frau als Hure beschimpft wird, lässt sich ermitteln, aber nicht, wie lange die Empfängerin braucht, um sie zu vergessen. Allein die Angst, Ziel von Internet-Schmähung zu werden, verringert die Bereitschaft, sich am öffentlichen Diskurs zu beteiligen oder Themen zu erörtern, deretwegen Menschen, die sich mit ihnen beschäftigt haben, Belästigung ausgesetzt sind. Die Gesamtwirkung der Beeinflussungen zu bemessen ist schwierig, weil die Desinformations-Operationen mit anderen Operationen Russlands verflochten sind, etwa strategischer Täuschung, Maskirowka, traditioneller Diplomatie und Mitteln der Soft Power, und es gibt kein Rechenverfahren, das alle Nachrichten und Artikel zusammenzählen könnte, die unveröffentlicht blieben wegen Trollen, Internet-Schmähung und Einschüchterung.

Die Journalistin Jessikka Aro wurde belästigt, weil sie

über Russlands Propaganda und Trollfabriken schrieb. Die Belästigung begann schon im Jahr 2014. Später wurde der Gründer der Website MV-Lehti, der Aro besonders heftig diffamiert hatte, wegen schwerer Ehrverletzung verurteilt. Auch andere Personen, die Aro verfolgt hatten, wurden zu Schadensersatz und Freiheitsstrafen auf Bewährung verurteilt. Nach Angaben des Amtsgerichts Helsinki war versucht worden, Aros Glaubwürdigkeit als Journalistin zu untergraben, weil sie über die russischen Trollfabriken geschrieben hatte. Indem die Verurteilten Falschinformationen verbreiteten, veranlassten sie sehr viele Menschen, Aro anzugreifen, sodass ihr Alltag schwierig wurde.

Trotz der Verurteilungen dauern die Nachwirkungen der gegen Aro gerichteten Hetze immer noch an. Im Sommer 2023 schuf der Oberste Gerichtshof Finnlands ein Präjudiz, die offiziellen, mit Aros Gerichtsprozessen verbundenen Aufzeichnungen öffentlich zugänglich zu lassen. Aufzeichnungen wurden bereits über Jahre hinweg im Netz genutzt, um Aro und ihre Angehörigen sowie andere, die bei den Prozessen ausgesagt hatten, zu schikanieren. Jeder kann sich ein Spottvideo von Aros weinender Schwester oder anderen Zeugen zusammenschneiden, bei denen es sich um Privatpersonen handelt. Der Fall wirft die Frage auf, wie viele bereit sind, vor Gericht auszusagen, wenn darauf jahrelanger Spott folgt. Wie viele werden eine Beteiligung an der Russland-Debatte vermeiden, wenn man sich nicht gegen Verunglimpfung im Internet wehren kann?

Aros Fall zeigt, dass es Russland gelungen ist, den Glauben an das Rechtssystem eines Landes zu untergraben, in dem die Justiz nicht korrupt ist und das Vertrauen in öffentliche Institutionen fest.

»Informations-Operationen sollten als ein Phänomen behandelt werden, das die nationale Sicherheit bedroht«, sagte Aro, als ich sie fragte, wie man den Versuchen der Einflussnahme eines fremden Staates begegnen sollte. »Auch wenn sie auf Einzelpersonen gerichtet sind, meist durch ortsansässige Menschen, stehen dahinter die Sicherheitsdienste eines fremden Staates, weshalb sie Schläge gegen den Staat sind.« Nach Ansicht von Aro sollten die Staaten ihre eigene Aufklärung verstärken, damit sie die laufenden Operationen wenigstens erkennen und ihre Bürger rechtzeitig warnen können und nicht erst dann reagieren, wenn die Kampagnen ihr Ziel erreicht haben. Der »Women's March« ist ein Beispiel dafür, wie ein Opfer der Attacken, in diesem Fall Linda Sarsour, erst nach Jahren von der Beteiligung Russlands erfuhr. Auch im Fall des Konflikts um die Bronzestatue in Estland konnte man die Schuld Russlands erst später nachweisen.

Russland zielt darauf ab, dass diejenigen, gegen die sich die Attacken richten, entlassen werden oder selbst kündigen, und deshalb ist die Unterstützung der Opfer essenziell für ihr Durchhalten. Neben einer Verbesserung der Rechtsprechung verlangt Aro auch, dass die Behörden die Kommunikationsverantwortung für laufende Operationen übernehmen. Derzeit liegt die Last, darüber zu berichten, auf den Schultern von Opfern und aktiven Bürgern, Journalisten und Forschern. Für die Opfer ist das aufreibend. »Aus Sicht der Individuen ist es besonders wichtig, Gerechtigkeit zu bekommen: eine polizeiliche Strafermittlung und einen normalen Gerichtsprozess.«

DAS ZIEL

Frauenhass vereint und trennt

Zur Sowjetzeit operierte der KGB zusammen mit der westlichen Friedensbewegung, weil er sich auf einen zukünftigen Krieg vorbereitete, und er drang in die westliche Frauenbewegung ein, um Kritiker des Westens zusammenzubringen. Die Vernetzung war leicht, denn der KGB hatte die kommunistische Ideologie auf seiner Seite. Bestimmte Aspekte daraus klangen auf Papier so schön, dass man noch heute Menschen begegnet, die der Meinung sind, dass der Gedanke gut war, auch wenn es bei der Umsetzung der Idee Probleme gab. International vereinte und belohnte der Kommunismus. Zugunsten der Idee war die Linke bereit, die Augen vor den Menschenrechtsverbrechen der Sowjetunion zu verschließen. Die Lektüre des Berichts der von mir geschätzten Audre Lorde über ihre Reise in die Sowjetunion ist heute nur noch peinlich. Lorde bewunderte die Arbeitsmoral in der Sowjetunion und das Recht der Frauen auf Arbeit, und offensichtlich verstand sie nicht, dass der KGB alljährlich die Reiserouten und Orte prüfte, die man für ausländische Augen für geeignet hielt. Von den Gefangenenlagern schien sie zu wissen, ebenso vom Schicksal der in psychiatrischen Kliniken weggesperrten Dissidenten. Lordes Gesamteindruck der Sowjetunion war dennoch romantisierend, schwärmerisch, bewundernd. Lorde besuchte das Land auf Einladung des Schriftstellerverbands der UdSSR.[203] Dass der Verband mit dem KGB kooperierte, schien ihr nicht klar zu sein.

Nach dem Fall des Eisernen Vorhangs setzte sich kaum noch ein Bewunderer der Sowjetunion weiter mit ihr auseinander. Ebenso ist anzunehmen, dass nur wenige von denen, die sich derzeit an Russland orientieren oder die ausgefeilten populistischen Werkzeuge Russlands verwenden, ihre einstigen Sympathien nach dem Ende der Putin-Ära ad acta legen wollen. Nur wenige ehemalige Mitarbeiter der Trollfabriken haben öffentlich von ihrer Arbeit berichtet. Nur wenige »nützliche Idioten« geben zu, dass sie in sozialen Medien versehentlich, oder ohne es zu wissen, Lügen geteilt haben, denn niemand möchte zugeben, dass er ein nützlicher Idiot ist. Während sich die Sowjetunion früher mit linken Feministinnen aus dem Westen anfreundete, unterstützt Russland nun Misogyniker und Homophobe. Obwohl keine der beiden Richtungen die Wertewelt des Kremls widerspiegelt, hat ihrer beider Stärkung doch dasselbe Ziel: den Westen zu schwächen und im Westen Verbündete zu finden, die sich nicht einmal dann gegen ihren Gebieter wenden, wenn dessen Haus schwankt und einstürzt.

Putins Russland hat keine Ideologie, die dem Kommunismus entspricht. Deshalb muss der Kreml im Ausland einen anderen Machthebel finden. Wirkliche Imperien waren stets multinational und hatten anderen immer mehr zu bieten als nur ihre Sprache. Russland pflegt derzeit gute Beziehungen zu vielen Führungspersonen auf dem afrikanischen Kontinent, weil diese in der Sowjetunion studiert haben. Bildung ist ein gutes Mittel, um seinen Einfluss auszuweiten, ebenso Religion. Aber die Universitäten Russlands und die orthodoxe Kirche sind nur für wenige Länder interessant.

Die Enttäuschung über den Westen hingegen wirkt schon stärker verbindend. Die Wagner-Truppe reicht ihre helfende Hand allen auf dem afrikanischen Kontinent, die den Eindruck haben, dass der Westen sie im Stich gelassen hat, als Hilfe nötig gewesen wäre, und die Hilfe von Wagner setzt kein Engagement in Menschenrechtsfragen voraus. Doch nicht alle Länder wollen dem Westen den Rücken kehren.

Russlands Vernetzung mit Ultranationalisten und anderen extremistischen Bewegungen im Westen ist gut vorangekommen. Doch in den westlichen Ländern vertreten sie immer noch eine Minderheit.

Im Westen interessieren sich hingegen viele für den vom Kreml lancierten Referenzrahmen traditioneller Werte, und zum Beispiel der Weltkongress der Familien dient als weltweites Netz für Schwulenhass und gegen Abtreibung. Der Kongress wurde finanziert von sanktionierten russischen Oligarchen, und er ist eng verbunden mit dem Kreml und der orthodoxen Kirche. Die Organisation wurde im Jahr 1995 gegründet, als Soziologieprofessoren der Lomonossow-Universität Moskau den Historiker Allan C. Carlson aus den USA nach Moskau einluden. Carlson hatte sich in seiner Arbeit mit dem Rückgang der Geburtenrate in den USA beschäftigt und gab dem Feminismus und den Schwulen die Schuld daran. Man fand leicht eine gemeinsame Wellenlänge, denn die Moskauer Professoren sorgten sich um dieselben Dinge in Russland.[204]

Russlands Schwelle, Kriegsverbrechen zu begehen, wird gesenkt durch die Tradition der Straflosigkeit, die vom Staat praktizierte bewusste Manipulation der Moral, die Unterstützung der Heimatfront und die Entmenschlichung der Ukrainer in den russischen Staatsmedien. Die Instrumentalisierung von Frauenhass ist jedoch eine andere Sache. Außer auf Kriegsgebieten wird die Misogynie durch Putins Regime konsequent in der Innen- und Außenpolitik genutzt, um seinen Einfluss zu vergrößern, seine eigene Zentralmacht zu stützen und um das Projekt seines Imperialismus auszuweiten.

China, der Iran und Russland sind unterschiedliche Staaten mit unterschiedlichen Historien. Sie sind weder durch Sprache noch durch Religion oder Ideologie verbunden. Trotzdem verfolgen sie wie viele andere undemokratische Regierungen ein gemeinsames Ziel: die Macht bei denen zu belassen, die sie gerade haben. In China, dem Iran und zahllosen anderen Tyrannenstaaten haben die Männer die Macht. Ziel dieser Staaten ist es, die Macht von den Frauen fernzuhalten. Mit diesen Zielen steht Russland nicht allein da. Russland bietet Verständnis für autoritäre Herrscher und eine geistige Heimat für Misogyniker aus aller Welt. Selbst in den gleichberechtigtsten Demokratien gibt es Frauenhass, Homophobie und Rassismus. Russland stärkt und stützt die Kreise, in denen solche Gefühle auftreten, und schafft dadurch gleichgesinnte Gemeinschaften im Ausland.

Militärexperten haben uns im Laufe des Jahres daran erinnert, wie die Niederlage Deutschlands im Ersten Weltkrieg zum Aufstieg des Nationalsozialismus und zum Zweiten Weltkrieg führte. Auch Russland lernt aus seinen Fehlern und stärkt die Teilgebiete, die es beherrscht. Russland manipuliert schon mit viel Geschick die in unseren Gesellschaften verborgene Misogynie, und es gibt keinen Grund zu der Annahme, dass es dieses außerordentlich günstige Instrument nicht noch intensiver einsetzen will. Deshalb muss noch umfassender über das gesamte Repertoire des von Russland praktizierten Frauenhasses gesprochen werden, und wir müssen auf dessen Einsatz besser vorbereitet sein, als wir es derzeit sind.

Im Laufe des letzten Jahres war mehrfach zu hören, dass die Ukraine auch für unsere Demokratie kämpfe.

Wie oft haben Sie gehört, dass die Ukraine auf diese Weise auch für die Zukunft der Frauen und Minderheiten kämpft? Dass die Ukraine für ihre Töchter und Schwestern und Partnerinnen kämpft? Dass sie für alle zukünftigen Generationen von Frauen und Mädchen kämpft?

Damit sie nicht ihre Stimme verlieren, so wie meine Großtante.

EPILOG

Im Frühjahr 2023 besuchte ich die Tate Gallery of Modern Art in London. Russland wartete immer noch auf das Zerbröckeln der Einheit des Westens, die Kämpfe in der Ukraine dauerten an, der Terror gegen Zivilisten war nicht vorbei. Ich hatte trotzdem nicht erwartet, dass man den Krieg in der Dauerausstellung des Museums oder in Sonderausstellungen sehen würde. Ich hätte mir trotzdem nicht vorgestellt, dass ein Museum, das auf vielfältige Weise Anderssein, Minderheiten und die Kolonialgeschichte verschiedener Staaten zeigt, im Jahr 2023 für den russischen und sowjetischen Imperialismus genauso blind sein würde wie früher. Genauer gesagt: Es hat ihn der Tate Modern zufolge nicht gegeben. Zu sehen waren einige Werke der Sowjetkunst sowie etliche von Künstlern aus dem Ostblock, aber sie alle waren ohne Kontext. Das hätte man nicht als so seltsam empfunden, hätte die Tate Modern nicht sämtliche Räume mit Triggerwarnungen versehen. Migräniker und Epileptiker hatte man mit Warnungen vor blinkenden Lichtern berücksichtigt. Werke, die Gewalt und Sexualität darstellen und die die Gemüter erregen könnten, wurden vorab beschrieben.

Wenn man wollte, konnte man die Bilder zu Sklaverei und Ausbeutung durch die Kolonialmächte, die Unwohlsein verursachen konnten, meiden, denn das Museum bot eine alternative Route, die einen Bogen um den Ausstellungsraum machte, der besagtes Thema behandelte. Die Guerilla Girls und feministische Künstlerinnen erinnerten mit Zahlen daran, wie wenig Werke von weiblichen Kunstschaffenden es in Museen gibt, wie unsichtbar Frauen und *People of Color* in Kunstinstitutionen sind. Die Schilder an Werken, die nach dem Zweiten Weltkrieg entstanden sind, erzählen bereitwillig, wie die Zerstörung und das menschliche Leid die Künstler dazu gebracht hat, das Thema aufzugreifen, und wie es ihre Kreativität beeinflusste. Kein einziger dieser Künstler kam aus Osteuropa, keiner aus der Sowjetunion. Die dissidentischen Künstler der Region glänzten durch Abwesenheit.

Das einzige Werk, das mich erschüttert hat, war eine Bilderserie des Sowjetkünstlers Viktor Piwowarow, und zwar nur deshalb, weil das Werk ohne Kontext gezeigt wurde, ohne einen Hinweis auf die Lager, auf die Verbrechen gegen die Menschlichkeit, auf all das, was in der Diktatur zu einer Zeit geschah, als die anderen im Museum ausgestellten Künstler in der Welt der Meinungsfreiheit an ihrem Schaffen verzweifelten. Die Sowjetunion war die einzige Diktatur, auf die in dem Museum nicht als auf einen totalitären Staat verwiesen wurde.

Dem Ausstellungstext zufolge spiegelten Piwowarows Werke die Einsamkeit des sowjetischen Lebens wider. Die Erschließung des Kontexts hätte verständlich gemacht, weshalb das Sowjetleben einsam sein konnte: Weil die Familie und die Verwandtschaft in Lager geschickt worden war oder weil man als antisowjetisch geltende Meinungen nicht öffentlich äußern konnte, nicht an einem Cafétisch, nicht in der Metro. Weil jeder Freund ein Denunziant sein konnte.

Als ich aus dem Museum trat, realisierte ich, welches Gemälde als Ergänzung neben das Bild über die Einsamkeit des Sowjetlebens gehört hätte: Alla Horskas *Stille*. Horska war eine der bedeutendsten demokratischen Aktivistinnen der Sowjetukraine. Ihre Arbeit aus dem Jahr 1964 stellt eine gelbe Frau vor blauem Hintergrund dar, um deren Körper ein schwarzer Strick liegt und deren Mund von einer schwarzen Maske bedeckt ist. Zwei Jahre vor Fertigstellung des Bildes hatten der Dichter Wassyl Symonenko und der Regisseur Leonid Tanjuk mit ihren Freunden in Bykivnja nahe Kyjiw ein Massengrab des NKWD entdeckt. Sie meldeten ihren Fund dem Stadtsowjet, schlugen vor, ein Denkmal zu errichten, und begannen Informationen über das Massengrab zu sammeln.

Zuerst starb Symonenko. Seine Nieren versagten infolge von Misshandlungen durch die örtliche Miliz.

Alla Horskas Schädel wurde mit einem Hammer zertrümmert.

Wichtige Geschichten betrachtet man nur dann als wichtig, wenn sie verständlich sind, und verständlich sind sie nur, wenn man das dahinterstehende Phänomen erkennt, wenn man sie in einen erkennbaren Kontext stellen kann. Mir wurden die Klassiker der Dekolonisation, angefangen mit Edward Said, während meiner Studienjahre vertraut. Eine Auseinandersetzung mit der russischen Kolonialgeschichte fehlte jedoch in den Vorlesungen, obwohl die postkolonialen Theorien ausgesprochen gut auf Russland zutreffen.[205] Ich bin zu einer Zeit aufgewachsen, als das Aufbrechen der Kolonisation groß wurde und man Stimmen des Andersseins hörbar machte. Ich besuchte Vorlesungen in Gender Studies. In allen Vorlesungen, in denen Anderssein und die damit verbundene Stille behandelt wurde, fehlte die osteuropäische Erfahrung. Ich war Studentin zu einer Zeit, als man erkannte, dass der Maßstab der Frauenforschung die westliche weiße Frau aus der Mittelschicht war. Russland war dennoch der Elefant im Raum, auch in Studienbereichen, die von den Gender Studies abgedeckt wurden. Die Forscherin Redi Koobak konstatierte 2013, dass das sogenannte ehemalige Osteuropa in der Frauenforschung immer noch ein weißer Fleck auf der Landkarte war, wenn nicht gar ein Unort oder Ungebiet.[206] Doch die westlichen Feministinnen, die Institute für Slawistik und die Russophilen mit ihrer Russland immer noch romantisierenden Einstellung sind nicht allein dafür verantwortlich, dass Russland und Osteuropa auf dem Feld des Dekolonialismus fehlen. Der Wunsch, Teil des Westens zu sein, bedeutet praktisch auch, dass sich nicht alle osteuropäischen Forscher im Referenzrahmen des Postkolonialismus positionieren wollen.[207] Aus demselben Grund mögen es viele weibliche Autorinnen in Finnland nicht, wenn man ihr Geschlecht sprachlich hervorhebt, da die

Kategorisierung nach Geschlechtern im Finnischen unüblich ist. Nur selten tritt man freiwillig in das Anderssein. Allein die Bezeichnung der ehemaligen Staaten des Sowjetgebiets als Osteuropa erzeugt die Vorstellung, dass diese Länder nicht zum Westen gehören. Die Schriftstellerin Oksana Sabuschko fragte treffend, ob man Deutsche ständig »Bewohner des ehemaligen Dritten Reichs« nennen würde. Sabuschko hat recht. Das tut niemand. Dennoch wurde das Epitheton »ehemaliger Sowjetstaat« den Ländern Osteuropas und des Baltikums auch in Kontexten vorangestellt, in denen es nicht essenziell ist. Die Russische Föderation wird nie so definiert.

Ich definiere mich selbst als postkoloniale Schriftstellerin, weil ich meine eigene Erfahrung am besten in diesem Referenzrahmen wiedererkenne und weil es mir hilft, meine Arbeit am besten in den Regionen verständlich zu machen, in denen man den Imperialismus der Sowjetunion nicht kennt. Die Kommunikation mit der Außenwelt ist unmöglich, wenn man keine, wenigstens auf irgendeine Weise, gemeinsamen verständlichen Begriffe hat.

Als ich zu Beginn des Jahrtausends meinen Debütroman *Stalins Kühe* schrieb, recherchierte ich viel im Internet. Bei Google bekam ich keine Ergebnisse, als ich versuchte, zumindest in einer der mir vertrauten Sprachen etwas zu finden, was den Dekolonialismus und die Sowjetunion verband bzw. überhaupt den Kolonialismus und die Sowjetunion oder Russland. Seither hat die Tatsache, dass ich mich selbst als postkoloniale Schriftstellerin bezeichne, wiederholt für Verwunderung gesorgt, der Zusammenhang zwischen Kolonialismus und sowjetischer Besatzung scheint den Menschen, die außerhalb von Osteuropa und dem Baltikum leben, unklar zu sein. Als ich 2019 in Finnland einen Artikel über die Dekolonisation Estlands schrieb, schlug die Redaktion der Zeitung vor, statt Dekolonisation ein Wort zu verwenden, das den Finnen verständlicher ist. Bei den Übersetzungen meiner ersten Bücher sorgte auch der »Große Vaterländische Krieg« in manchen Ländern für Kopfschmerzen. Man ging davon aus, dass der Ausdruck den Lesern unbekannt sei. Sogar manche meiner Übersetzer kannten ihn nicht.

Welche Geschichten bedeutungsvoll werden und sich zu einem Teil unseres kulturellen Bewusstseins entwickeln, hängt oft vom Geld ab. Die Russlandforschung und Gesellschaften, die sich mit der russischen Kultur beschäftigen, sind in den Genuss einer üppigen Finanzierung gekommen, während die Forschung der osteuropäischen Länder um Almosen kämpfte. Es wurden mehr russische Bücher übersetzt, der russische Staat hat die Kultur geschickt als Mittel der Soft Power genutzt, und ihre finanzielle Unterstützung hat dazu beigetragen. Die Stimme der Armen ist immer schwächer zu hören als die Stimme von jemandem mit großem Portemonnaie. Das Geld ist jedoch dem russischen Volk und den von Russland kolonisierten Völkern gestohlen worden.

Zu einer Zeit, in der alle ehemaligen Imperien des Westens dazu übergegangen sind, sich mit den Spuren der Kolonisation auseinanderzusetzen und sie in Worte zu fassen, hat Russland Schritte in die entgegengesetzte

Richtung gemacht, doch das wurde nicht erkannt – oder man scherte sich nicht darum. Die von Russland miserabel behandelten Völker haben im kulturellen Bewusstsein des Westens kein international erkennbares Gesicht: keine Anne Frank aus den vergangenen Jahrzehnten, keinen George Floyd aus dem vergangenen Jahrhundert. Die Erzählung vom osteuropäischen Widerstand zur Zeit des Zweiten Weltkriegs war kein großes europäisches Narrativ, nur ein Haufen national bedeutsamer Geschichten in den jeweiligen Ländern Osteuropas. Doch genau diese Geschichten ermöglichten die erneute Unabhängigkeit der baltischen Staaten. Genau diese Geschichten ermöglichten den Widerstand und die Revolutionen in der Ukraine. Genau wegen dieser Geschichten sind wir noch immer da und sprechen noch immer unsere Muttersprache. Unsere Generation ist das jüngste Glied in einer langen Kette des Widerstands, und das Wissen um diese Kette ist essenziell: Die Generationen vor uns haben sich der Sklaverei, der Ausbeutung und der Kolonisation widersetzt. Deshalb wunderte ich mich nicht über den ukrainischen Widerstand nach dem Beginn des russischen Großangriffs – er hat Tradition.

Die Schriftstellerin Chimamanda Ngozi Adichie hat von der Gefahr des vorherrschenden Narrativs gesprochen.[208] Wird ein Land, ein Erdteil, ein Volk oder ein Mensch nur aus einer einzigen Perspektive betrachtet, entsteht ein Klischee, das nicht der Wirklichkeit entspricht. Das bedeutet nicht, dass man nicht über Stereotypen schreiben sollte oder dass diese nicht auf der Wahrheit fußen können. Aber wir gehen nicht davon aus, dass alle Amerikaner Massenmörder sind, obwohl man aufgrund von Fernsehserien oder Filmen annehmen könnte, dass man das Land nicht besuchen kann, ohne zumindest dem einen oder anderen solchen zu begegnen. Da das Repertoire an Geschichten über die USA vielseitig ist, definiert die Herausstellung einer Geschichte nicht einen gesamten Erdteil. Von einer Hauptgeschichte erzeugte irrige Vorstellungen gelten jedoch für Osteuropa und die baltischen Länder: Die Sowjetunion ist nicht die einzige identitätsstiftende Geschichte dieser Gebiete, auch wenn alle Staaten dort eine sozialistische Diktatur durchlaufen haben. Die Sowjetvergangenheit ist in meiner Familie nicht der prägendste Faktor. Die bedeutsamste Geschichte bezüglich meiner Familie geht auf den Anfang des 17. Jahrhunderts zurück, als sich der erste Mann aus meiner Familie von der Leibeigenschaft freikaufte und ein freier Bauer wurde. Viele Esten haben ähnliche Wurzeln. Deshalb ist die wichtigste Geschichte Estlands die Geschichte der Unabhängigkeit und des Selbstbestimmungsrechts, also der Freiheit. Wenn man das Baltikum, Osteuropa und Russland durch ein und dieselbe Sowjetbrille betrachtet ohne lokale Unterschiede, entsteht der Irrglaube, dass ein Ereignis wie die ukrainische Revolution der Würde in jedem Land möglich sei, auch in Russland. Aber Russland ist nicht die Ukraine. Es ist nicht Estland. In Russland fehlt die Tradition des Widerstands als große Identitätsgeschichte.

Die Vögelchen haben gezwitschert, dass die Dekolonisation jetzt das modischste Wort in den Instituten für Slawistik auf der ganzen Welt sei. Ich kann kaum glauben, dass dieses Wunder geschehen ist. Vielleicht hält man den russischen Imperialismus endlich auch außerhalb Osteuropas für ein hinreichend wichtiges Thema. Vielleicht betrachtet man Osteuropa nicht mehr nur als exotischen »Hinterhof Russlands«. Vielleicht ist die Linse des Exotismus und des westlichen Orientalismus über Osteuropa und dem Baltikum endlich zerborsten. Das hat erst der tapfere Widerstand der Ukraine geschafft, und in diesem Widerstand höre ich die Stimme meiner Großtante.

ANMERKUNGEN

1 Deutsch: »Ja, hör auf.«

2 Der estnische Staatspräsident Lennart Meri berief im Jahr 1998 eine unabhängige, internationale Geschichtskommission ein, die die Jahre der Besatzung untersuchen sollte. Leiter der Kommission war Max Jakobson. Die Berichte der Kommission wurden in zwei Bänden veröffentlicht: *Estonia 1940–1945: Reports of the International.*
Als ein Markstein kann auch der Band *The White Book – Losses inflicted on the Estonian International Commission for the Investigation of Crimes Against Humanity, 2009* gelten. Alle Berichte sind auf Estnisch, Russisch und Englisch erschienen.

3 France 24: Documenting the horror of mass rape in Ukraine, 10.3.2023.

4 Jay Beecher: Trial of Russian Soldier Charged with Murder, Rape Begins. The Kyiv Post, 24.6.2022.

5 http://www.preventgenocide.org/lemkin/freeworld1945.htm

6 William Shakespeare: Titus Andronicus. Finnische Ausgabe, WSOY, 2009.

7 Sky News Exclusive: Ukraine's First Lady sits down with Ruth Rigby for an exclusive interview. Sky News, 29.11.2022.

8 The Brenthurst Foundation Podcast: A Chat with Oleksandra Matviichuk, 19.10.2022.
9 Katherine Lake Berz: It's clearly a strategy – The truth is emerging about Russia's use of rape in the war on Ukraine. The Toronto Star, 25.1.2023.
10 Christina Lamb: Our Bodies, Their Battlefield – What War Does to Women. William Collins, 2020.
11 Victoire Mukambanda: Rwandan Rape Survivor in ›The Uncondemned‹ Speaks Out. Women's eNews, 19.10 2016.
12 Christina Lamb: Our Bodies, Their Battlefield – What War Does to Women. William Collins, 2020.
13 Halyna Kruk: »No War«. Die ganze Strophe lautet: Der Krieg tötet in den Händen Gleichgültiger und er tötet sogar in den Händen untätiger Versteher. Gedich aus: A Crash Course in Molotov Cocktails. Arrowsmith Press, 2023.
14 Ukraine Sets a World Precedent: Moving forward on holistic care and urgent interim reparation for survivors of CRSV, Dr. Denis Mukwege Foundation, Pressemitteilung vom 2.11.2022.
15 Der Hinweis »Spitze des Eisbergs« wiederholt sich in den Gutachten der Sachverständigen. Zum Beispiel: Maya Oppenheim: Reports of Rape by Russian Soldiers in Ukraine are ›tip of the iceberg‹, experts warn. The Independent, 1.4.2022 ja Harriet Barbers Interview im Podcast Ukraine: The Latest vom 5.12 2022.
16 Christina Lamb: Our Bodies, Their Battlefield – What War Does to Women. William Collins, 2020.
17 Tracking the Faceless Killers who Mutilated and Excecuted a Ukrainian POW. Bellingcat.com, 5.8.2022.
18 Hannah Bagdasar: Recognising Sexual and Gender-Based Violence as an Open Source Researcher. Bellingcat.com, 3.3.2023.

19 Sexual Violence as a Weapon of War in Russia's War in Ukraine. Ukrainian Institute London, 25.1.2023.
20 Stanislav Aseyev: The Torture Camp on Paradise Street. Harvard Library of Ukrainian Literature, 2023.
21 Kvitka Perehites: More than 3500 Ukrainians illegally imprisoned in Donbas. The Kyiv Post, 9.7.2021.
22 Timothy Snyder: Elie Wiesel Memorial Lecture. Elie Wiesel Center for Jewish Studies, 26.10.2022.
23 Die Kriegsberichterstatterin Janine Di Giovanni und der Journalist Peter Pomerantsev gründeten The Reckoning Project gerade deswegen, weil es wichtig ist, die sachgemäße Dokumentation von Beweisen und Zeugenaussagen möglichst schnell durchzuführen, »damit später nicht behauptet werden kann, es habe keine gegeben«. Janine Di Giovanni: Seeking Justice – Rebuilding hope after the war, Lviv Media Forum, 25.5.2023.
24 Katya Katsenko, Kristina Zakurdaeva: Sexualized Violence in the War in Ukraine. Current Time, 22.2.2023.
25 Margot Wallström: ›Conflict Minerals‹ finance gang rape in Africa. The Guardian, 14.8.2010.
26 Geoffrey Cain: Totaalinen poliisivaltio (Der totale Polizeistaat). Atena, 2022.
27 An Orgy of Denial in Hitler's Bunker. The Sidney Morning Herald, 17.5.2003.
28 Sarah Al-Arshani: Merceneries from Russia-linked Wagner-group have been accused of raping moms in maternity ward in Central African Republic. Business Insider India, 7.5.2022.
29 Kari Kaunismaa: Punatähdestä kaksoiskotkaan. Turun yliopisto, 2009. (Vom roten Stern zum Doppeladler. Universität Turku).

30 Karin Veski, Anu Raudsepp: Vaenlase ja kangelas kuvand eestikeelsetes originaalõpikutes aastail 1947–1953. Nõukogude Eesti Külma sõja ajal (Das Bild des Feindes und des Helden in estnischsprachigen Lehrbüchern 1947-53) Eesti Ajalooarhiivi toimetised. Acta et commentationes archivi historici estoniae 23(30). Tartto, 2015.
31 Masha Gessen: Never Remember. Columbia Global Reports, 2018.
32 David L. Hoffman: World War II Memory in the Soviet Union and Putin's Russia. NYU Jordan Center, 28.4.2023.
33 Amelia Gentleman: Intelligentsia revolts as Putin brings back Soviet Anthem. The Guardian, 6.6.2000.
34 Charles Clover: Black Wind, White Snow – Russia's New Nationalism. Yale University Press, 2017.
35 Russians Have More Trust In Army Than In Putin. The Warsaw Institute, 11.10.2021.
36 Victor Jack: Ukraine files first war crimes charges against Russia over Bucha killings. Politico, 28.2.2022.
37 Russia: ›Immunity Law‹ Sets Crimes for Ukraine. Human Rights Watch (USA), 20.12.2022.
38 Aleks Lokhmutov: Russia Grants Immunity for Crimes Commited in States' Interests. Human Rights Watch, 24.7.2023.
39 Maria Mälksoo: Militant Memocracy in International Relations – Mnemonical status anxiety and memory laws in Eastern Europe. Review of International Studies, Volume 47, Issue 4, October 2021.
40 Jussi Niemeläinen: Perustuslakiäänestyksen tulos ei yllättänyt, mutta se paljasti viisi asiaa nyky-Venäjästä (Das Ergebnis der Abstimmung über die Verfassung überraschte nicht, aber es enthüllte fünf Dinge über das heutige Russland). Helsingin Sanomat, 2.7.2020.

41 Jussi Niemeläinen: Venäjä äänestää perustuslakiuudistuksesta, joka sallii Putinin jatkaa presidenttinä vuoteen 2036 – HS listasi kolme huomiota äänestyksestä (Russland stimmt über die Verfassung ab, die Putin erlaubt, bis zum Jahr 2036 Präsident zu bleiben – die Zeitung Helsingin Sanomat beschreibt drei Beobachtungen bei der Wahl). Helsingin Sanomat, 30.06.2020.

42 Čarna Pištan: Alarming Alternation. How Memory Politics Turned the Russian Constitution into a War Weapon. PONARS Eurasia Policy Memo, No. 798, 2022.

43 Russland betreibt Landsmannpolitik, nach der es es als sein Recht ansieht, Russischsprachige und ihre Familien außerhalb der Grenzen des eigenen Landes zu schützen. Die von Putin 2007 gegründete Stiftung Russki Mir fungiert als Dachorganisation für verschiedene Formen der weichen Machtanwendung. Außer weltweiter kultureller Tätigkeit und Sprachschulen kann sie zum Beispiel die Beschaffung von Datentechnik für Schulen finanzieren, wie es in einer Schule in Ostfinnland geschah. Die aggressiven Formen der Landsmannpolitik zeigten sich erstmals zur Zeit des Streits um den Bronzesoldaten in Estland. Jetzt betreibt Russland Landsmannpolitik in der Ukraine.

44 Das Thema, wie der Prozess der Aufarbeitung der Vergangenheit unterbrochen wurde, nachdem Putin an die Macht gekommen war, behandeln u. a. die folgenden Bücher: Anne Appelbaum: Gulag: A History, 2003 und Masha Gessen: Never Remember, 2018.

45 Die Literaturwissenschaftlerin Tetjana Ogarkowa sieht Russlands Verhältnis zu Verbrechen – um Fjodor Dostojewski zu zitieren – als Verbrechen ohne Strafe, als Strafe ohne Verbrechen. Explaining

Ukraine: Dostoyevsky, crime, justice and Russia's war in Ukraine, with Fiction/Non/Fiction podcast. Ep. 150. UkraineWorld, 23.10.2022.
46 Serhii Plokhy: The Russo-Ukrainian War. Penguin Books Ltd., 2023.
47 Luke Harding: Hyökkäys (Der Angriff). Into Kustantamo, 2023.
48 Anna Myroniuk: ›Hide the girls‹ – How Russian soldiers kill and torture Ukrainians. The Kyiv Independent, 20.4.2022.
49 Katya Katsenko, Kristina Zakurdaeva: Sexualized Violence in the War in Ukraine. Current Time, 22.2.2023.
50 Anne Applebaum, Natalya Humenyuk: »They didn't understand anything, but just spoiled people's lives«. The Atlantic, February 14, 2023. Die Journalistin Natalya Chumenyuk arbeitet in der Organisation Reckoning mit, die Russlands Kriegsverbrechen dokumentiert. Anne Applebaums Lipset-Vorlesung: Autocracy Inc. 1.12.2022.
51 Irina Borogan und Andrej Soldatow: Uusi yläluokka (Die neue Oberklasse). Like Kustannus, 2012.
52 Torture, war crimes & organised violence: life in the occupied territories of Ukraine under Russia's rule -Podcast. Ukraine: The Latest, 1.5.2023.
53 Christopher Andrew and Vasili Mitrokhin: The Sword and the Shield – The Mitrokhin Archive and the Secret History of the KGB. Basic Books, 1999.
54 The Putin Files: Andrei Soldatov. Frontline PBS, 26.10 2017.
55 Sarah-Masha Fainbergs Interview im Podcast The Russian File.
56 Anne Applebaum: Gulag: A History, 2003.
57 Irina Borogan, Andrei Soldatov: Dead Water – How the Russian Security Services' Paranoid Mindset Justifies the

War. Stockholm Centre for Eastern European Studies, 2022.

58 Irina Borogan und Andrei Soldatov: Uusi yläluokka (Die neue Oberklasse). Like Kustannus, 2012.

59 Holly Williams: Elderly Ukrainian woman says she was raped after Russians took her village: »I wish he had killed me instead of what he did«. CBS News, 11.4.2022.

60 Vor den Besetzungen hatte Tallinn etwa 140 000 Einwohner. Im Jahr 1959 belief sich die Einwohnerzahl von Sowjet-Tallinn schon auf 283 000, obwohl Estland im Zweiten Weltkrieg ein Viertel seiner Bevölkerung verloren hatte. Gleichzeitig war die Geburtenrate Sowjet-Estlands eine der niedrigsten der Sowjetunion und die Sterblichkeit eine der höchsten. Zu Beginn der zweiten Besetzung Estlands durch sowjetische Truppen bestand die Bevölkerung zu 95–97 Prozent aus ethnischen Esten, im Jahr 1950 zu 76 Prozent und im Jahr 1989 zu 61,5 Prozent.

61 Arbo Tammiksaar: Fritsud ja blondiinid (Nazis und Blondinen). Kuukulgur Film, 2008.

62 Tzvi Joffre: Russian State Media claims »Ukronazism« greater threat to world than Hitler. The Jerusalem Post, 4.4.2022.

63 Karin Veski, Anu Raudsepp: Vaenlase ja kangelas kuvand eestikeelsetes originaalõpikutes aastail 1947–1953. Nõukogude Eesti Külma sõja ajal. Eesti Ajalooarhiivi toimetised. Acta et commentationes archivi historici estoniae 23(30). Tartto, 2015.

64 In den Jahresberichten der estnischen Sicherheitspolizei KAPO werden die Fälle von Einflussnahmen Russlands auf Estland zusammengestellt. Die Jahresberichte, angefangen von den 1990er Jahren, sind auf Estnisch und Englisch auf der Homepage

der KAPO nachzulesen. – Jukka Rislakki hat ein ausgezeichnetes Buch über die Kampagnen Russlands gegen Lettland geschrieben: Tapaus Latvia – Pieni kansakunta disinformaatiokampanjan kohteena (Der Fall Lettland – eine kleine Nation als Objekt einer Desinformationskampagne). Vastapaino, 2007.

65 The Russian Connection – The Spread of pro-Russian Policies on the European Far Right. Political Capital Policy Research and Consculting Institute, 2014. Antonis Klapsis: An Unholy Alliance – The European Far Right and Putin's Russia. Wilfred Martens Centre for European Studies, 2015.

66 Auch in Estland wurden die ersten Holocaust-Mahnmale erst errichtet, nachdem das Land seine Selbstständigkeit wiedererlangt hatte.

67 Jonathan Glover: Ihmisyys – 1900-luvun moraalihistoria (Humanität – die Moralgeschichte des 20. Jahrhunderts). Like (Verlag), 2008.

68 Yuliya Krylova-Grek: Dehumanizing the ›Enemy‹ – Hate Speech directed at Ukrainians in Russian Media. Baltic Worlds, Vol. XV, no 3–4, 2022.

69 David Yanagizawa-Drott: Propaganda vs. Education – A Case Study of Hate Radio in Rwanda. Teoksessa Oxford Handbook of Propaganda Studies. Oxford University Press, 2013.

70 Catherine A. Fitzpatrick: Russia this week – Dugin dismissed from Moscow State University? The Interpreter, 27.6.2014.

71 Aare Laanemäe: Kümme aastat Valges majas (10 Jahre im Weißen Haus). Argo, 2013. Einar Ellermaa: Sügis 40 aastat tagasi – kurikuulsus NLKP KK otsus vene keele õpetamise kohta vabariikides (Herbst vor 40 Jahren). Eesti Naine, 16.9.2018.

72 Amelia Glaser: None of this was about literature. Vorwort in dem Buch Halyna Kruk: A Crash Course in Molotov Cocktails. Arrowsmith Press, 2023.

73 Sofi Oksanen: Sluta kalla borsjtj for de ryska kökets pärla (Hört auf, den Borschtsch als die Perle der russischen Küche zu bezeichnen). Dagens Nyheter, 12.5.2022.

74 Serhii Plokhy: Gates of Europe – A History of Ukraine. Basic Books, 2015.

75 Blood of Others: An Urgent New Cultural History of Crimea. Ukrainian Institute London, 25.11.2022.

76 In der russischen Propaganda werden die Ukrainer als Banderiten bezeichnet. So war es auch in der Sowjetunion. Das Wort Bandit gehört zu derselben Wortfamilie. Die estnischen Männer und Frauen des Widerstands wurden von der Sowjetnarration als Banditen bezeichnet, und vielleicht waren es gerade die Ähnlichkeit und die Alliteration mit dem Begriff Banderiten, die den Anlass zu der Verwendung des Wortes gab. Bandit kommt von dem russischen Wort banda, das Gang, Bande, bedeutet. Banderit dagegen ist abgeleitet von dem Namen des ukrainischen Politikers Stepan Bandera, der während des Zweiten Weltkriegs die Organisation der ukrainischen Nationalisten (OUN) leitete. Die Organisation arbeitete mit Hitlerdeutschland zusammen. Bandera selbst wurde von den Deutschen verhaftet und verbrachte so wie viele andere Führungspersonen der Bewegung den größten Teil der Kriegsjahre im Konzentrationslager Sachsenhausen.

77 Kari Kaunismaa, Punatähdestä kaksoiskotkaan. Turun yliopisto (Vom roten Stern zum Doppeladler. Universität Turku), 2009.

78 George Orwell: Notes on Nationalism. Orwellfoundation.com, 1945.

79 Die »schleichende Schizophrenie« ist außer in der Sowjetunion und offenbar auch in Putins Russland nirgendwo sonst als Krankheit anerkannt. Es hieß, die als unheilbar geltende Krankheit erinnere an Neurosen: Zwangsvorstellungen, Hypochondrie und Hysterie waren die gewöhnlichen Symptome. Die Pseudokrankheit wurde entwickelt, um den politischen Widerstand einzudämmen, und weil die »schleichende Schizophrenie« als eine Krankheit gedeutet wurde, deren Symptome nicht eindeutig sind. Die Diagnose eignete sich gut, um Widerstand zu ersticken.

80 Peeter Kaasik: Misapplication of Enforced psychiatric Treatment in the Soviet Union – a Few Examples from Estonia. Teoksessa Sovietisation and Violence: The Case of Estonia. Proceedings of the Estonian Institute of Historical Memory. University of Tartu Press, 1/2018. Sidney Bloch, Peter Reddaway: Russia's Political Hospitals – Abuse of Psychiatry in the Soviet Union. Futura Publications, 1978.

81 Vladislav Inozemtsev: Russia, the last Colonial Empire. The American Interest, 29.6.2017.

82 Presseclub Concordia: A Conversation with Sergei Medvedev, 10.5.2023.

83 The Fifth Estate: Investigating war crimes and tracking down Russian soldiers, 3.4.2022.

84 Defence Intelligence of Ukraine: Torture of Ukrainian Prisoners by the Russians is carried out under the control of the FSB, 5.3.2022.

85 Inside Russia with Ekaterina Schulmann. Sciences Po, 20.4.2023.

86 Ebd.

87 Tschischowa, Ljubow: »Sakony Misulinoj sejut njeterpimost« (Die Gesetze von Frau Misulina säen Intoleranz). Radio Svoboda, 8.8.2013.
88 Ivan Krastev, Stephen Holmes: *The Light that Failed – A Reckoning.* Penguin, 2019.
89 Ivo Juurvee, Marita Mattiisen: *The Bronze Soldier Crisis of 2007 – Revisiting an Early Case of Hybrid Conflict.* International Centre for Defence and Security, 2020.
90 Dario Cavegn: Under siege – events at the Estonian Embassy in Moscow. ERR News, 25.4.2017.
91 Michail Schischkin und Fritz Pleitgen: Frieden oder Krieg. Heyne, 2021.
92 Saga Sinisalo, Rosa Oksanen: *Itärajan yli saapui järkyttyneitä venäläisiä, kun Putin oli julistanut osittaisen liikekannallepanon – »Ihmiset joilla on viisumi, lähtevät Suomeen«.* Helsingin Sanomat, 22.9.2022.
93 Liisa Lehmus: *Sotilaiden äidit: Viranomaiset peittelevät venäläissotilaiden kuolemia Itä-Ukrainassa.* Yle, 27.1.2015.
94 Fred Weir: *Once Influential Russian Soldiers' Mothers speak softly amid Ukraine War.* The Christian Science Monitor. 10.2.2023.
95 Natasha Danilova, Jennifer Mathers: *Ukraine War – Why Russian soldiers' mothers aren't demonstrating the strong opposition they have in previous conflicts.* The Conversation, 6.1.2023.
96 Ekaterina Pechenkina: *Are Feminists next on Vladimir Putin's list?* Politico, 14.4.2023.
97 Jussi Konttinen: *Putinin Venäjä käy taas pyhää sotaa vihollisten saartamana.* Helsingin Sanomat, 9.5.2023.
98 Quinn, Allison: *All Feminists to be Officially Designated ›Extremists‹ under Proposed Russian Law.* The Daily Beast, 4.4.2023.

99 Georgy Manaev: *5 favourite quotes by famous Russians that are falsely attributed*. Russia Beyond, 5.10.2018.

100 *За майже десять років побільшало українців, які підтримують права гомосексуальних пар на реєстрацію сімейних стосунків – дослідження*. Zmina, 15.7.2022.

101 Nick Schilfrin: *Domestic abuse is not always criminal in Russia*. PBS Newshour, 28.10.2017.

102 Maria Illyina: *Патриарх лично обращался: кто и почему заблокировал закон о домашнем насилии*. Vertska Media, 7.9.2022.

103 *Russian Orthodox Leader Rails Against »Foreign« Domestic Violence Law*. The Moscow Times, 7.1.2020.

104 *Russia: Anger at move to soften domestic violence law*. BBC, 12.1.2017.

105 *Understanding the Problem of Domestic Violence in Russia*. Wilson Center, 14.10.2020.

106 Ebd.

107 Tokenismus verweist auf eine Praxis, bei der man Vertretern einer Minderheit Macht oder Freiheiten gibt. In der Sowjetunion waren die Rechte der Frauen und ethnischen Minderheiten symbolisch. So diente die Verwendung von Volkstrachten bei den großen Liederfesten in Sowjet-Estland beispielsweise der Propaganda von der »Völkerfreundschaft«. Man verkaufte auch Puppen mit Volkstrachten an Touristen. Zur gleichen Zeit war alles, was auf die Unabhängigkeit Estlands verwies, strengstens verboten. Als die Sowjetunion ihren Ruf verbesserte, indem sie die Beschränkungen der jüdischen Auswanderung aus der UdSSR lockerte, bezeichneten die Juden dies als Tokenismus, denn der Staat war von Grund auf antisemitisch.

108 *A Russian Retrospective: Myths, Misogyny and Management*. Vortrag von Jo Crotty, Edge Hill University, 23.1.2022.

109 Erica Chenoweth and Zoe Marks: *Revenge of the Patriarchs – Why Autocrats Fear Women*. Foreign Affairs, 8.2.2022.

110 Erica Chenoweth und Zoe Marks: *Why empowered women are authoritarianism's targets – and how they can be its undoing*. Policy Cast, 2.11.2022.

111 Olha Povaliaieva: *Knickers of Ukrainian Women Stolen by a Russian Soldier Can Be Purchased in Belarus*. GT Invest, 5.4.2022.

112 Andrew Roth, Shaun Walker: *Ukrainian homes looted by Russian Soldiers*. The Guardian, 11.4.2022.

113 Serhii Plokhy: *The Russo-Ukrainian War*. Penguin Books Ltd, 2023.

114 Christina Lamb: *Our Bodies, Their Battlefield – What War Does to Women*. William Collins, 2020.

115 Paraic O'Brien: *Ukraine war – Trapped in Kherson region and raped by a soldier fighting for Russia*. Channel 4, 29.11.2022.

116 Farangis Najibullah, Dmitry Volchek: *Ukrainian Woman Tells of Public Abuse at the Hands of Pro-Moscow Separatists*. Radio Free Europe, 1.9.2014. Ukrainian Institute London: *Sexual Violence as a Weapon of War in Russia's War in Ukraine*, 25.1.2023. France 24: *Documenting the horror of mass rape in Ukraine*. France 24 English, 10.3.2023.

117 Shaun Walker: *US indicts alleged Russian spy who tried to infiltrate ICC in the Haag*. The Guardian, 26.3.2023.

118 Olha Bilousenko, Ksenia Iliuk, Oleksiy Pivtorak, Orest Slyvenko: *Prostitution will save Ukraine from the default*. Detektor Media, 2022.

119 Benjamin Strick: *Incitement to Kill – Tracking Hate Speech targeting Ukrainian during Russia's war in Ukraine.* Center for Information Resilience, 2023.

120 *›We know where your family live‹ – Ukrainian fighters face online death threats.* BBC, 5.11.2022.

121 Benjamin Strick: *Incitement to Kill – Tracking Hate Speech targeting Ukrainian during Russia's war in Ukraine.* Center for Information Resilience, 2023.

122 *Propastop: Vene meedia kütap üles uut pronkssõduri saagat.* Postimees, 8.1.2018.

123 *Prisoners of War: 15 Servicewomen Returned from Russian Captivity. The Russians Tortured, Mistreated and Shaved Their Hair.* War. Ukraine.UA, 2.4.2022.

124 Swetlana Aleksijewitsch: Zinkjungen. Hanser Berlin, 2014.

125 Timothy Snyder: Bloodlands – Europa zwischen Hitler und Stalin. C. H. Beck, 2011.

126 Daria Kuznetsova, Marko Nenonen: *Šamaanit rummuttavat Venäjällä sodan puolesta.* Helsingin Sanomat, 23.10.2022.

127 Laurence Peter: *Nikolai Peskov: Putin's spokesman son ›joined Wagner in Ukraine‹.* BBC, 24.4.2023.

128 *Man serving 17-year sentence for murdering his ex-girlfriend released from penal colony to fight in Ukraine.* Meduza, 28.6.2023.

129 Maria Kuznetsova: *Torture is rife in Russian prisons.* Deutsche Welle, 2.1.2022.

130 Andrew E. Kramer: *›A quick death or a slow death‹: prisoners choose war to get lifesaving drugs.* New York Times, 21.4.2023.

131 Michail Schischkin: Frieden oder Krieg. Heyne, 2021.

132 *The Russo-Ukrainian War and the Future of the World,* Institute for Human Sciences in Vienna, 26.6.2023.

133 Prisonisierung ist ein Phänomen, bei dem die Gefängniskultur eine ganze Gesellschaft beeinflusst. Der Begriff geht auf das englische Wort für Gefängnis zurück, *prison*, klingt aber gleichzeitig ganz nach einem russischen Wort: *Pri zone* bedeutet »in der Zone«. Auch meinem eigenen Großvater zufolge war die Sowjetunion eine »einzige Zone«.

134 Dilnara Radjapova: *Outside Prison Culture: Exploring Women's Relationships with Prisoners in Russian Reality*. Masarykova Univerzita, Faculty of Social Studies. Brno, 2020.

135 Michail Schischkin: Frieden oder Krieg. Heyne, 2021.

136 Irina Borogan und Andrei Soldatov: *Uusi yläluokka*. Like Kustannus, 2012.

137 Als politische Technologie bezeichnet man in Russland die an den autoritären Kontext Russlands angepasste Kombination aus westlicher PR-Arbeit, Öffentlichkeitsmanagement, Werbung sowie Manipulation von öffentlichen Meinungen und Medien. Der Bereich fasste in den 1990er-Jahren in Russland Fuß, als die ganze freie Kommunikation im Land völlig neu war.

138 Frontline: The Putin Files: *Gleb Pablovsky*. 26.10.2017.

139 Erik Jens: *Cold War Spy Fiction in Russian Popular Culture*. Studies in Intelligence, Vol 61, No 2, 2017.

140 Gulnaz Sharafudtdinoa: *The Red Mirror – Putin's Leadership and Russia's Insecure Identity*. Oxford University Press, 2020.

141 Christopher Andrew und Oleg Gordievski: *KGB*. Otava, 1991.

142 Gulnaz Sharafutdinova: *The Red Mirror – Putin's Leadership and Russia's Insecure Identity*. Oxford University Press, 2020.

143 Irina Borogan und Andrei Soldatov: *Uusi yläluokka.* Like Kustannus, 2012.

144 Charles Clover: *Black Wind, White Snow – Russia's New Nationalism.* Yale University Press, 2017.

145 Die biologische Sicht auf Geschlechter übergeht soziale und psychologische Faktoren bei der Herausbildung des Geschlechts und schränkt die gesellschaftliche Agentivität von Frauen ein: Die Aufgabe der Frauen ist die Vermehrung und Pflege. Dem essenzialistischen Frauenbegriff zufolge haben Frauen ein unveränderliches substanzielles »Wesen«, das allen Frauen gemein ist. Somit sind Männer »natürliche« Anführer, Frauen »von Natur aus« passiv, sentimental und geneigt, sich dem Willen des Mannes zu unterwerfen. Der westliche Gleichberechtigungsbegriff stützt sich auf Simone de Beauvoirs Auffassung, dass man nicht als Frau zur Welt kommt, sondern zur Frau wird. Die essenzialistische Sicht ist dem entgegengesetzt.

146 Charles Clover: *Black Wind, Shite Snow – Russia's New Nationalism.* Yale University Press, 2017.

147 Mark Galeotti: *The Role of the Siloviki in Russian Society.* Monterey Initiative in Russian Studies, 25.7.2022.

148 Maria Snegovaya: *60% of Russia's Top Leadership Comes from Soviet Elites – with Even More Checkist.* Silicon Curtain, 20.5.2023.

149 Kari Ikävalko: *»Suomessa ensimmäinen naiskenraali 2030-luvulla« – naisupseerit pitävät etenemistä mahdollisena, mutta hitaana.* Yle, 15.9.2016.

150 Damien Sharkov: *Vladimir Putin Spokesman Dmitry Peskov Compares Weinstein Accusers to ›Prostitutes‹.* The Newsweek, 9.3.2018.

151 *Miss Russia Thanks Putin for lack of Weinstein-Style Harassment in Russia.* The Moscow Times, 13.10.2017.

152 Zack Beauchamp: *Vladimir Putin thinks Russian prostitutes are ›undoubtedly best in the world‹*. Vox, 17.1.2017.
153 Tom Parfitt: *Putin praises sexual prowess of Israeli president*. The Guardian, 20.10.2006.
154 Bill Bostock: *Putin quoted song lyrics about rape and necrophilia to explain Russia's demands from Ukraine*. Business Insider, 8.2.2022.
155 Antonina Vikhrest: *Putin's tactical misogyny*. Al Jazeera America, 20.8.2014.
156 Emmi Julkunen: *Sanna Marin ja Kaja Kallas joutuivat rajun vertauksen kohteeksi Venäjän valtiontelevisiossa*. Ilta-Sanomat, 20.2.2023.
157 Ljuba Jakymtschuk: *Apricots of Donbas*. Lost Horse Press, 2021.
158 Antonina Vikhrest: *All-enveloping silence persist around rape in Ukraine conflict*. Women's Media Center, 15.5.2015.
159 France 24: *Documenting the horror of mass rape in Ukraine*, 10.3.2023.
160 Ljuba Jakymtschuk: »decomposition«. Aus dem Band *Apricots of Donbas*. Lost Horse Press, 2021.
161 Rory Finnin: *Blood of Others – Stalin's Crimean Atrocity and the Poetics of Solidarity*. University of Toronto Press, 2022.
162 Lassi Lapintie: *Krimin tataarien johtaja – Venäjä käyttää mobilisaatiota etniseen puhdistukseen*. Ilta-Sanomat, 2.10.2022.
163 *Crimea has always been … what? How to overcome the myths about the peninsula?* Ukraine Institute, 9.12.2022.
164 Eleanor Knott: *Kin Majorities*. McGill's University Press, 2022.

165 RSA Events Podcast: *Peace and Justice. Oleksandra Matviichuk will reflect on her work as head of the Center for Civil Liberties* (…), 1.3.2023.

166 Andrew Roth: *›That's my neighbour‹ – Mariupol's residents' shock at Putin's parade line-up*. The Guardian, 25.2.2023.

167 Tetiana Fedosiuk: *The Stolen Children – How Russia Attempts to Kidnap Ukraine's Future*. International Centre for Defence and Security, 2023.

168 ZMINA sammelt Beweismaterial zu Kriegsverbrechen und veröffentlicht Berichte über die Menschenrechtslage der Ukraine. Die Berichte kann man auf der Internetseite von ZMINA auf Englisch und Ukrainisch herunterladen.

169 Karin Veski, Anu Raudsepp: *Vaenlase ja kangelas kuvand eestikeelsetes originaalõpikutes aastail 1947–1953*. Nõukogude Eesti Külma sõja ajal. Eesti Ajalooarhiivi toimetised. Acta et commentationes archivi historici estoniae 23(30). Tartu, 2015.

170 Auf Deutsch: *Im Sowjetland lebt es sich gut*, *Lied der Kolchosenjugend* und *Tapfer, Brüder, nun an die Arbeit.*

171 Raudsepp, Anu: *Ajaloo õpetamise korraldus Eestis eestis eesti õppekeelega üldhariduskoolides stalinismi ajal (1944–1954)*. In: *Eesti NSV Aastatel 1940–1953: Sovetiseerimise mehhanismis ja tagajärjed Nõukogude Liidu ja Ida-Euroopa arengute kontekstis*. Eesti ajalooarhiivi toimetised. Acta et commentationes archivi historici Estoniae 15(22), 2007.

172 Vadym Chovgan, Mykhailo Romanov, Vasyl Melnychuk: *›Nine Circles of Hell‹ – Places of Detention in Ukraine under Russian Occupation*. Dignity Publication Series on Torture and Organised Violence, 2023.

173 Alberto Alesina, Paola Giuliano & Bryony Reich: *Nation-Buildling and Education.* The Economic Journal, Volume 131, Issue 638, 2021.

174 Pekka Hakala: *Kysely: Enemmistö venäläisistä pelkää suursotaa ja pitää länttä syyllisenä.* Helsingin Sanomat, 8.2.2022.

175 Tiina Kirss, Ene Kõresaar, Marju Lauristin (eds.): *She who Remembers Survives.* Tartu University Press, 2004.

176 Igor Kotjuh: *Vironvenäläinen kirjallisuus – tutkimuksen tabula rasa.* In: Sofi Oksanen – Imbi Paju (Hrsg.): Kaiken takana oli pelko. WSOY, 2009.

177 Maria-Maya Govzman: *The father – to jail, his daughter – orphanage.* OvD-Info, 1.3.2023.

178 Lea Ypi: *Frei. Erwachsenwerden am Ende der Geschichte.* Suhrkamp, 2022.

179 Masha Gessen: *Esther und Rusja. Wie meine Großmütter Hitlers Krieg und Stalins Frieden überlebten.* Hanser, 2005.

180 Jessie Williams: *Rape as a war crime in Ukraine – Investigators face stigma, shame and Russian occupation to deliver justice.* iNews, 20.2.2023.

181 Masha Gessen: *Vergessen. Stalins Gulag in Putins Russland.* dtv, 2019.

182 Slavenka Drakulić erzählt in ihrem Buch *Keiner war dabei. Kriegsverbrechen auf dem Balkan vor Gericht*, Zsolnay 2004, von den Kriegsverbrechen der Jugoslawienkriege. »Es ist leichter und deutlich angenehmer, inmitten von Lügen zu leben, als der Wahrheit zu begegnen und neben der Wahrheit möglicherweise auch der individuellen Schuld – und der kollektiven Verantwortung.«

183 Der ehemalige Moskau-Korrespondent des Guardian, Luke Harding, erzählt in seinem Buch *Mafiastaat* (Leske, 2013) davon, wie der FSB Hinweise auf einen

Besuch in seiner Wohnung zurückließ, etwa einen russischsprachigen Sexratgeber auf seinem Nachttisch. Harding beschloss, seine Familie aus Russland wegzubringen, nachdem der FSB das Fenster des Kinderzimmers hatte offen stehen lassen. Die Familie wohnte in einem Hochhaus.

184 Prophylaxe war ein Überbegriff für allgemeine und auf Einzelpersonen gerichtete Unterdrückungsmaßnahmen. Die allgemeinen Maßnahmen schlossen beispielsweise die Gesetzgebung und den Lehrplan ein. Zusammen mit den auf Einzelpersonen gerichteten Maßnahmen bildeten sie ein Netz der sozialen Kontrolle, das effektiv einem Handeln vorbeugen sollte, das als antisowjetisch eingestuft wurde. Während der Ära Stalins konzentrierte man sich auf Bestrafung, Nikita Chruschtschow konzentrierte sich auf das Verhindern von Verbrechen bzw. Dissidententum, bevor überhaupt etwas passieren konnte. Prophylaxe findet auch in Putins Russland Verwendung.

185 Peter Reddaway: *The Dissident – A Memoir of Working with the Resistance in Russia, 1960–1990*. Brookings Institution Press, 2020.

186 Samantha Bradshaw: *Identity-Based Propaganda – Discrimination, Division and Democracy*. The Stanford Center on Democracy, Development and the Rule of Law, 14.1.2022.

187 Lucina Di Meco: *Monetizing Misogyny. Gendered Disinformation and the Undermining of Women's Rights and Democracy Globally*. ShePersisted, Februar 2023.

188 Ladislav Bittman: *The Deception Game*. Ballantine Books, 1981.

189 Thomas Rid: *Active Measures*. Farrar, Straus and Giroux, 2020.

190 Samantha Bradshaw, Amélie Henle: *The Gender Dimensions of Foreign Influence Operations.* International Journal of Communication 15/2021.

191 Ellen Barry: *How Russian Trolls Helped Keep the Women's March Out of Lock Step.* New York Times, 18.9.2022.

192 Samantha Bradshaw, Amélie Henle: *The Gender Dimensions of Foreign Influence Operations.* International Journal of Communication 15/2021.

193 Tuomas Linnake: *Ukrainan poliisi sulki valtavan trollitehtaan: 150 000 sim-korttia ja 100 henkilöä levitti väärää tietoa Venäjän hyökkäyksestä.* Ilta-Sanomat, 25.7.2023.

194 *Ryska trollfabriker sprängda i Ukraina – mängder av svenska sim-kort hittade.* SVT, 2.1.2023.

195 Ellen Barry: *How Russian Trolls Helped Keep the Women's March Out of Lock Step.* New York Times, 18.9.2022.

196 The Mehdi Hasan Show. MSNBC, 12.10.2022.

197 Kate Connolly: *Suspected Russian-led cyber campaign targets Germany's Green Party Leader.* The Guardian, 13.5.2021.

198 *Verkkoviha – Vihapuheen tuottajien ja levittäjien verkostot, toimintamuodot ja motiivit.* Valtioneuvoston selvitys- ja tutkimustoiminnan julkaisusarja, 2022.

199 Nina Jankowicz: *How to Lose an Information War – Russia, Fake News, and the Future of Conflict.* Blackstone Publishing, 2022.

200 Thomas Rid: *Active Measures – The Secret History of Disinformation and Political Warfare.* Farrar, Straus and Giroux, 2020.

201 Ron Synovits: *Are Russian Trolls Saving Measles from Extinction?* Radio Free Europe, 13.2.2019.

202 Thomas Rid: *Active Measures.* Farrar, Straus and Giroux, 2020.

203 Audre Lorde: *Notizen von einer Russlandreise.* In: *Sister Outsider*. Hanser, 2021.

204 Exposed: *The World Congress of Families – An American Organisation Exporting Hate*. Human Rights Campaign Foundation, 2015.

205 Taras Kuzio: *Crisis in Russian Studies? Nationalism (Imperialism), Racism and War*. E-International Relations Publishing, 2020.

206 Redi Koobak: *Whirling stories – Postsocialist Feminist Imaginaries and the Visual Arts*. Linköping University, 2013.

207 Ebd.

208 Adichie, Chimamanda Ngozi: *Danger of a single story.* Ted Talk, 2009.

LITERATURVERZEICHNIS

Adichie, Chimamanda Ngozi: Danger of a single story. Ted Talk, 2009.

Al-Arshani, Sarah: Merceneries from Russia-linked Wagner-group have been accused of raping moms in maternity ward in Central African Republic. Business Insider India, 7.5.2022.

Aleksijevitš, Svetlana: Sinkkipojat. Suomentanut Pauli Tapio. Tammi, 2023. Zinkjungen. Hanser Berlin, 2014.

Alberto Alesina, Paola Giuliano & Bryony Reich: Nation-Buildling and Education. The Economic Journal, Volume 131, Issue 638, 2021.

Andrew, Christopher – Gordievski, Oleg: KGB. Suomentanut Risto Varteva. Otava, 1991. KGB – die Geschichte seiner Auslandsoperationen von Lenin bis Gorbatschow. Bertelsmann 1990.

Andrew, Christopher – Mitrokhin, Vasili: The Sword and the Shield – The Mitrokhin Archive and the Secret History of the KGB. Basic Books, 1999.

Applebaum, Anne: Autocracy Inc. The 2022 Seymour Martin Lipset Lecture on Democracy in the World, 1.12.2022.

Applebaum, Anne: Gulag: A History. Doubleday, 2003.

Applebaum, Anne – Gumenyuk, Natalya: They didn't understand anything, but just spoiled people's lives'. The Atlantic, February 14, 2023.

Aro, Jessikka: Putinin trollit. Tositarinoita Venäjän infosodan rintamilta. Johnny Kniga, 2019. Putins Armee der Trolle. Goldmann, 2022.

Aseyev, Stanislav: The Torture Camp on Paradise Street. Harvard Library of Ukrainian Literature, 2023.

Bagdasar, Hannah: Recognising Sexual and Gender-Based Violence as an Open Source Researcher. Bellingcat.com, 3.3.2023.

Barber, Harriet: Gang-rape and genital electrocution – The harrowing war crimes in Ukraine under investigation. The Telegraph, 14.3.2023.

Barry, Ellen: How Russian Trolls Helped Keep the Women's March Out of Lock Step. New York Times, 18.9.2022.

BBC: Russia: Anger at move to soften domestic violence law. 12.1.2017.

BBC: ›We know where your family live‹ – Ukrainian fighters face online death threats. BBC News, 5.11.2022.

Beauchamp, Zack: Vladimir Putin thinks Russian prostitutes are ›undoubtedly best in the world‹. Vox, 17.1.2017.

Beecher, Jay: Trial of Russian Soldier Charged with Murder, Rape Begins. The Kyiv Post, 24.6.2022.

Bellingcat: Tracking the Faceless Killers who Mutilated and Excecuted a Ukrainian POW. The Bellingcat Investigation Team, 5.8.2022.

Bilousenko, Olha – Pivtorak, Oleksiy – Lliuk, Ksenia – Slyvenko, Orest: Prostitution will save Ukraine from the default. Detektor Media, 28.9.2022.

Bittman, Ladislav: The Deception Game. Ballantine Books, 1981.

Bloch, Sidney – Reddaway, Peter: Russia's Political Hospitals – Abuse of Psychiatry in the Soviet Union. Futura Publications, 1978.

Borogan, Irina – Soldatov, Andrei: Dead Water – How the Russian Security Services' Paranoid Mindset Justifies the War. Stockholm Centre for Eastern European Studies, 2022.

Borogan, Irina – Soldatov, Andrei: Uusi yläluokka – Putin ja Venäjän todelliset vallanpitäjät. Suomentanut Kirsi Luoma. Like Kustannus, 2012.

Bostock, Bill: Putin quoted song lyrics about rape and necrophilia to explain Russia's demands from Ukraine. Business Insider, 8.2.2022.

Bradshaw, Samantha: Identity-Based Propaganda – Discrimination, Division and Democracy. The Stanford Center on Democracy, Development and the Rule of Law, 14.1.2022.

Bradshaw, Samantha – Henle, Amélie: The Gender Dimensions of Foreign Influence Operations. International Journal of Communication 15/2021.

The Brenthurst Foundation: A Chat with Oleksandra Matviichuk, 19.10.2022.

Brownmiller, Susan: Against our Will – Men, Women and Rape. Simon & Schuster, 1975.

Cain, Geoffrey: Totaalinen poliisivaltio – Tutkintamatka Kiinan valvontakoneiston uumeniin. Suomentanut Riina Vuokko. Atena, 2022.

Cavegn, Dario: Under siege – events at the Estonian Embassy in Moscow. ERR News, 25.4.2017.

Chenoweth, Erica – Marks, Zoe: Why empowered women are authoritarianism's targets – and how they can be its undoing. Policy Cast, 2.11.2022.

Chizhova, Lyobov: »Законы Мизулиной сеют нетерпимость«. Radio Svoboda, 8.8.2013.

Chovgan, Vadym – Romanov, Mykhailo – Melnychuk, Vasyl: ›Nine Circles of Hell‹ – Places of Detention in Ukraine under Russian Occupation. Dignity Publication Series on Torture and Organised Violence, 2023.

Clover, Charles: Black Wind, White Snow – Russia's New Nationalism. Yale University Press, 2017.

Connolly, Kate: Suspected Russian-led cyber campaign targets Germany's Green Party Leader. The Guardian, 13.5.2021.

Crimea Platform (Кримська платформа), 9.12 2022: Crimea has always been … what? How to overcome the myths about the peninsula?

Crotty, Jo: A Russian Retrospective: Myths, Misogyny and Management. Edge Hill University, 23.1.2022.

Danilova, Natasha – Mathers, Jennifer: Ukraine War – Why Russian soldiers' mothers aren't demonstrating the strong opposition they have in previous conflicts. The Conversation, 6.1.2023.

Defence Intelligence of Ukraine: Torture of Ukrainian Prisoners by the Russians is carried out under the control of the FSB, 5.3.2022.

Di Meco, Lucina: Monetizing Misogyny. Gendered Disinformation and the Undermining of Women's Rights and Democracy Globally. ShePersisted, February 2023.

Drakulic, Slavenca: Eivät tekisi pahaa kärpäsellekään – sotarikolliset tuomiolla. Suomentanut Petri Stenman. Like Kustannus, 2005. Keiner war dabei. Zsolnay, 2004.

Dr. Denis Mukwege Foundation: Ukraine Sets a World Precedent: Moving forward on holistic care and urgent interim reparation for survivors of CRSV. Lehdistötiedote säätiön kotisivuilla, 2.11.2022.

Eglitis, Daina S.: The Soviet legacy of rape and denial. Eurozine, 15.5.2022.

Elie Wiesel Center for Jewish Studies: 2022 Elie Wiesel Memorial Lecture with Timothy Snyder, 26.10.2022.

Estonia 1940–1945: Reports of the Estonian International Commission for the Investigation of Crimes Against Humanity. Estonian Foundation for Investigating Crimes Against Humanity, 2006.

Estonia since 1944. Reports of the Estonian International Commission for the Investigation of Crimes Against Humanity. Estonian Foundation for Investigating Crimes Against Humanity, 2009.

Explaining Ukraine: Dostoyevsky, crime, justice and Russia's war in Ukraine, with Fiction/Non/Fiction podcast. Ep. 150. UkraineWorld, 23.10.2022.

Exum, Andrew: The Russian Military Has Descended into Inhumanity. The Atlantic, 6.4.2022.

Tetiana Fedosiuk: The Stolen Children – How Russia Attempts to Kidnap Ukraine's Future. International Centre for Defence and Security, 2023.

Ferris-Rotman, Amie: Russians Don't Understand Why Anyone Is Upset With ›Girl Crazy‹ Weinstein. Foreign Policy, 16.10.2017.

The Fifth Estate: Investigating war crimes and tracking down Russian soldiers. 3.4.2022.

Finnin, Rory: Blood of Others – Stalin's Crimean Atrocity and the Poetics of Solidarity. University of Toronto Press, 2022.

Fitzpatrick, Catherine A.: Russia this week – Dugin dismissed from Moscow State University? The Interpreter, 27.6.2014.

France 24: Documenting the horror of mass rape in Ukraine. France 24 English, 10.3.2023.

France 24: Rape used as weapon of war by Russian forces in Ukraine. France 24 English, 24.2.2023.

Fritsud ja blondiinid. Režissöör Arbo Tammiksaar. Kuukulgur Film, 2008.

Frontline PBS: The Putin Files: Andrei Soldatov. 26.10.2017.
Frontline PBS: The Putin Files: Gleb Pablovsky. 26.10.2017.
The Furies of Maidan: Sex, Psychosis, and Politics. Tv-ohjelma, 2014.
Galeotti, Mark: The Role of the Siloviki in Russian Society. Monterey Initiative in Russian Studies, 25.7.2022.
Gebhardt, Miriam: Als die Soldaten kamen. Die Vergewaltigung deutscher Frauen am Ende des Zweiten Weltkriegs. DVA, 2015.
Gentleman, Amelia: Intelligentsia revolts as Putin brings back Soviet Anthem. The Guardian, 6.6.2000.
Gessen, Masha: Esther und Rusja. Wie meine Großmütter Hitlers Krieg und Stalins Frieden überlebten. Hanser, 2005.
Gessen, Masha: Never Remember – Searching for Stalin's Gulag in Putin's Russia. Columbia Global Reports, 2018.
Giovanni, Janine di: Seeking Justice – Rebuilding hope after the war, Lviv Media Forum, 25.5.2023.
Glaser, Amelia: None of this was about literature: Halyna Kruk's Wartime Poetry. Esipuhe teoksessa Halyna Kruk: A Crash Course in Molotov Cocktails. Arrowsmith Press, 2023.
Glover, Jonathan: Ihmisyys – 1900-luvun moraalihistoria. Suomentanut Petri Stenman. Like Kustannus, 2003.
Govzman, Maria-Maya: The father – to jail, his daughter – orphanage. OvD-Info, 1.3.2023.
Hakala, Pekka: Kysely: Enemmistö venäläisistä pelkää suursotaa ja pitää länttä syyllisenä. Helsingin Sanomat, 8.2.2022.
Harding, Luke: Hyökkäys – Venäjän verinen sota ja Ukrainan selviytymistaistelu. Suomentaneet Kyösti Karvonen ja Mika Tiirinen. Into Kustannus, 2023.
Harding, Luke: Mafiavaltio. Suomentanut Jarkko S. Tuusvuori. Into Kustannus, 2012.

Hoffman, David L.: The Memory of the Second World War in Soviet and Post-Soviet Russia. Routledge Publishers, 2022.
Hoffman, David L.: World War II Memory in the Soviet Union and Putin's Russia. NYU Jordan Center, 28.4.2023.
Human Rights Campaign Foundation: Exposed: The World Congress of Families – An American Organisation Exporting Hate, 2015.
IK-PTZ, 2011: Zhukov: »Khokhlov Do Not Spare: Women Still Give Birth!«. One General Wept As The Cold Water Carried Hundreds Of Black Infantry Bodies.
Ikävalko, Kari: »Suomessa ensimmäinen naiskenraali 2030-luvulla« – naisupseerit pitävät etenemistä mahdollisena, mutta hitaana. Yle, 15.9.2016.
Illyina, Maria: Патриарх лично обращался: кто и почему заблокировал закон о домашнем насилии. Vertska Media, 7.9.2022.
Inozemtsev, Vladislav: Russia, the last Colonial Empire. The American Interest, 29.6.2017.
Jack, Victor: Ukraine files first war crimes charges against Russia over Bucha killings. Politico, 28.2.2022.
Jankowicz, Nina: How to Lose an Information War – Russia, Fake News, and the Future of Conflict. Blackstone Publishing, 2022.
Jens, Erik: Cold War Spy Fiction in Russian Popular Culture. Studies in Intelligence, Vol 61, No 2, 2017.
Joffre, Tzvi: Russian State Media claims »Ukronazism« greater threat to world than Hitler. The Jerusalem Post, 4.4.2022.
Julkunen, Emmi: Sanna Marin ja Kaja Kallas joutuivat rajun vertauksen kohteeksi Venäjän valtiontelevisiossa. Ilta-Sanomat, 20.2.2023.
Juurvee, Ivo – Mattiisen, Marita: The Bronze Soldier Crisis of 2007 – Revisiting an Early Case of Hybrid Conflict. International Centre for Defence and Security, 2020.

Kaasik, Peter: Misapplication of Enforced psychiatric Treatment in the Soviet Union – a Few Examples from Estonia. Teoksessa Sovietisation and Violence: The Case of Estonia. Proceedings of the Estonian Institute of Historical Memory. University of Tartu Press, 1/2018.
Katsenko, Katya – Zakurdaeva, Kristina: Sexualized Violence in the War in Ukraine. Current Time, 22.2.2023.
Kaunismaa, Kari: Punatähdestä kaksoiskotkaan – Neuvostoliiton romahtamisen vaikutus venäläisen keskikoulun historian oppikirjoihin. Turun yliopisto, 2009.
Kirss, Tiina – Kõresaar, Ene – Lauristin, Marju (eds.): She who Remembers Survives. Tartu University Press, 2004.
Klapsis, Antonis: An Unholy Alliance – The European Far Right and Putin's Russia. Wilfred Martens Centre for European Studies, 2015.
Knott, Eleanor: Kin Majorities. McGill's University Press, 2022.
Konttinen, Jussi: Putinin Venäjä käy taas pyhää sotaa vihollisten saartamana. Helsingin Sanomat, 9.5.2023.
Koobak, Redi: Whirling stories – Postsocialist Feminist Imaginaries and the Visual Arts. Linköping University, 2013.
Kotjuh, Igor: Igor Kotjuh: Vironvenäläinen kirjallisuus – tutkimuksen tabula rasa. Teoksessa Sofi Oksanen – Imbi Paju (Hrsg.): Kaiken takana oli pelko. WSOY, 2009.
Kramer, Andrew E.: ›A quick death or a slow death‹: prisoners choose war to get lifesaving drugs. New York Times, 21.4.2023.
Krastev, Ivan – Holmes, Stephen: The Light that Failed – A Reckoning. Penguin, 2019.

Krastev, Ivan: The Russo-Ukrainian War and the Future of the World, Institute for Human Sciences in Vienna, 26.6.2023.

Kruk, Halyna: A Crash Course in Molotov Cocktails. Arrowsmith Press, 2023.

Krylova-Grek, Yuliya: Dehumanizing the ›Enemy‹ – Hate Speech directed at Ukrainians in Russian Media. Baltic Worlds, Vol. XV, no 3–4, 2022.

Kuzio, Taras: Crisis in Russian Studies? Nationalism (Imperialism), Racism and War. E-International Relations Publishing, 2020.

Kuzio, Taras: Russian Nationalism and the Russian-Ukrainian War: Autocracy – Orhodoxy – Nationality. Routledge, 2022.

Kuznetsova, Maria: Torture is rife in Russian prisons. Deutsche Welle, 2.1.2022.

Laanemäe, Aare: Kümme aastat Valges majas. Argo, 2013.

Lake Berz, Katharine: It's clearly a strategy – The truth is emerging about Russia's use of rape in the war on Ukraine. The Toronto Star, 25.1.2023.

Lapintie, Lassi: Krimin tataarien johtaja – Venäjä käyttää mobilisaatiota etniseen puhdistukseen. Ilta-Sanomat, 2.10.2022.

Lamb, Christina: Our Bodies, Their Battlefield – What War Does to Women. William Collins, 2020.

Laurence, Peter: Nikolai Peskov: Putin's spokesman son ›joined Wagner in Ukraine‹. BBC, 24.4.2023.

Lehmus, Liisa: Sotilaiden äidit: Viranomaiset peittelevät venäläissotilaiden kuolemia Itä-Ukrainassa. Yle, 27.1.2015.

Lemkin, Raphael: http://www.preventgenocide.org/lemkin/freeworld1945.htm

Linnake, Tuomas: Ukrainan poliisi sulki valtavan trollitehtaan: 150 000 sim-korttia ja 100 henkilöä levitti

väärää tietoa Venäjän hyökkäyksestä. Ilta-Sanomat, 25.7.2023.
Lokhmutov, Aleks: Russia Grants Immunity for Crimes Commited in States' Interests. Human Rights Watch, 24.7.2023.
Lorde, Audre: Huomioita Venäjän-matkalta. Teoksessa Sister Outsider. Kosmos, 2022.
Mälksoo, Maria: Militant Memocracy in International Relations – Mnemonical status anxiety and memory laws in Eastern Europe. Review of International Studies, Volume 47, Issue 4, October 2021.
Manaev, Georgy: 5 favourite quotes by famous Russians that are falsely attributed. Russia Beyond, 5.10.2018.
Marks, Zoe – Chenoweth, Erika: Revenge of the Patriarchs – Why Autocrats Fear Women. Foreign Affairs, 8.2.2022.
Meduza, 28.6.2023: Man serving 17-year sentence for murdering his exgirlfriend released from penal colony to fight in Ukraine.
The Mehdi Hasan Show: Did Russian Trolls Undermine The 2017 Women's March? MSNBC, 12.10.2022.
Mitrokhin, Vasiliy: KGB-lexicon – The Soviet Intelligence Officers Handbook. Routledge, 2002.
The Moscow Times: Russian Orthodox Leader Rails Against »Foreign« Domestic Violence Law. 7.1.2020.
The Moscow Times: Miss Russia Thanks Putin for lack of Weinstein-Style Harassment in Russia, 13.10.2017.
Mukambanda, Victoire: Rwandan Rape Survivor in ›The Uncondemned‹ Speaks Out. Women's eNews, 19.10.2016.
Muravyeva, Marianna: »Should women have more rights in Russia?« – Traditional Values and Austerity in Russia. Rosa-Luxemburg-Stiftung, 2022.
Myroniuk, Anna: ›Hide the girls‹ – How Russian soldiers kill and torture Ukrainians. The Kyiv Independent, 20.4.2022.

Nenonen, Marko – Kuznetsova, Daria: Šamaanit rummuttavat Venäjällä sodan puolesta. Helsingin Sanomat, 23.10.2022.
The New York Times: U.S reports a rise in Soviet exit visas, 27.5.1976.
Niemeläinen, Jussi: Perustuslakiäänestyksen tulos ei yllättänyt, mutta se paljasti viisi asiaa nyky-Venäjästä. Helsingin Sanomat, 2.7.2020.
Niemeläinen, Jussi: Venäjä äänestää perustuslakiuudistuksesta, joka sallii Putinin jatkaa presidenttinä vuoteen 2036 – HS listasi kolme huomiota äänestyksestä. Helsingin Sanomat, 30.6.2020.
O'Brien, Paraic: Ukraine war – Trapped in Kherson region and raped by a soldier fighting for Russia. Channel 4, 29.11.2022.
Oksanen, Sofi: Sluta kalla borsjtj for de ryska kökets pärla. Dagens Nyheter 12.5.2022.
Oppenheim, Maya: Reports of Rape by Russian Soldiers in Ukraine are ›tip of the iceberg‹, experts warn. The Independent, 1.4.2022.
Orwell, George: Notes on Nationalism. Orwellfoundation. com, 1943.
Parfitt, Tom: Putin praises sexual prowess of Israeli president. The Guardian, 20.10.2006.
Pechenkina, Ekaterina: Are feminists next on Vladimir Putin's list? Politico, 14.4.2023.
Perehinets, Kvitka: More than 3,500 Ukrainians illegally imprisoned in Donbas. The Kyiv Post, 9.7.2021.
Pištan, Čarna: Alarming Alternation. How Memory Politics Turned the Russian Constitution into a War Weapon. PONARS Eurasia Policy Memo, No. 798, 2022.
Plokhy, Serhii: The Gates of Europe: – A History of Ukraine. Basic Books, 2021.

Plokhy, Serhii: The Russo-Ukrainian War. Penguin Books Ltd., 2023.

Political Capital Institute, 2014: The Russian Connection – The Spread of pro-Russian Policies on the European Far Right.

Povaliaieva, Olha: Knickers of Ukrainian Women Stolen by a Russian Soldier Can Be Purchased in Belarus. GT Invest, 5.4.2022.

Presseclub Concordia: A Conversation with Sergei Medvedev, 10.5.2023.

Propastop: Vene meedia kütap üles uut pronkssõduri saagat. Postimees, 8.1.2018.

Quinn, Allison: All Feminists to be Officially Designated ›Extremists‹ Under Proposed Russian Law. The Daily Beast, 4.4.2023.

Radjapova, Dilnara: Outside Prison Culture: Exploring Women's Relationships with Prisoners in Russian Reality. Masarykova Univerzita, Faculty of Social Studies. Brno, 2020.

Raudsepp, Anu: Ajaloo õpetamise korraldus Eestis eestis eesti õppekeelega üldhariduskoolides stalinismi ajal (1944–1954).

Reevel, Patrick: Putin spokesman: Harvey Weinstein accusers are prostitutes. ABC News, 30.3.2018.

Reddaway, Peter: The Dissident – A Memoir of Working with the Resistance in Russia, 1960–1990. Brookings Institution Press, 2020.

Remy, Johannes: Ukrainan historia. Gaudeamus, 2022.

Rid, Thomas: Active Measures – The Secret History of Disinformation and Political Warfare. Farrar, Straus and Giroux, 2020.

Rislakki, Jukka: Tapaus Latvia – Pieni kansakunta disinformaatiokampanjan kohteena. Vastapaino, 2007.

Roth, Andrew: ›That's my neighbour‹ – Mariupol's residents' shock at Putin's parade line-up. The Guardian, 25.2.2023.

Roth, Andrew – Walker, Shaun: Ukrainian homes looted by Russian Soldiers. The Guardian, 11.4.2022.

RSA Events Podcast: Peace and Justice. Oleksandra Matviichuk will reflect on her work as head of the Center for Civil Liberties (…), 1.3.2023.

Russia: ›Immunity Law‹ Sets Crimes for Ukraine. Human Rights Watch (USA), 20.12.2022.

The Russia File Podcast: Israeli Military Experts on the Enabling Factors of Russian War Crimes in Ukraine. Izabella Tabarovsky speaks to Israeli military analysts Dr. Sarah-Masha Fainberg and Lt. Colonel (ret.) Daniel Rakov to uncover the enabling factors of the Russian culture of violence against Ukrainian civilians. The Wilson Center, 29.6.2023.

Schilfrin, Nick: Domestic abuse is not always criminal in Russia. PBS Newshour, 28.10.2017.

Schultz, Ilione – Courtade, Marine: Documenting the horror of mass rape in Ukraine. France 24, 10.3.2023.

Sciences Po: Inside Russia with Ekaterina Schulmann. Sergei Gurievin moderoima luento Sciences Po -yliopistossa, 20.4.2023.

Shakespeare, William: Titus Andronicus. Suomentanut Pentti Saaritsa. WSOY, 2009.

Sharafutdinova, Gulnaz: The Red Mirror – Putin's Leadership and Russia's Insecure Identity. Oxford University Press, 2020.

Sharkov, Damien: Vladimir Putin Spokesman Dmitry Peskov Compares Weinstein Accusers to ›Prostitutes‹. The Newsweek, 9.3.2018.

The Sidney Morning Herald: An orgy of denial in Hitler's bunker, 17.5.2003.

Sinisalo, Saga – Oksanen, Rosa: Itärajan yli saapui järkyttyneitä venäläisiä, kun Putin oli julistanut osittaisen liikekannallepanon – »Ihmiset joilla on viisumi, lähtevät Suomeen«. Helsingin Sanomat, 22.9.2022.

Šiškin, Mihail: Sota vai rauha. Suomentanut Sirpa Hietanen. WSOY, 2023.

Sky News Exclusive: Ukraine's First Lady Olena Zelenska sits down with Ruth Rigby for an exclusive Interview. Sky News, 29.11.2022.

Snegovaya, Maria: 60 % of Russia's Top Leadership Comes from Soviet Elites – with Even More Checkist. Silicon Curtain, 20.5.2023.

Snyder, Timothy: Tappotanner – Eurooppa Hitlerin ja Stalinin välissä. Suomentanut Seppo Hyrkäs. Siltala, 2014.

Strick, Benjamin: Incitement to Kill – Tracking Hate Speech targeting Ukrainian during Russia's war in Ukraine. Center for Information Resilience, 2023.

Strzelecki, Jan: Russia behind bars: the peculiarities of the Russian prison system. OSW The Centre for Eastern Studies, 6.2.2019.

SVT Nyheter: Ryska trollfabriker sprängda i Ukraina – mängder av svenska sim-kort hittade. SVT, 2.1.2023.

Synovits, Ron: Are Russian Trolls Saving Measles from Extinction? Radio Free Europe, 13.2.2019.

Teoksessa Tõnu Tannberg (Hrsg.): Eesti NSV Aastatel 1940–953: Sovetiseerimise mehhanismis ja tagajärjed Nõukogude Liidu ja IdaEuuroopa arengute kontekstis. Eesti ajalooarhiivi toimetised. Acta et commentationes archivi historici Estoniae 15(22), 2007.

Ukraine: The Latest: Explosions at Russian air bases & the oil price cap comes into force. Jaksosta lähteenä on käytetty osuutta: Global Health Reporter Harriet Barber on sexual violence in Russia's invasion of Ukraine. Podcast, 5.12.2022.

Ukraine: The Latest: Torture, war crimes & organised violence – life in the occupied territories of Ukraine under Russia's rule. Podcast, 1.5.2023.
Ukrainian Institute London: Blood of Others: An Urgent New Cultural History of Crimea. Rory Finnin in conversation with James Meek to discover an urgent new cultural history of Crimea and the Black Sea region. 25.11.2022.
Ukrainian Institute London: Sexual Violence as a Weapon of War in Russia's War in Ukraine. 5.1.2023.
Ukrainian Story: A Challenge to International Media: Oksana Zabužko. Lviv Media Forum, 25.5.2023.
Ukrinform: Кількість жінок-військових у ЗСУ з 2014 року зросла у 2,5 раза Кількість жінок-військових у ЗСУ з 2014 року зросла у 2,5 раза. Ukrinform.ua, 15.3.2023.
Venäjän federaation perustuslaki. Verkkoviha – Vihapuheen tuottajien ja levittäjien verkostot, toimintamuodot ja motiivit. Valtioneuvoston selvitys- ja tutkimustoiminnan julkaisusarja, 2022.
Vertska Media, 7.9.2022: Патриарх лично обращался: кто и почему заблокировал закон о домашнем насилии.
Veski, Karin – Raudsepp, Anu: Vaenlase ja kangelas kuvand eestikeelsetes originaalõpikutes aastail 1947–1953. Nõukogude Eesti Külma sõja ajal. Eesti Ajalooarhiivi toimetised. Acta et commentationes archivi historici estoniae 23(30). Tartto, 2015.
VICE News: Stealing Ukraine's Children: Inside Russia's Camps. 28.6.2023.
Vikhrest, Antonina: All-enveloping silence persist around rape in Ukraine conflict. Women's Media Center, 15.5.2015.
Vikhrest, Antonina: Putin's tactical misogyny. America Al Jazeera, 20.8.2014.

Volchek, Dmitry – Najibullah, Farangis: Ukrainian Woman Tells of Public Abuse at the Hands of Pro-Moscow Separatists. Radio Free Europe, 1.9.2014.
Walker, Shaun: US indicts alleged Russian spy who tried to infiltrate ICC in the Haag. The Guardian, 26.3.2023.
Wallström, Margot: ›Conflict Minerals‹ finance gang rape in Africa. The Guardian, 14.8.2010.
war.ukraine.ua: Prisoners of War. 15 servicewomen returned from Russian captivity. The Russians tortured, mistreated them, and shaved their hair. 2.4.2022.
Warsaw Institute: Russians have more trust in army than in Putin. 11.10.2021.
Weir, Fred: Once influential, Russian Soldiers' Mothers speak softly amid Ukraine War. The Christian Science Monitor, 10.2.2023.
The White Book – Losses inflicted on the Estonian Nation by Occupation Regimes 1940–1991, Eesti Entsüklopeediakirjastus, 2005.
https://en.wikipedia.org/wiki/Genocide_definitions
Williams, Holly: Elderly Ukrainian woman says she was raped after Russians took her village: »I wish he had killed me instead of what he did«. CBS News, 11.4.2022.
Williams, Jessie: Rape as a war crime in Ukraine – Investigators face stigma, shame and Russian occupation to deliver justice. inews, 20.02.2023.
Wilson Center: Understanding the Problem of Domestic Violence in Russia: Alena Popova, Janet Johnson, and Marianna Muravyeva discussion, 14.10.2020.
The World Prison Brief: Russian Federation. Yakimchuk, Lyuba: »Decomposition«. Kokoelmasta Apricots of Donbas. Translated by Oksana Maksymchuk, Max Rosochinsky, and Svetlana Lavochkina. Lost Horse Press, 2021.

Yakimchuk, Lyuba: Apricots of Donbas.Translated by Oksana Maksymchuk, Max Rosochinsky, and Svetlana Lavochkina. Lost Horse Press, 2021.

Yanagizawa-Drott, David: Propaganda vs. Education – A Case Study of Hate Radio in Rwanda. Teoksessa Oxford Handbook of Propaganda Studies. Oxford University Press, 2013.

Ypi, Lea: Frei. Erwachsenwerden am Ende der Geschichte. Suhrkamp, 2022.

Zetterberg, Seppo: Uusi Viron historia. SKS Kirjat, 2017.

Zmina, 15.7.2022: За майже десять років побільшало українців, які підтримують права гомосексуальних пар на реєстрацію сімейних стосунків – дослідження.

Das Buch

Russland setzt sexuelle Gewalt in der Ukraine als Waffe ein, aber Frauenfeindlichkeit ist auch ein Instrument der internen Zentralisierung der Macht in Russland. Und Vergewaltigung ist ein Werkzeug des Imperialismus, denn wenn die Frauen traumatisiert werden, sind sie oft genug nicht mehr fähig, Kinder zu bekommen. Das Grauen, das Familien des Baltikums schon einmal erleben mussten und das bis heute Wunden in den Familien hinterlassen hat – Deportationen, Besetzungen, Terror, Folter, Nazibeschuldigungen, Vergewaltigung –, wiederholt sich, aber wie nie zuvor können Kriegsverbrechen dokumentiert werden, weil Journalistinnen, Richterinnen, Staatsanwältinnen und Anwältinnen beteiligt sind. Die Hoffnung besteht, dass die Straffreiheit Russlands ein Ende haben wird.

In diesem sorgfältig recherchierten Essay zeigt sich Sofi Oksanen erneut als absolute Kennerin Russlands, seiner Geschichte, seiner Machthaber und seiner strategischen Menschen- und Frauenfeindlichkeit.

Die Autorin

Sofi Oksanen, geboren 1977, Tochter einer estnischen Mutter und eines finnischen Vaters, studierte Dramaturgie an der Theaterakademie von Helsinki. Ihr dritter Roman, »Fegefeuer«, war monatelang Nummer eins der finnischen Bestsellerliste und wurde mit zahlreichen Preisen ausgezeichnet, u. a. dem Finlandia-Preis, dem Literaturpreis des Nordischen Rates und dem Prix Femina. Der Roman erschien in über vierzig Ländern und machte die Autorin auch in Deutschland zu einer der wichtigsten Vertreterinnen der internationalen Gegenwartsliteratur. Sofi Oksanen lebt in Helsinki.

Die Übersetzerin und der Übersetzer

Maximilian Murmann hat in München, Budapest und Helsinki Finno-Ugristik, Allgemeine Sprachwissenschaft und Germanistische Linguistik studiert. Er übersetzt aus dem Finnischen, Estnischen und Englischen ins Deutsche und lebt in München.

Angela Plöger hat in Berlin, Budapest, Helsinki und Hamburg Finno-Ugristik und Slawistik studiert. Sie lebt als freiberufliche Übersetzerin vor allem finnischer Literatur und Dramatik in Hamburg. 2016 wurde sie für ihre herausragende Übersetzungsarbeit mit dem »Ritterkreuz des Orden des Löwen von Finnland« ausgezeichnet.

Der Verlag Kiepenheuer & Witsch hat sich zu einer nachhaltigen Buchproduktion verpflichtet. Gemeinsam mit unseren Partnern und Lieferanten setzen wir uns für eine klimaneutrale Buchproduktion ein, die den Erwerb von Klimazertifikaten zur Kompensation des CO_2-Ausstoßes einschließt. Weitere Informationen finden Sie unter www.klimaneutralerverlag.de

Der Verlag dankt Fili für die großzügige Übersetzungsförderung und die freundschaftliche Verbundenheit. Kiitos, Fili!

FILI FINNISH LITERATURE EXCHANGE

MIX
Papier | Fördert gute Waldnutzung
FSC® C083411
FSC www.fsc.org

1. Auflage 2024

Titel der Originalausgabe Samaan virtaan. Putinin sota naisia vastaan

Aus dem Finnischen von Angela Plöger und Maximilian Murmann

Covergestaltung Barbara Thoben nach einem Entwurf von Julia Bourdet für den Like Verlag
Illustration Julia Bourdet
Gesetzt aus der Minion und der Avenir
Satz Buch-Werkstatt GmbH, Bad Aibling
Druck und Bindung CPI books GmbH, Leck

ISBN 978-3-462-00691-9

sofi oksanen
Die Sache mit
NORMA
ROMAN
Kiepenheuer
& Witsch